# INTRODUCTION

Maranello, février 1957, un grand texan dégingandé, a rendez-vous avec le « Commendatore ». Le texan, fait penser à un John Wayne à la recherche de chevaux-vapeur. Le Commendatore, tient plus du parrain, avec un soupçon de Sergio Léone. Tous les ingrédients sont réunis, pour faire un bon western « américano-spaghetti ». Accrochez-vous, le film va durer 10 ans, sur grand écran.

Enzo Ferrari, recherche toujours de bons pilotes, italiens de préférence, mais le marché américain, commercialement, l'intéresse au plus haut point. Caroll Shelby, possède le bon passeport, il a une gueule, et une réputation de driver qui commence à sortir des States. Les deux hommes, ont tout pour faire affaire… sauf une incompatibilité de caractères.

L'entretien est parfaitement détendu, Caroll va se voir attribuer un volant en sport prototype. Enzo, n'exclue pas de lui confier une formule 1 à l'essai, pour qu'il puisse faire ses preuves. L'affaire est dans le sac, lorsque Shelby, aborde les conditions financières. Mine de rien le texan a une famille à nourrir.

Ferrari, le regard caché derrière ses lunettes noires se tait, impérial.

Quelques secondes s'écoulent qui semblent une éternité et d'un revers de main, il joint la parole au geste : « Jeune homme, vous débutez et quand on la chance dans sa vie de conduire une Ferrari d'usine, on ne se pose pas la question de savoir combien ça rapporte ! » Shelby, remercie Ferrari de l'avoir reçu et regrette de lui avoir fait perdre son temps…

À partir de là, les deux hommes ne vont plus jamais se rencontrer. Ils vont communiquer, sans qu'aucun son ne sortent de leurs lèvres, simplement par des actes à sens unique, chacun de leur côté…

# Chapitre 1

# CAROLL SHELBY « THE CHICANE BOY »

11 janvier 1923, dans le foyer Shelby à Leesburg, un village de 200 âmes, à 200km au nord-est de Dallas, le petit Caroll pousse son premier cri. Dire qu'il est bercé dès son plus jeune âge par le ronronnement des moteurs, serait à peine exagéré. Doit - on voir un signe en cet année 1923, avec la première édition des 24 heures du Mans ? Toujours est-il que son futur adversaire Enzo Ferrari, est déjà un fringant jeune homme de 25 ans, Directeur Sportif d'Alfa Roméo.

Il doit attendre ses quatre ans, pour s'asseoir dans une voiture, quand son père, Warren Hall Shelby, fait l'acquisition d'une Overland modèle 1925. Cette première expérience l'a visiblement marqué, quand nous voyons la description qu'il en fait dans ses mémoires : « C'était une limousine bleu sombre, aux ailes noires, décapotable avec des roues en noyer qui avaient conservées leur vernis. » Première expérience au volant également, pour le petit Caroll, sur les genoux de son papa, dans les chemins peu fréquentés autour de la maison.

Ayant obtenu une mutation dans les services postaux de la ville son père installe la famille à Dallas en 1930. Caroll, commence à prendre un volant « sans assistance », à quinze ans à peine. Il fait ses classes sur plusieurs montures, une Dodge 1934, une incontournable Ford modèle T, et une Willys 1938.

Caroll fait son entrée à la « high school », avec l'histoire et géographie, pour passion, plus que l'anglais ou les mathématiques. Un désir d'aventure, pour un adolescent, déjà en recherche de sensations fortes. L'automobile, reste sa passion première, avec l'aviation par envie des voyages.

Son père n'est pas insensible à son goût pour l'automobile, et lui fait découvrir la compétition. Dans les années 30, la course populaire se dispute dans une arène sur une piste ovale en terre battue. Baptisé stock-cars et sprint-cars, ces épreuves attirent un nombreux public. Il faut bien le reconnaître Caroll, poursuit plus ses courses que ses cours...

La bienveillance du paternel, compense la mine réprobatrice de la maman. Sauf qu'à un moment, il faut bien avouer que Caroll a l'intention de faire carrière « dans le milieu ». Toutefois les doutes ne sont pas levés. En cause, un souffle au cœur détecté par le médecin de famille à 9 ou 10ans. La médecine de l'époque, préconise une sieste l'après-midi, seul remède pour éviter les grands coups de fatigue. Physiquement, il tient de son grand-père, un échalas grand et mince. Sa taille lui vaut quelques sobriquets désagréables de la part de ses camarades : « Tête-à- trous », « Perche-du-Texas », « Longues-Tripes ».

Pour assouvir sa seconde passion l'aviation, Caroll se lance dans la mécanique. Il offre ses services à aéro-club du coin, contre quelques heures de vol. Caroll rencontre à 16 ans sa future épouse, Jeanne Fields, de leur union naîtront 3 enfants, Sharon, Patrick et Michael Hall. Les fiançailles se font rapidement et durent pratiquement 4 ans, avant le mariage en décembre 1943.

Entre temps, les États-Unis s'engagent dans la seconde guerre mondiale après Pearl Harbor en décembre 1941. Notre texan, devance l'appel en début d'année, pour entrer dans « l'Air force ». L'examen physique, qui aurait pu être un obstacle, se passe bien. Caroll fait ses classes à Randolph Filds, chez lui en plein Texas, après avoir décliné une offre dans l'infanterie qui devait l'expédier aux Philippines.

Les heures passées à l'aéro-club, lui ont permis de voler, mais…sans vraiment tenir le manche. Sa première expérience dans l'armée, consiste à aller récupérer du fumier dans les fermes alentours, pendant 3 mois, pour entretenir les plates-bandes de fleurs de la base. Le soldat Shelby, devient ensuite « pompier de service », au volant d'une autopompe, pour 3 mois supplémentaires.

Ses études secondaires, doivent néanmoins lui permettre, de tenter l'examen de sergent-pilote, après avoir passé de nouveaux tests physiques. Avec la prochaine entrée en guerre de « l'oncle Sam », les instructeurs, face aux besoins humains, se montrent moins exigeants. Néanmoins, le rapport taille/poids de l'individu rentre en ligne de compte et Caroll doit s'efforcer de prendre 4 à 5kg. Il passe au régime « banane lait » pour combler le manque.

Novembre 1941, l'élève pilote Shelby est muté à la base de Lackland pour poursuivre son instruction. Les leçons restent toutefois théoriques, basées sur des cours de navigation, de radio, et de mécanique. Caroll fait tout sauf monter dans un avion, d'ailleurs, il n'y en a aucun sur la base. Après 6 semaines, il est envoyé à Cuero, une petite ville située à 130 km à l'Est de San Antonio, pour passer à la pratique.

Le Fairchild PT 19, un biplace monomoteur, monoplan à aile basse, très moderne, convient parfaitement pour son apprentissage. Néanmoins, Shelby est perturbé par une pneumonie, qui le cloue pendant deux semaines à l'hôpital. Bien entendu, ensuite, il doit ramer pour rattraper le retard sur les autres élèves. 9 ou 10 heures de travail par jour, sont nécessaires pour éviter d'être viré. Le temps de formation s'en trouve limité. Il y-a finalement beaucoup d'appelés pour peu d'élus.

Puis vient l'instant du premier vol solo, savoir vaincre ses peurs et ses doutes. Shelby avoue avoir loupé 4 ou 5 atterrissages, lors de ses premières sorties. La phase suivante, passe par d'autres types d'avions bimoteur ou chasseur, pour une nouvelle étape de développement à Solerman, toujours au Texas.

Caroll « le romantique » en profite, pour lâcher des messages en avion, tout en passant en rase-motte, au-dessus de la ferme des parents de Jeanne, sa fiancée. En septembre 1942, il devient enfin sergent-pilote à Ellington Field, près de Houston, avant de passer sous-lieutenant à la fin de la même année.

Poussant un peu plus loin la conquête de sa belle, au début de 1943, le sous-lieutenant Shelby, décide de lui offrir un baptême de l'air. Jeanne accepte, à condition d'être accompagnée par sa maman. Vendu ! c'est toujours bien, de se mettre dans la poche sa future belle-mère. Embarquer deux civiles dans un avion militaire, sans autorisation n'est pas très réglementaire. Mais pas vu pas pris, les deux femmes ont la chance de voler au-dessus de Dallas, dans un Beechcraft AT11 bimoteur. Caroll leur fait la totale avec piqué, chandelle et feuille morte, sous le regard conquis de belle-maman.

Shelby commence à avoir une sérieuse expérience en vol, néanmoins ses supérieurs décident de le perfectionner sur bombardier. Tous les modèles y passent, B18 « superforteresse », B24 « liberator », B25 « marauder ». Sa dernière expérience se fait en 1945 sur B29, le type d'appareil portant la bombe atomique, sur Hiroshima et Nagasaki. En quatre ans et demi dans l'Air Force, Caroll n'a jamais été engagé dans le conflit. Au cours des deux dernières années, il est alternativement instructeur ou pilote d'essai.

Même loin du combat, les risques sont bien présents. Ainsi, un jour il instruit sur un Beechcraft, deux élèves bombardiers. Un feu se déclenche, sous le tableau de bord dans la cabine. Les trois hommes sont obligés de sauter en parachute. Arrivé au sol, Shelby se trouve séparé de ses deux compagnons d'infortune. Il fait nuit, en plein désert, il doit se taper cinquante kilomètres de marche à pied pour rentrer au bercail, guidé uniquement par le cri des coyotes.

Porté disparu, par les élèves rentrés à la base, Caroll trouve refuge dans une grange, épuisé avec une hanche endolorie par son saut, puis est recueilli par des cow-boys.

Autre aventure sur un Beechcraft, mais cette fois avec un problème de « vapor lock ». Deux moteurs qui se coupent en même temps, ne laissent rien augurer de bon. Cette fois, c'est en plein jour, avec le paysage qui grossit à vue d'œil. L'atterrissage forcé sur le ventre, dans un ranch, lui laisse en souvenir, un choc sur le nez contre le tableau de bord.

Jeanne et Caroll s'unissent le 18 septembre 1943 ; de cette union la petite Sharon Anne, voit le jour le 27 septembre 1944. Une mutation les emporte du Texas au Colorado, pour la ville de Denver. Puis le Japon capitule en 1945. Le sous-lieutenant Shelby, peut demander sa démobilisation. Un major essaye de le convaincre de rester « dans la réserve » de l'Air Force. C'est définitivement non, quitte à jouer les casse-cou, autant le faire sur terre que dans les airs.

Shelby retrouve sa liberté, avec une famille à nourrir et sans un sou. Un retour à Dallas s'impose, et dans un premier temps un hébergement chez sa belle-famille. Il n'a pas quitté l'aviation militaire, pour se retrouver dans l'aviation civile, il lui faut donc trouver autre chose. La solution passe par un ami d'enfance Bailey Gordon.

Celui-ci, lui propose de se lancer en coopération dans du camionnage. Tout ce qui a des roues et un moteur peut séduire Caroll, si en plus comme l'affirme son ami, il y a de l'argent à gagner… Bailey possède déjà un camion, « un réseau » avec son beau-père propriétaire d'une entreprise de transport, Caroll n'a plus qu'à se procurer un véhicule. Son choix se tourne vers un Ford d'occasion à benne basculante, acquis naturellement totalement à crédit. L'activité ne manque pas, 12 heures par jour essentiellement pour des bétonniers.

L'argent rentre, et la famille s'agrandit. Michael Hall, nait le 2 novembre 1946. Shelby, décide de modifier son activité de transport par du négoce de bois. Le travail ne manque pas pendant toute l'année 1947, néanmoins des premiers signes d'essoufflement commencent à apparaître, faisant suite à la relance économique d'après-guerre. La perspective de se retrouver avec des camions et plus rien à transporter, après le boom dans le bâtiment, hante ses nuits.

La solution est toute trouvée, quand on habite Dallas... le pétrole ! Son beau-père, déjà dans la partie, lui suggère de partir du bas de l'échelle en travaillant sur les derricks. Aussitôt dit, aussitôt fait, pendant l'année 1948 et une partie de 1949. Le travail à la base est naturellement terriblement éprouvant, pour un salaire de miséreux. Shelby se rend bien compte, qu'il ne deviendra jamais un « JR » avant la lettre. D'autant que les dépenses s'accumulent, outre sa femme et ses deux enfants, Caroll doit prendre en charge les frais d'hôpitaux de sa mère malade, son père étant décédé en 1943, d'une crise cardiaque.

Une remise en cause devient nécessaire. Caroll a 26 ans, que peut-on faire au Texas à cet âge ? Le pétrole c'est fait, bien sûr il y a... le métier de cow-boy, mais la « variante Shelby » s'appelle « chicane boy », éleveur de poulets ! La demande grandissante des supermarchés, encourage ce type d'élevage, l'état pour satisfaire la demande, consent des avances sur trésorerie. En 1949, il voit grand et commence avec 20 000 poulets. Le premier résultat, après dix à douze semaines d'exploitation, lui laisse 4 à 5000 dollars de bénéfice net.

Le job est fatigant, mais bien plus rentable que le travail aux derricks. Une projection sur l'année, laisse entrevoir au bas mot 25 000 dollars. L'aventure malheureusement, tourne vite autrement. Comme dit le proverbe « adieu veau, vaches et... poulets » pour la circonstance. La deuxième couvée se voit frappée de « la maladie de Newcastle ». Plus connue au Texas, sous le nom de maladie du « cou raide ». En 48 heures, ses 20 000 poulets passent de vie à trépas.

Sans assurance spécifique, Shelby se retrouve ruiné, avec une exploitation en faillite et des dettes à n'en plus finir. 5 ans après la fin de l'armée, c'est un retour à la case départ en pire. Finalement, tout le ramène à son désir de toujours, la voiture. Un désir d'enfance, passe forcément par un ami d'enfance. Ed Wilkins, bricole une voiture construite par ses soins, équipée d'un châssis tubulaire, d'un moteur Ford V8, et avec un essieu avant rigide. Le tout, est habillé d'une carrosserie plutôt soignée.

Ed propose à Caroll de la piloter, pour une course de « dragster », qui se déroule en janvier 1952, sur la base navale de Grand Prairie, située entre Dallas et Forth Worth. L'épreuve, consiste à faire une accélération départ arrêté sur ¼ de mile.

C'est une première pour Shelby, mais aussi pour Wilkins qui va pouvoir tester « son bricolage » grandeur nature. Ce type de course, est extrêmement impressionnant pour le spectateur, mais aussi pour le pilote au niveau des sensations. Le « Drag » de Caroll, part en « Wheeling » sur 400 m laissant tous ses adversaires, la plupart équipés de MG, sur place. Ed fou de joie, propose à son pilote de conduire son MG TC personnelle, dans une vraie course pour voiture de sport.

Shelby, depuis « l'affaire des poulets » vit uniquement de petits boulots. Il prend donc le temps avec son ami, de peaufiner les réglages de la voiture, pour la rendre performante en compétition. Tout est prêt au mois de mai, pour l'aligner sur le circuit routier de Norman, dans l'Oklahoma.

Le terrain se révèle pour le moins rustique. Dessiné en forme de triangle, dans un immense parking pour avions abandonnés de la dernière guerre, le revêtement se compose de béton et de gravier. Trois pylônes, délimitent les virages, pour un parcours de 2400m en lignes droites, avec naturellement trois gros freinages à négocier.

La position des voitures au départ, se fait à « la bonne franquette », sans tenir compte de temps aux essais. « Shel », comme l'appelle Ed va devoir partir dans le paquet. Les voitures sont toutes des MG. Sauf que la sienne est d'un modèle strictement de série, avec une mise au point certes, mais sans aucune modification significative, permettant un quelconque avantage.

Au baisser du drapeau, « Shel » parvient à se faufiler dans le trafic, sans encombre. Il reprend quelques places, mais il lui faut plusieurs tours, pour enfin voir la tête de course. Caroll le joue « au métier », en collant son dernier adversaire, qui finit par chasser dans un virage, suffisamment pour « ouvrir la porte ».

Désormais la voie est libre, pour une victoire avec une certaine facilité. La journée n'est pas finie. Compte tenu de leur performance, les deux compères, se voient proposer de participer à la course suivante, d'un autre calibre.

Le plateau regroupe des Jaguar XK120. Le roadster « Jag » est sans comparaison en accélération et en vitesse pure, avec la MG. Caroll, ne peut compter, que sur la meilleure tenue de route de sa monture. La XK120 a une réputation sous-vireuse, avec un décrochement possible du train avant, sur les trois virages serrés. La tactique, consiste à virer large dans les virages, pour que la petite TC garde un maximum de vitesse. Le plan s'avère payant, Shelby contre tout attente, à commencer par la sienne, remporte la course.

Au mois de juillet, il se voit confier le volant d'une XK120 à Okmulgee, pour une nouvelle victoire. Charles Brown, un important propriétaire d'écurie de course, le contacte pour lui confier une Allard-Cadillac. Fini les courses de seconde zone, il s'agit maintenant de participer au SCCA (Sports Car Club of América). En novembre 1952, il fait la connaissance de Masten Gregory, un jeune débutant de 20ans, myope comme une taupe, à Caddo Miles (Texas). Avec son allure d'étudiant intellectuel, Masten donne du fil à retordre à Caroll, avant que la rupture de son câble d'accélérateur ne décide du sort de la course.

Le jeu fait place au métier, cette fois Caroll a trouvé sa voie, la course automobile pour une quinzaine d'années…

## Chapitre 2

# ENZO FERRARI, NAISSANCE D'UNE LEGENDE

En cette fin de 19ᵉ siècle, la voiture n'est encore qu'un gadget réservé à quelques privilégiés richissimes. Une petite minorité se livre à une parodie de course, sur des routes poussiéreuses et mal empierrées. Le 18 février 1898, dans la ville de Modène en Emilie-Romagne, le petit Enzo Anselmo Ferrari, s'ouvre à la vie. Une tempête de neige sévit, reportant sa déclaration aux autorités que deux jours plus tard.

Il est le deuxième garçon de la famille, son aîné de deux ans Alfredo porte le nom du père, les parents le surnomment affectueusement Dino. Les Ferrari, font partie de la bourgeoisie industrielle de la plaine du Pô. Alfredo, dirige une société de construction métallique, employant une trentaine de personnes. Les affaires sont florissantes, Ferrari profite du développement des chemins de fer italiens en se spécialisant dans la couverture des gares et la construction de pièces pour les ponts.

L'avenir de l'entreprise paternelle, est assuré pour un bout de temps. Alfredo décide de se faire plaisir en se portant acquéreur d'une de Dion-Bouton. La société française, référence du moment, avec 400 véhicules produits dans l'année, fait figure de numéro 1 mondial. Les deux frères Ferrari sont absolument subjugués par la machine.

La complicité entre Alfredo junior et Enzo se veut sans faille, les jeux au milieu des ateliers du père, entre les soudeurs et les marteleurs de tôle, se multiplient. Papa Alfredo, souhaite que ses enfants reprennent l'entreprise familiale, Enzo se voit plutôt en chanteur d'opéra, ou en journaliste. La vocation, lui vient naturellement de la scala de Milan, ou du Teatro Regio de Turin, que la famille fréquente régulièrement.

Pour le journalisme, Enzo lit régulièrement la presse achetée par Alfredo, la rubrique automobile ne le laisse pas indifférent. Au point que le père, décide d'amener ses fils à une course locale, la Targa Bologna le 6 septembre 1908. Enzo est conquis par ses chevaliers des temps modernes, perchés sur leurs hautes montures, aux visages couverts de poussière simplement éclairés sous le soleil, par leurs lunettes aux reflets d'argent.

Leurs noms lui sont déjà familiers, Cléments Bayard, Fiat, Mors ou Lorraine-Dietrich. La victoire revient à Felice Nazzaro, malgré la domination de son coéquipier Vincenzo Lancia frappé par des ennuis mécaniques. Après réflexion, la vitesse, la compétition, n'est-ce pas la vraie vie, plutôt que le chant lyrique ou l'écriture ?

Le temps passe Alfredo suit son idée première, assurer sa succession. Il inscrit « Dino », dans une école d'ingénierie mécanique. Pendant ce temps Enzo, trouvant l'inspiration dans les articles de journaux, rêve de courses débridées, où il tiendrait la vedette. Il passe à la grande école en traînant des pieds. À quoi bon s'intéresser à des leçons de machines-outils, pour devenir pilote ?

En août 1914, les plans des fils et du père se trouvent bouleversés, l'Italie entre en guerre. Si Enzo a 16 ans et n'est pas encore mobilisable, Dino se retrouve dès 1915, au volant d'une ambulance pour le front. Le sort frappe la famille coup sur coup. Alfredo meurt d'une pneumonie, et Dino est emporté par la fièvre typhoïde. La guerre paralyse l'exploitation familiale qui fait faillite. Enzo et sa maman, passés de riches à miséreux sont contraints, de vivre d'emplois précaires, peu rémunérés.

En 1917, Enzo à son tour, se trouve enrôlé sous les drapeaux, dans une unité de montagne équipée de mulets, ça change des chevaux- vapeur ! Les conditions de vie en altitude l'hiver, sont particulièrement pénibles entre le froid et la neige. Enzo « reste dans la mécanique », affecté comme maréchal-ferrant.

Une pleurésie le frappe à son tour, il est hospitalisé à Bologne, dans des conditions sanitaires déplorables. Les jours pour lui, s'égrènent dans un état semi-comateux. Il devine quelques soins spartiates, apportés par des bonnes-sœurs transformées en infirmières. Le miracle a lieu, contre tout attente il va vivre !

L'armistice de 1918, le libère du joug militaire, à 20 ans il n'est plus qu'un jeune brisé par 3 ans de malheurs. Ruiné, dans une Italie affamée et désindustrialisée, ses perspectives d'avenir sont bien sombres. Une lueur d'espoir, passe par une lettre de recommandation du colonel de son régiment. Il prend la direction de Turin, pour un rendez-vous chez F.I.A.T « Fabbrica Italiana Automobili Torino » (ou en français « Fabrique italienne d'automobiles de Turin ») qui a déjà pignon sur rue.

Déception, la missive militaire, n'a aucune considération de la part, de l'homme qui le reçoit. Sans aucune qualification en mécanique, la firme reçoit des tas de propositions de personnes, dans un pays frappé par le chômage. Courrier ou pas d'un officier supérieur, Enzo n'a pas plus d'importance, aux yeux du responsable du personnel, que le pékin moyen qui vient frapper, tous les jours à la porte de l'usine.

Ferrari reste sans voix, il se sent humilié par ce manque de considération. La fierté d'Enzo en prend un coup. Ne pas faire affaire, sans avoir eu la moindre chance de prouver ses capacités, c'en est trop, le Modénois saura s'en souvenir. En attendant, il faut rebondir. Le chômage, la misère entraînent au désespoir. Le populisme, amène au pouvoir à Milan l'inventeur du fascisme, un certain Benito Mussolini. C'est le temps des chemises noires, de la marche sur Rome, qui aboutit à sa prise du pouvoir en octobre1922, avec la bénédiction du Roi Victor Emmanuel III et de toute l'industrie du nord du pays.

Loin de toutes ces conditions politiques, Ferrari finit par trouver un emploi de chauffeur, dans une entreprise de récupération de petits camions militaires, afin de les transformer en véhicules civils. Enzo partage sa « vie routière » entre Turin et Milan. D'un côté, il récupère les châssis, pour les faire carrosser dans la capitale lombarde.

Au détour d'un bar, il rencontre Ugo Sivocci, un motocycliste branché compétition avec lequel il sympathise. Ugo est devenu pilote essayeur de la marque CMN « Costruzioni Meccaniche Nationali », marque fraîchement créée en 1919, dont l'objectif est de se forger une réputation en course. Engagé dans la Targa Florio, dont c'est la 13e édition en 1922, Ugo s'adjoint Enzo, comme mécanicien embarqué.

En ce début de 20e siècle, partir du nord de l'Italie pour rejoindre la Sicile représente tout une expédition. Il faut d'abord se rendre à Naples par la route, avant une traversée en bateau. En parcourant les Abruzzes, ils sont poursuivis par une meute de loups. Enzo, qui a gardé avec lui un pistolet de l'armée, fait feu sur les animaux, avant qu'un groupe de chasseurs, ne viennent leur porter main forte.

L'aventure continue pendant la course. Sur les routes mal carrossées, la CMN perd son réservoir d'essence. Le temps de bricoler une réparation de fortune, pour rallier l'arrivée, il n'y a plus ni contrôleur, ni spectateur. Les organisateurs, ont néanmoins laissé, un brave carabinier de faction, chargé, de constater l'arrivée des retardataires. La CMN se retrouve « officiellement », classée à la 9e place.

La jeune entreprise, a du mal à se faire une place au milieu des « cadors » transalpins. Fiat, Alfa Roméo et Maserati, occupent déjà le haut de l'affiche d'une industrie automobile encore balbutiante. L'inévitable ce produit, CMN dépose le bilan en 1923.

Enzo, fait la connaissance de Laura Domenica Garello, jeune femme de 21ans, dont les origines restent incertaines. Leur rencontre, se noue dans l'un de ces bars milanais fréquentés par les passionnés d'automobile. L'amitié du départ, laisse place rapidement à une relation amoureuse.

Enzo, italien pur jus, ne peut se contenter d'une seule conquête. Sans être un « bello », Ferrari profite du charme d'une stature imposante d'1m87. Le mariage en 1923, entre Laura et Enzo, passe vite de la brouille à la querelle, sans pour cela finir en séparation définitive.

Professionnellement, Ferrari amorce un virage en réussissant à se faire embaucher par Alfa Roméo en qualité de pilote d'essais. La marque milanaise possède déjà un solide historique. Fondée en 1906, par le français Alexandre Darracq, dans un premier temps à Naples, avant de déménager pour Milan, un consortium la rachète en 1910, pour fonder « Anonima Lombarda Fabricca Automobili ». Le succès est immédiat, la société a toutefois du mal à sortir quelques bénéfices. La grande guerre lui donne le coup de grâce.

Nicola Roméo, se voit confier par l'état italien la gestion du dossier épineux. Une grosse commandes de l'armée donne de l'oxygène à la nouvelle société « Alpha Roméo ». Après la fin de la guerre, l'entreprise prend son nom définitif, Alfa Roméo.

De pilote d'essais à pilote d'usine, il n'y a qu'un pas que Ferrari franchit allègrement. De 1923 à 1931, Enzo aurait participé officiellement à 19 courses. Le conditionnel est de rigueur, d'autant que ces compétitions sont souvent de seconde zone, donc difficiles à répertorier. On note tout au plus 3 victoires au Circuit di Modena 1927 et 1928, ainsi qu'au Circuit d'Alessandria 1928. Sa meilleure performance est finalement une 2ᵉ place au Circuit Tre Province 1931, derrière la super star de l'époque Tazio Nuvolari. Sa carrière de pilote, s'arrête avec la naissance de son fils Alfredo « Dino », en juin 1932.

Pilote quelconque, Ferrari ne peut en rien se comparer à des pilotes de la trempe d'Antonio Ascari (père d'Alberto), Giuseppe Campari, Achille Varzi, sans parler de Nuvolari. Enzo, est d'abord un organisateur dans l'âme. Ses employeurs ne s'y trompent pas, en lui confiant dès 1923, la gestion du service compétition d'Alfa Roméo.

Ferrari, n'est pas seulement un organisateur, mais également un fédérateur. Ainsi, il s'attache les services de jeunes ingénieurs comme Luigi Bazzi, « prise de guerre » à la FIAT, ou encore Vittorio Jano. Pour Bazzi, ami de Ferrari, c'est relativement simple pour Jano, c'est autre chose. Vittorio représente la référence du moment, son salaire de 1800 lires par mois, à la FIAT, se veut plutôt confortable.

Il entreprend la démarche avec le directeur des ventes d'Alfa, Giorgio Rimini. L'offre est alléchante 3500 lires plus un logement de fonction. Ferrari tient ses premières revanches, sur la société turinoise qui l'a éconduit en 1919. Ses démarches, amènent à terme FIAT, à renoncer à la compétition. Vittorio part avec une partie de son équipe et les plans du modèle 806, archétype de la voiture moderne de Grand Prix. Son moteur, équipé d'une culasse en aluminium (première mondiale), 12 cylindres de 2244cc, développe 240cv pour la vitesse exceptionnelle de 240km/heure.

Jano, pour être un génie, n'en est pas moins un tyran. Ainsi son Alfa Roméo P2, écrase la compétition au point de précipiter le spectateur dans l'ennui. Au G.P de Belgique 1925, après l'abandon des Delage, les Alfa sont seules en piste. Le public manifeste sa lassitude, par des protestations et des sifflets. Jano vexé et courroucé, donne l'ordre à ses voitures de s'arrêter aux stands. Il exige des mécaniciens de nettoyer les véhicules de fond en comble, pendant qu'il fait servir un repas sur une table dressée pour les pilotes ! Les quolibets de la foule, naturellement redoublent, sans empêcher les pilotes de finir leur festin avant de repartir.

La crise économique de 1929, va bouleverser également le marché automobile. Alfa Roméo renonce à son programme compétition en 1933. L'Allemagne, lui succède avec ses Auto Union et Mercédès, soutenues financièrement par le régime nazi. Ferrari toujours en 1933, ranime le flambeau italien, en créant son propre service de compétition. Il fait courir préférentiellement des Alfa jusqu'en 1939, où la firme milanaise crée Alfa Corse. Désormais la Scuderia Ferrari, devient totalement indépendante.

La séparation du service de compétition d'Alfa Roméo, dans un premier temps fonctionne. Ferrari, connaît bien la « boutique », 1933 n'est que le prolongement des années précédentes. Avec la montée en puissance des écuries allemandes à partir de 1934, les italiens perdent pied petit à petit. L'évolution des modèles de compétition, n'est pas sans poser de problèmes.

Entre des voitures, qui ne sont plus tout à fait Alfa Romeo, mais pas encore Ferrari, la confusion règne. Les différents services, engendrent des tensions inévitables. En 1937 Alfa, donne le feu vert à Ferrari, pour construire un nouveau modèle la Tipo 308, une monoplace, faite en partant de trois autres voitures existantes. Le modèle voit le jour en 1938 équipé d'un moteur 3 litres, correspondant à la nouvelle formule des Grands Prix. Ferrari, s'implique pour tenter de contrer les « teutons », en dérivant deux autres machines, les Tipo 312 et Tipo 316.

Rien n'y fait, conséquence Vittorio Jano sert de fusible. Le décès de Vincenzo Lancia le 15 février 1937, à 55 ans, d'une attaque cardiaque, donne l'opportunité à Vittorio, de changer de casaque. Alberto Massimino, lui succède avec Gioacchino Colombo, il crée le chef d'œuvre de la marque « au trèfle à quatre feuilles », l'Alfetta 158. Monoplace extrêmement moderne, équipée dans un premier temps d'un moteur 1500cc à simple compresseur, qui va révolutionner la course d'après-guerre.

Ferrari se sent frustré. Il réclame une partie de la paternité de l'Alfetta, qu'il a peut-être inspirée, mais sans vraiment être impliqué dans son étude et sa réalisation. À partir de là, le divorce est consommé, il sera effectif en novembre 1938.

Enzo Ferrari, a désormais 40 ans, il se sent parfaitement mûr pour assumer ses propres créations et lance Sociéta Auto Avio Construzione, dans les locaux de Modène, dont il est toujours propriétaire. Un contrat passé avec le gouvernement pour la fabrication de machines destinées à la production de moteurs d'avions, lui permet de constituer une manne financière.

Pour la conception des voitures, il engage Alberto Massimino et Enrico Nardi, transfuge de chez Lancia. Deux voitures sont rapidement mises en chantier, pour être opérationnelles aux Mille Miglia du mois d'Avril 1939. Malgré leurs abandons, les débuts sont encourageants.

Après la crise de 1929, le second conflit mondial est un nouveau coup d'arrêt. Les relations entre Mussolini et Ferrari, ne seront jamais clairement établies. Toutefois le « Duce », peut revendiquer les sobriquets de « Commendatore » et de « Cavaliere », attribués à Ferrari.

Auto Avio Construzione, ne va pas survivre à la guerre. La première « vraie Ferrari », court pour la première fois à Piacenza le 11 mai 1947, aux mains de Franco Cortese. Equipée, d'un moteur V12, 1500cc à compresseur, elle est l'œuvre de Giacchino Colombo, Aurélio Lampredi et Luigi Bazzi.

Une rupture de pompe à essence, prive Cortese d'une première victoire. Néanmoins les quatre sorties suivantes, se soldent par autant de succès à Rome, Vercelli, Vigevano et Varese.

Chapitre 3

# LA MONTÉE EN PUISSANCE

À l'aube de la saison 1953, Caroll Shelby, devient un véritable professionnel. Charlie Brown, continue de lui faire confiance au volant d'une Cadillac Allard. Le londonien Sydney Allard, fonde la Allard Motor Company en 1946. Le pilote Anglo-Américain Tom Cole, décide de monter dans une Allard J2, un moteur Cadillac au début de l'année 1950. La paisible voiture de sport, se transforme sous le nom de Cadillac Allard J2x, en véritable bombe des circuits.

Les quelques modifications apportées par Cole à l'ensemble, ne suffisent pas à rendre l'engin homogène. Pour être performante la J2x, n'est pas à mettre entre toutes les mains. Le dessin du train-avant inadapté à la puissance du moteur, rend le pilotage particulièrement pointu et dangereux, avec un sous-virage accentué. Shelby, qualifie lui-même la machine de « casse gueule ».

Au mois de janvier Caroll, remporte sa première course de l'année avec la « Cad-Allard » à Caddo Mills. Si le texan, maîtrise parfaitement la machine, il doit bientôt déchanter, Charlie Brown décide de la vendre. Pour l'instant Shelby, ne vit pas de la compétition, il se tourne vers l'élevage de faisans et de setters irlandais pour nourrir sa famille.

La relance de sa carrière, passe par un coup de fil de Roy Cherryhomes. Cherryhomes vient de perdre son pilote attitré Roy Scott, et propose à Shelby de lui offrir le volant de sa Cad-Allard. Il gagne une première fois à Omaha, puis le 5 juillet il se retrouve à la base d'Eagle Moutain à Fort Worth. La réunion est très sérieuse, avec deux courses de SCCA Nationale.

La journée va rester dans l'histoire pour la postérité. La chaleur est accablante, Caroll travaille à la ferme et s'aperçoit en regardant sa montre qu'il n'y a plus de temps à perdre pour se rendre au départ de la course. Ne prenant pas le temps de se changer, il arrive vêtu d'une salopette à rayures, sa tenue de fermier (*voir photo de couverture*). Il remporte la première course devant Jim Hall (futur constructeur des Chaparral) sur Allard également. Puis s'incline dans la deuxième avec une Ferrari 340 Mexico, derrière la Jaguar XK120 de Masten Gregory. Le lendemain, photo à l'appui, la presse, titre plus sur sa tenue de pilote, que sur ses performances dans les deux courses. Cette publicité gratuite, va l'encourager à garder cette marque de fabrique, pour les courses à venir.

Enzo Ferrari est déjà un homme arrivé. En 5 ans de compétitions, ses voitures ont remporté, les 24 heures du Mans en 1949, le championnat du Monde des conducteurs avec Alberto Ascari en 1952. Ascari, double la mise en 1953 et Ferrari remporte le premier championnat du Monde des voitures de sport avec des victoires aux Mille Milles, aux 24 heures de Spa-Francorchamps et aux 1000 km du Nurburgring.

Ce nouveau championnat, tombe bien pour asseoir un peu plus son aura. La voiture de sport coupé ou spider, est avant tout le fond de commerce du Commendatore. La Scuderia Ferrari, dont le coût estimé, s'élève à un million de dollars par an, ne peut vivre autrement. La réputation de ses voitures, ont largement dépassé les frontières européennes pour conquérir l'Amérique, par l'intermédiaire de Luigi Chinetti , le milanais de 42ans naturalisé américain en 1946 est une vieille connaissance du Cavaliere. Il lui apporte 3 victoires aux 24 heures du Mans, du temps d'Alfa Roméo en 1932, 1934 et plus récemment sur Ferrari 166MM.

Pilote par passion, Chinetti, est avant tout un homme d'affaires. Importateur exclusif de Ferrari aux Etats-Unis, il va créer une écurie de légende en 1958, le North American Racing Team. Chinetti est non seulement l'ambassadeur de Ferrari aux États-Unis, mais aussi son meilleur agent commercial. D'un côté, il vend des Grand Tourisme à de riches propriétaires en mal de sensations fortes, de l'autre il séduit les patrons d'écuries, en leur démontrant qu'une Ferrari reste le meilleur investissement pour les faire gagner. De John Edgar à Tony Parravano en passant par Briggs Cunningham, ils ont tous cédé un moment à l'appel des « sirènes de Modène ».

Côté technique, Aurelio Lampredi, succède à Giacchino Colombo. Le département moteur, reste toujours la priorité de Ferrari dans la construction d'un véhicule, où le V12 s'élève à la hauteur d'une institution. La puissance moteur est poussée au firmament, souvent au détriment de la tenue de route. Le comportement pointu des voitures, séduit l'acheteur, par l'habillage des plus grands carrossiers du moment. Ils sont tous Italiens, les Bertone, Michelotti, Pinin Farina, Touring et autre Vignale, dont les noms s'inscriront bientôt dans l'histoire.

Ferrari, continue d'entretenir une double vie. Il y a « l'officielle », avec Laura et Dino sur Modène et une « officieuse », entretenue avec sa maîtresse Lina Lardi à Castelvetro. De cette union, naît le 22 mai 1945, un fils prénommé Piero. Il faudra attendre la mort de Laura le 28 février 1978, pour qu'Enzo reconnaisse enfin son fils, devenu depuis Piero Lardi Ferrari.

La vie des Ferrari, bascule le 30 mai 1956 avec le décès de Dino à 24 ans atteint d'une myopathie. Enzo encaisse le coup, sans montrer le moindre signe en public. Néanmoins, il se rend tous les jours sur sa tombe et bon nombre de modèles, monoplace et sport vont désormais porter le nom de « Dino ». Pour Laura, un autre choc, apporte un chagrin supplémentaire, quand elle apprend au même moment, l'existence de Piero. Sa colère n'est plus rentrée, l'attitude d'Enzo reste impénétrable, il laisse simplement passer l'orage.

Avec l'avènement de Juan Manuel Fangio, meilleur pilote au monde, l'Automobile Club Argentin, multiplie les organisations au point d'obtenir la première manche du championnat du Monde des constructeurs 1954. Il s'agit des 1000 km de Buenos-Aires disputé le 24 janvier. La semaine précédente, Fangio a déjà remporté le G.P d'Argentine première épreuve, qui va l'amener en fin de saison à son deuxième titre de champion du Monde des conducteurs. Dix Ferrari de tous types sont au départ, sous la bannière de la Scuderia, ou de privés qui assurent non seulement une rentrée d'argent, mais une publicité pour la marque, sans parler d'une possibilité de victoire.

Caroll Shelby, entame une première dans le championnat d'endurance, sur la Cad-Allard de Cherryhomes, qu'il partage avec Dale Duncan. Journée poissarde pour les partenaires d'un jour. Les deux ailes avant de type « moto », commencent à s'envoler suite aux vibrations, puis une succession de crevaisons les retardent, au point de ne plus avoir de roue disponible au stand. Enfin, un début d'incendie est maîtrisé par Dale Duncan… en urinant sous le capot ! Malgré tous ces déboires, la J2x termine à une très honnête 10e place. La victoire revient à la Ferrari 375 MM d'usine de Farina-Maglioli, devant la 250 MM privée de Schell-de Portago.

Ce premier contact avec le très haut niveau, permet naturellement à Shelby de rencontrer des personnalités. Des pilotes comme Fangio, Hawthorne, Peter Collins et bien d'autres, mais aussi des team-managers. Finalement, il a tapé dans l'œil de John Wyer, directeur de compétition d'Aston Martin. Peter Collins, organise un rendez-vous à trois autour d'un verre. Le texan est d'abord surpris par la personnalité de Wyer. « Le Buster Keaton » de l'automobile, à la réputation de taciturne et d'introverti, se livre lors d'une discussion sans retenue. L'anglais, demande à Caroll s'il envisage de faire carrière en Europe ? Celui-ci, lui répond que c'est impossible par manque d'argent. Qu'à cela ne tienne, en attendant, il lui propose le volant d'une Aston Martin DB 3S pour les 12 heures de Sebring du 8 mars.

Wyer apprécie Shelby, c'est une certitude, de plus, Aston Martin lorgne sur un marché juteux, pour ne pas laisser la place uniquement à Ferrari ou Jaguar. Avoir un pilote Américain, dans l'épreuve américaine la plus convoitée en sport, incarne une publicité assurée. La négociation va tourner autour de son coéquipier. Caroll n'a pas d'état d'âme, déjà bien heureux de piloter une telle monture. Les organisateurs voulaient absolument Charlie « Chuck » Wallace, qui n'était pas le premier choix de l'écurie. John Wyer comprit où était son intérêt et finit par céder.

La Scuderia Ferrari, estimant les primes de départ insuffisantes, fait l'impasse sur la course et ne peut compter que sur deux 375 MM et une 250 MM privées. Du coup, Lancia engage quatre spiders D24 3,3 litres et fait figure de favori, avec deux équipages vedettes, Ascari-Villoresi et Fangio-Castelotti. Passer de la Cad-Allard à l'Aston, c'est comme échanger un tracteur muni d'un moteur d'avion, contre une beauté à l'équilibre parfait. Si son 6 cylindres 3 litres délivrant seulement 225 cv, est un peu juste, son agrément de conduite, en particulier sur route humide est incomparable.

Favoris et outsiders vont finir tous sur le flan. L'essieu arrière de la DB3S de Shelby-Wallace se rompt au 77e tour, alors que la voiture naviguait aux alentours de la 10e place. Des quatre Lancia, seule la moins rapide de Rubirosa-Valenzano, termine à la 2e place, battue par la petite Osca 1500cc de 120cv, piloté par Stirling Moss et Bill Lloyd (gendre de Briggs Cunningham). L'Austin Healey de Macklin-Huntoon, complète le « podium des petits », alors qu'aucune Ferrari, ne franchit la ligne d'arrivée.

La situation de Shelby évolue rapidement, lors de sa rencontre avec Guy Mabee, magnat du pétrole, qui entreprend avec son frère Jo la construction dans son propre garage d'une voiture. Son gros moteur Chrysler lui permet de dépasser les 300 km/h… en ligne droite. Pour le reste, un essieu avant rigide, l'empêche d'avoir un semblant de tenue de cap dans les virages. Shelby se voit confier le rôle de rendre l'engin « conductible » avec un gros paquet de dollars à la clef.

Pas vraiment convaincu Caroll, propose un deal à Mabee. S'occuper « de son piège », à condition qu'il lui en donne les moyens et de faire une partie de la saison en Europe. Marché conclu, Mabee achète une Aston Martin DB3S, pour que Shelby puisse se faire la main, en attendant de trouver un volant d'usine.

Caroll débarque seul en Angleterre début mai. Son premier rendez-vous, se fait à Feltham, chez Aston Martin, reçu par John Wyer. Wyer tient sa promesse de Sebring, en lui confiant une voiture pour la Aintree International du 29 mai. La course, se dispute autour de l'hippodrome mondialement connu, pour son « Grand Steeple Chase ». L'épreuve est relativement courte, sur 10 tours de 4 km830. Le plateau, bien garni permet néanmoins de s'étalonner. Ses principaux concurrents sont Duncan Hamilton et Jimmy Stewart (*frère, aîné du futur triple champion du Monde Jackie Stewart*), sur Jaguar C de l'écurie Écosse. Sous la pluie, Caroll fait une bonne performance, en s'intercalant à la 2$^e$ place, entre les deux Jaguar.

Suffisant, pour convaincre Wyer d'engager Shelby définitivement pour les prochaines 24 h du Mans, des 12 et 13 juin 1954. Aston Martin n'a pas la faveur du pronostic, tout le monde s'attend à un duel entre Jaguar et Ferrari. La marque de Coventry, tenante du titre, engage trois Jaguar type D, révolutionnaires et flambant neuves, confortées par une type C de l'écurie Francorchamps. Modène, réplique avec trois 375 plus, épaulées par une étrange 375 MM de l'écurie Cunningham modifiée, avec un original système de freinage hydraulique, à refroidissement par eau. Pour essayer de contrer les 260 chevaux de Jaguar et surtout les 320 de Ferrari, David Brown multiplie les astuces. Sur les quatre DB 3S, deux sont converties en coupé pour gagner en aérodynamisme. L'équipage vedette Reg Parnell, Roy Salvadori bénéficie d'une barquette équipée d'un compresseur, permettant de gagner 30 chevaux supplémentaires. Enfin la barquette « classique », destinée à être vendue à Guy Mabee, peinte aux couleurs US, blanche avec deux bandes bleues, sera pilotée par Shelby et l'excellent pilote journaliste écrivain, Paul Frère.

David Brown, souhaite également relancer la marque Lagonda qu'il a racheté en 1947. Le vieux moteur V12 est réactualisé, pour être mis sur un châssis de DB3 S reconverti. Malgré tous ses efforts, la course va tourner à la catastrophe pour Aston Martin. La Lagonda, trop lourde abandonne dès la 4e heure, le moteur en fonte, rajeuni en aluminium, ne tient pas la distance. Le premier coupé de Whitehead-Stewart est pris dans un accident, avec la Gordini de Behra-Simon à 22h15. Prince Bira, sur le second coupé, est aussi accidenté à 4h15 du matin. Parnell-Salvadori, réussissent à se maintenir pendant 6 heures à la 6e place, avant que le compresseur ne cède à 11h50.

Partis prudemment, Shelby-Frère, sont remontés à la 8e place à minuit. Peu après, il pleut, Shelby sort à Mulsanne en voulant doubler Cunningham. Il va mettre pratiquement 45', pour dégager la voiture ensablée. Après un bref passage de contrôle au stand, l'Aston est tombée à la 16e place. La remontée se fait longue, peu avant 2 heures du matin, Shelby ressent une vibration du train avant à Arnage qui s'accentue à Maison Blanche. Une fusée de roue à l'avant droit, est endommagée, incident probablement dû au séjour dans le bac à sable, c'est l'abandon. Le final est à couper le souffle. Il ne reste plus qu'une Jaguar valide face à une unique Ferrari. Sous une pluie diluvienne, Gonzales-Trintignant (Ferrari) l'emporte, au bout du suspense, face à Rolt-Hamilton (Jaguar).

Déçu, John Wyer n'en veut pas à Shelby, et l'engage pour le G.P Supercortemaggiore à Monza du 27 juin. Deux semaines après le désastre du Mans, la plupart des voitures sont encore en maintenance. Conséquence, une seule DB3 S prend le départ avec Graham Whitehead, frère de Peter, pour coéquipier de Caroll. La course se dispute sur 1000 km, Ferrari est grandissime favori, d'autant que les Jaguar d'usine sont absentes. Aux essais, sur les 25 participants, l'Aston réalise le 12e temps. Shelby-Whitehead, jouent la prudence, ce qui leur permet de couper la ligne d'arrivée en 5e position. Les 2000 dollars de prime récoltée sont les biens venus, d'autant que Shelby a engagé la voiture à son nom.

Jeanne a rejoint Caroll en Europe, néanmoins le séjour sur le vieux continent est sur le point de se terminer. Il dispute encore une course le G.P British à Silvertone le 17 juillet. Peter Collins, Roy Salvadori et Caroll Shelby sont au départ sur les DB3 S de l'usine. Ils terminent dans cet ordre, devant la grosse Lagonda de Reg Parnell 4e. les Jaguar C de l'écurie Écosse ont dû baisser pavillon.

Pour la petite histoire Guy Mabee, n'a finalement pas acheté l'Aston Martin, préférant bidouiller sa « Mabee-Spéciale » (*c'est son véritable nom*), pour l'engager dans des courses à record de vitesse en ligne droite !

De retour au bercail, Caroll est contacté au mois d'août par Donald Healey. Là encore, l'objectif est d'établir de nouveaux records, sur le lac salé de Bonneville, très juteux en termes publicitaires pour les marques. Deux Austin 100S « lightweigh » à carrosserie spéciale, dont une à compresseur sont élaborées à cet effet. Avec la complicité de Roy Jackson-Moore et Donald Healey, Shelby les 23 et 24 août 1954 dans le désert de l'Utah, améliore 70 records départ arrêté ou lancé, du 25 km aux 24 heures. Healey aux anges, propose en récompense à Caroll de participer à la Panaméricaine du mois de novembre.

Nous abordons, la 6e et dernière manche du championnat constructeurs pour voitures de sport. Ferrari avec 3 victoires en Argentine, au Mans et au Mille Milles a déjà le titre en poche. Il s'agit de la 5e édition du 19 au 23 novembre, sur les routes et « les pistes mexicaines » dans une sorte de Paris-Dakar avant l'heure. Deux Austin sont à disposition pour Shelby en équipage avec Jackson-Moore, alors que Lance Macklin fera sa course en solo. Caroll, prend le premier relais au départ de Tuxtla Gutierrez. N'ayant pas eu le temps de faire les reconnaissances nécessaires, les deux équipiers sont particulièrement nerveux. Pas besoin de préciser, qu'il s'agit de la course la plus dangereuse au monde. Ford Robinson sur une Ferrari, perd la vie pratiquement d'entrée. Shelby ne dépasse pas le kilomètre 175, en faisant connaissance avec un rocher. La voiture est détruite et Shelby ne vaut guère mieux.

Des indiens lui portent secours, son coude droit est en miette, il a de nombreuses fractures, sans parler des coupures. Caroll après plusieurs heures d'attente, prend place dans une ambulance direction Puebla, 160 km plus loin. Le rapatriement au Texas, ne se fait pas tout de suite, les indiens ayant dérobé deux roues de l'Austin en souvenir. Administrativement, il a interdiction de quitter le pays. Shelby est entré au Mexique avec une voiture à quatre roues, donc il doit en sortir avec une voiture… équipée de 4 roues !

Bref, il faut magouiller pour trouver deux roues, et les faire passer pour les originales. Les fonctionnaires finirent par mettre les précieux coups de tampons, permettant la sortie du territoire. Pour le reste, les soins du coude nécessiteront huit mois d'hospitalisation, avant de le voir débarrassé en août 1955 du dernier plâtre.

1955, une année noire pour la course automobile. Endeuillée par l'accident aux 24 heures du Mans, qui va faire plus de 80 victimes et menacer l'existence même de la compétition en Europe. Sur le plan sportif, Mercedes rafle tout, des championnats du Monde de Formule 1 et des voitures de sport, ne laissant que quelques miettes à Ferrari et Jaguar.

Entre deux soins, Caroll Shelby reprend la compétition dès le 27 février, dans une épreuve de SCCA à Fort Pierce. Malgré les séquelles pesantes de son accident, il réussit une bonne 2ᵉ place sur une Ferrari 375MM d'Allen Guiberson. La voiture, se distingue par une dérive, façon « Jaguar D », dans le prolongement de l'appui tête.

Il monte en puissance, lors de la 2ᵉ épreuve du championnat aux 12 heures de Sebring le 13 mars. Toujours pour Guiberson, il partage le volant avec la vedette américaine montante, Phil Hill, dans une Ferrari 750 Monza 3 litres. La voiture flambant neuve, tourne du feu de dieu. Le départ, type le Mans se fait dans la confusion. Six voitures grillent le départ et sont disqualifiées par le « drapeau noir ». L'arrivée ne va pas l'être moins.

Hill et Shelby sont déclarés vainqueur dans un premier temps avec 3'08" d'avance, sur la type D de l'écurie Cunningham pilotée par Hawthorne-Walters. Un recours est fait après la course. 8 jours plus tard à New-York, le résultat est inversé, la Jaguar l'emporte avec 24"4/10 sur la Ferrari. Hill-Shelby, se contentent de la victoire… à l'indice de performance !

Pendant toute la saison, Shelby va trouver un subterfuge pour courir. Il fait enlever son plâtre avant les courses et le fait remplacer par une attelle en fibre de verre. L'astuce, lui permet de remporter des courses de SCCA à Forth Worth en juin et Torrey Pines en juillet toujours pour Allen Guiberson. Il prend ensuite le volant de la Ferrari 375 plus, de Tony Paravano, pour une nouvelle victoire à Bremerton.

Ayant retrouvé 100% de ses capacités, il décide de terminer la saison en Europe. Après un mauvais début à Oulton Park le 27 août, avec une Ferrari 121 inadaptée, Shelby se voit proposer une Porsche 550 d'usine à partager avec Masten Gregory, pour le Tourist Trophy. Le circuit Dunrod près de Belfast, avec ses étroites routes de campagne, n'est pas adapté aux machines les plus puissantes. La pluie rend la course particulièrement dangereuse, en particulier au lieu-dit « le saut du cerf ». Après plusieurs carambolages, 7 voitures sont impliquées, Jim Mayers, Jimmy Smith, et Dick Mainwaring trouvent la mort. Sur l'agile Porsche, Shelby-Gregory, s'en tirent au mieux, avec une 9e place au scratch et une victoire en catégorie 1500cc.

La Targa Florio du 16 octobre, ne laisse à Shelby, que l'image d'un vol plané, laissant la Ferrari 750 Monza « Paravano », sans aucune roue. Histoire de ne pas garder un mauvais souvenir de la Sicile, il prend pour la première fois le volant d'une formule 1, à l'occasion du G.P de Syracuse la semaine suivante. Maserati lui confie une 250F d'usine, pour épauler Musso, Villoresi et Schell. 4e temps des essais sur les 15 machines engagées, après plusieurs passages au stand, Caroll doit se contenter d'une 6e place à 4 tours de l'étonnant vainqueur du jour, Tony Brooks sur Connaught type B.

Chapitre 4

# ORGUEIL ET VANITÉ À MARANELLO

Avec le retrait de Mercedes en 1956, chacun reprend espoir. Ferrari fait de gros investissements, humain et matériel. Au retrait de Lancia en formule 1 à la suite du décès d'Alberto Ascari, Enzo Ferrari, rachète l'ensemble du matériel. Les D50 V8, sont bien plus performantes que ses 625 et autre Squalo. La nouvelle Lancia-Ferrari, ne diffère que peu de l'ancien modèle.

Côté humain, c'est la révolution complète, avec l'arrivée d'Eugenio Castelotti en provenance de chez Lancia, Luigi Musso de chez Maserati, Peter Collins de chez Aston Martin et surtout de Juan Manuel Fangio, après deux années passées chez Mercedes. Pour l'encadrement, l'ingénieur Aurelio Lampredi, irrité que ses choix techniques soient remis en cause, quitte la scuderia pour FIAT. Le team manager, Nello Ugolini démissionne pour Maserati, remplacé par Eraldo Sculati.

Fangio est un parfais gentleman. Courtois, il ne prononce jamais un mot plus haut que l'autre et parle d'une voix douce, presque fluette. Son calme imperturbable, se retrouve dans sa façon de piloter et fait partie de sa réussite. Le Commendatore, n'apprécie pas les gens sur lesquels, il n'a pas d'emprise. Lui le sanguin, qui aime à provoquer, à déstabiliser, se retrouve face à un mur lisse, bref il ne l'aime pas ! Pourquoi l'a-t-il embauché ? Simplement parce qu'il est le meilleur et qu'il préfère le sentir dans son écurie que de le subir à la concurrence.

La scuderia Ferrari est grandissime favorite pour le titre. Seule Maserati semble en mesure de les inquiéter, avec un Stirling Moss de plus en plus performant. Enzo Ferrari, n'a qu'un rêve faire échouer Fangio pour qu'un de ses trois autres pilotes, ramène le titre à Maranello.

Ses « petites manœuvres » en coulisse vont échouer. L'argentin, reproche de ne pas disposer du meilleur matériel mis à sa disposition. Ferrari le taxe de paranoïaque. Fangio le « maestro », bénéficie du plus profond respect de la part de ses coéquipiers. Enzo Ferrari, n'a pas voulu désigner de numéro 1, il le devient de fait. Le changement de véhicule est toléré en course à l'époque avec un partage de points. Ce point de règlement va permettre à Fangio, de remporter un quatrième titre de champion du Monde. Certes, le quatrième de ses cinq titres, est le moins glorieux, mais pouvait-il en être autrement ?

Tout commence dès le premier G.P en Argentine. Fangio victime de sa pompe à essence, reprend la voiture de Musso pour l'emporter. Puis ça se poursuit à Monaco. Peter Collins, loupe ses qualifications et part en 4$^e$ ligne. Au bout d'un tour, il remonte en 3$^e$ position, derrière Moss et Fangio. L'Argentin, commet une des rares erreurs de sa carrière, en partant en tête à queue à Sainte Dévote, il tombe en 5$^e$ position. Le maestro, se lance alors dans une poursuite infernale, derrière Moss et Collins. Il réussit à passer son équipier au « bureau de tabac », avant de frotter sa roue arrière, au 32$^e$ tour contre un muret. Contraint de ralentir, Peter le repasse. Le campionissimo, s'arrête au 40$^e$ tour, pour changer de roue arrière, l'embrayage est malade. Castelotti qui a abandonné auparavant reprend sa voiture. Fangio, fait pression sur Sculati, pour faire arrêter Collins. Peter s'exécute au 54$^e$ tour, Fangio reprend ainsi la 2$^e$ place qui lui rapporte 3 points, au lieu des 6 destinés à Peter Collins !

Enzo Ferrari, goûte cette plaisanterie de mauvais goût, et le fait savoir à Sculati. Par ailleurs, Peter Collins va devenir rapidement le « chouchou » du Commendatore, de préférence à Eugenio Castelotti, ou Luigi Musso, pourtant de nationalité italienne.

Peter, prend sa revanche, le 2 juin à Spa, lors du G.P de Belgique. Fangio menait confortablement avec 30" d'avance sur Collins, quand sa Ferrari se retrouva sans propulsion, suite à un problème de transmission. Fangio, n'était plus en position de réclamer quoi que ce soit et Collins l'emporta. Dans la foulée, Peter double la mise au G.P de l'ACF à Reims le 1$^{er}$ juillet. Les Lancia-Ferrari, font un festival dans la plaine champenoise, ce jour-là, simplement troublée en début de course, par la Vanwall d'Harry Schell. Fangio, mène encore, lorsqu'un raccord de canalisation d'essence mal fixé, l'oblige à un arrêt au stand, le condamnant à la 4$^e$ place. Castelotti, échoue sur le fil, 2$^e$ à 3/10$^e$ de Collins.

En position défavorable par rapport à son jeune équipier, Fangio rétablit l'équilibre au G.P de Grande Bretagne du 14 juillet à Silverstone. L'argentin, se trouve pour une fois en difficulté en début de course. La Maserati de Stirling Moss, domine les Lancia-Ferrari jusqu'à mi-distance, avant qu'un arrêt ne s'avère obligatoire, pour remettre de l'huile. Un problème de fuite d'essence, condamne l'anglais à la panne sèche un peu plus tard. Entre temps, Peter avec une pression d'huile à zéro, se rabat sur la voiture de De Portago, pour aller chercher la deuxième place derrière Fangio.

De Portago a remplacé Musso en mai à la suite d'un accident. Luigi retrouve son volant pour le G.P d'Allemagne du 5 août, néanmoins le marquis espagnol conserve le sien. De ce fait, cinq Lancia-Ferrari sont présentes sur la ligne de départ. Avant dernière épreuve du championnat « le ring », tourne rapidement à un duel Fangio-Collins, tous deux meilleurs temps des essais. Peter dut s'arrêter au stand, peu avant la mi-course, avec un phénomène de « vapor lock », le mettant au bord de l'asphyxie. Après un moment de récupération, il repart sur la monture d'Alphonse de Portago. Alors que la 3$^e$ place se profile, pour le britannique, derrière Fangio et Moss, Peter n'a pas retrouvé l'intégralité de ses moyens et percute un arbre près de Brünnchen. Il est indemne, mais sa voiture est détruite.

Dernière manche, le G.P d'Italie à Monza du 2 septembre. Fangio est en position favorable pour conserver son titre avec 30 points. Toutefois l'argentin avec 5 résultats dans les points, devra retirer 3 points à son total en cas d'une place dans les 3 premiers. Les cinq meilleurs résultats de la saison sont uniquement retenus. Collins avec 22 points, a une petite chance pour le titre en cas de victoire et si l'argentin ne fait pas mieux que 4$^e$.

Ferrari et Maserati mettent le paquet, « le cheval cabré » en présentant aux essais une 6$^e$ Ferrari pour von Trips et « le triangle » une 250F carrossée « streamliner ». Le plan incliné de l'autodrome, dévore la gomme des pneus Englebert équipant les Ferrari, et force sur les ponts De Dion pendant les essais. Moss et Collins n'ont que le 6$^e$ et 7$^e$ temps, alors que Fangio, Castellotti et Musso occupent dans l'ordre, toute la première ligne. Les deux italiens, devant leur public veulent faire le spectacle et montrer, qui est le successeur d'Ascari. Comme prévisible, la démonstration tourne court, dès le 4$^e$ tour avec un retour aux stands et des pneus arrière, sans bande de roulement. Au 10$^e$ passage, Fangio, Moss, Schell (Vanwall) et Collins ne sont séparés que d'une seconde. Schell prend la tête peu après, pendant que Collins rentre au stand avec un pneu déchiqueté. Auparavant au 6$^e$ et au 9$^e$ tour de Portago et Castellotti ont dû renoncer avec des pneus éclatés. Qui va sortir indemne de cette course « à la gomme » ?

Peter repart en 7$^e$ position avec peu d'espoir, pendant que Moss occupe la tête devant, Schell, Fangio, Behra (Maserati), et Musso. La course bascule, quand Fangio rentre au stand avec une biellette de direction faussée. Les mécanos changent la pièce, en la prélevant sur la voiture de Castellotti. Mais oh surprise, Eugenio repart sur la voiture de l'argentin. Nous sommes au 30$^e$ des 50 tours, Moss toujours aux commandes, devance un Musso des grands jours, Collins qui ne désarme pas a repris la 3$^e$ place devant Schell et Ron Flockhart (Connaught). La transmission de la Vanwall d'Harry Schell cède deux tours plus tard. Le stand intime l'ordre à Musso et Castellotti, de rentrer pour une vérification des pneumatiques.

Finalement, alors que l'on change les roues avant de la voiture de Musso, Fangio demande à reprendre le volant. Luigi, fait la sourde oreille et repart en trombe. L'argentin n'a qu'une crainte, que Moss casse et que Collins remporte la course et le titre. Le destin bascule, c'est au tour de Peter de s'arrêter pour une vérification des pneumatiques, quand il décide volontairement, de laisser son siège au maestro.

La course n'est pas terminée. Au 47ᵉ passage, une biellette de direction de la voiture de Musso cède, alors qu'il venait de doubler Stirling Moss, de retour au stand pas loin de la panne sèche. Moss l'emporte finalement avec 5"7/10° sur Fangio-Collins et 1 tour d'avance sur Flockhart.

On ne réécrit pas l'histoire, néanmoins, qu'aurait-il pu se passer si Musso avait laissé son volant à Fangio ? La voiture aurait cassé probablement de la même manière, Collins aurait fini au pire 2ᵉ du championnat devant Moss avec un espoir de victoire au moment de la panne d'essence…L'année s'achève, Enzo et Juan Manuel, vont pouvoir mettre un terme à leur courte « cohabitation ».

Ferrari gagne aussi le championnat constructeur des voitures de sport, mais dans des conditions plus difficiles. Maserati remporte les 1000 km de Buenos Aires avec Moss-Menditeguy et les 1000 km du Nürbugring toujours avec Moss épaulé par Behra, Taruffi et Schell. La Targa Florio voit le triomphe d'une Porsche. Les 24 heures du Mans et les 12 heures de Reims disputés hors championnat, reviennent à Jaguar. Il reste à Ferrari les 12 heures de Sebring (Fangio-Castellotti), les Mille Miglia avec Castellotti et le G.P de Suède avec Maurice Trintignant et Phil Hill.

Carroll Shelby de son côté, se consacre uniquement au territoire américain. La raison en est simple, il ouvre, avec le soutien financier des frères Dick et Jim Hall, un magasin de voitures de sports à Dallas, « Carroll Shelby Sports Cars ». Cette nouvelle activité, ne le dispense pas de courir presque tous les week-ends. En 1956, il dispute 28 courses pour en remporter 19.

Cette incroyable réussite lui permet de décrocher le titre de « Driver of the year » du SCCA Nationale. Ses victoires les plus notoires, s'enregistrent à Palm Springs en février, Pebble Beach en avril, Forth Worth en juin, où encore à Elkhart Lake. Toutes au volant de divers Ferrari, appartenant à Tony Parravano et John Edgar.

Ces deux personnages, sont deux des businessmen du Sports Car Racing US des fiveties. Aussi opposé que passionné, Tony d'origine italienne, promoteur immobilier, possède des fonds de provenances douteuses, ses liens avec la mafia de Chicago dans les années 30, sont probables. Il disparaît en avril 1960, sans que personne n'entende plus jamais parler de lui. Trois jours, après sa disparition il devait passer au tribunal, pour cinq chefs d'inculpation d'évasion fiscale. Sa silhouette, reste dans toutes les mémoires, un peu plus d'un mètre cinquante pour 75 kg. John Edgar de son côté, ne pèse pas beaucoup plus lourd, sauf qu'il frise les 1m90. Tous les grands pilotes américains de l'époque, les Richie Ginther, Masten Gregory, Dan Gurney, Phil Hill, Ken Miles et bien sûr Carroll Shelby, ont piloté leurs voitures au milieu des années 50.

John Edgar a hérité d'un gros paquet d'argent de sa famille. Tout ceci nous ramène à notre introduction du début de « Cobra cracheur, face à cheval cabré ». Edgar et Shelby, sont tous les deux du voyage à Modène en ce mois de février 1957, Carroll pour un éventuel volant d'usine, John simplement « pour faire ses courses ». Nous avons vu le fiasco de l'entretien, entre Ferrari et Shelby, celui avec Edgar vaut aussi son pesant de cacahuètes. John vient pour dépenser ¼ de million de dollars, sauf qu'Enzo n'est pas décidé à lui faire, ne serait-ce qu'un dollar de remise : « Une Ferrari ne se brade pas ! ». Edgar n'en prend pas ombrage, il va simplement aller voir, dans la maison d'en face chez Maserati à Modène. Les frères Orsi, ont repris l'entreprise en 1947, à la suite de la création d'OSCA par les frères Maserati. Ils accueillent John Edgar, à bras ouverts et il va bientôt pouvoir faire le plein de Maserati 250S, 300S et 450S. À partir de cette date, Edgar n'achètera plus aucune Ferrari.

De son côté Shelby se voit proposer un bon contrat à l'année par John Edgar. Conséquence à partir de mars 1957, il ne pilotera plus qu'en deux occasions une Ferrari. Un bonheur ne venant jamais seul, Jeanne a mis au monde un deuxième fils, prénommé Patrick.

Côté vente de voitures de sport, face à un marché atone sur Dallas, Shelby et les frères Hall, sont importateurs de British Motor Corporation (BMC) avec Austin entre autres, et profitent de leur accord avec John Edgar, pour vendre des Maserati.

Sur le plan sportif, Caroll commence sérieusement son année le 23 mars avec les 12 heures de Sebring. L'année précédente, il a fini 4e de l'épreuve avec Roy Salvadori sur une Aston Martin DB3S d'usine. Cette année il partage toujours le volant avec Roy, mais sur une Maserati 300S des frères Orsi. Maserati avec le vent en poupe, réussit le doublé avec la victoire de Behra-Fangio sur 450S, devant l'autre 300S de Moss-Schell. Moins chanceux, la 300S de Shelby-Salvadori, est disqualifiée pour ravitaillement illicite. La Ferrari 290S de Gregory-Brero, sauve l'honneur par une 4e place. Le duel entre Ferrari et Maserati, est bien lancé. « Le cheval cabré », a remporté la première manche, les 1000 km d'Argentine, toujours avec Gregory, cette fois en équipage avec Castellotti et Musso.

Pour en revenir à la Scuderia, Eraldo Sculatti, jugé déjà « trop mou » par le Commendatore, fait une nième bévue, dans sa stratégie pilotes en Argentine. Conséquence, il est congédié de la direction sportive, dès son retour à Maranello et remplacé par Romolo Tavoni. L'avenir nous dira si celui-ci sera plus brillant, une certitude, il va être beaucoup moins mou !

Le départ de Fangio pour Maserati, coïncide avec le retour d'Hawthorne qui retrouve son ami Collins chez Ferrari. Avec Castellotti, Musso et de Portago, la scuderia est au top, jusqu'à ce que la fatalité s'en mêle. Eugenio Castellotti, se tue en essais privés, à Modène le 12 mars, alors qu'il préparait la course de Sebring.

Plus dramatique encore, le 12 mai, il ne reste qu'une quarantaine de kilomètres, pour boucler la 24e édition des Mille Milles à Brescia. Soudain la Ferrari de « Fon » de Portago et de son navigateur Edmund Nelson, quitte la route à la suite de l'éclatement d'un pneu. Les deux hommes sont tués sur le coup, ainsi que 10 spectateurs, donc 5 enfants. Piero Taruffi (Ferrari), à plus de 51 ans, l'emporte et tire sa révérence. C'est aussi la dernière édition, d'une course jugée trop dangereuse.

La série noire continue pour Enzo. La presse italienne se déchaîne, lui reprochant d'envoyer ses pilotes à la mort. Son pilote d'essai Piero Carini perd la vie à Saint Étienne 15 jours plus tard, puis l'ingénieur Andrea Fraschetti en essayant une Dino de F2 sur le circuit de Modène. Si Ferrari ne laisse rien paraître, le décès du jeune ingénieur et de Castellotti, le touche au plus profond de lui-même. Un procès est engagé à la suite du décès de de Portago. La firme Englebert sera mise en cause, pour « fourniture de pneus inadaptés aux vitesses élevées ». La société belge, abandonnera définitivement la compétition à la fin de 1958, suite au décès de Stuart Lewis Evans, au G.P du Maroc.

Ferrari, ne gagne pas en 1957, un seul G.P du championnat du Monde de F1. Il faut remonter à 1950 et à l'hégémonie des Alfetta, pour retrouver pareille situation. Fangio est au sommet de son art. Le Maestro ne fait qu'une bouchée des Ferrari, chez lui, au G.P d'Argentine. Le cauchemar se poursuit à Monaco, Moss au volant d'une Vanwall, prend le meilleur départ, lorsque ses freins lâchent au 4e tour à la chicane. Collins en voulant l'éviter, plante la Ferrari dans les barrières, côté port. Derrière Brooks, se voit dans l'obligation de piler, Hawthone surpris heurte l'arrière de la Vanwall et avec une roue arrachée rejoint la Ferrari de Collins dans les barrières. À partir de là, Fangio, n'a plus qu'à assurer sa deuxième victoire consécutive. Tony Brooks, au terme d'une course régulière prend la 2e place, devant la Maserati de la scuderia Centro Sud de Masten Gregory. Maurice Trintignant, qui a remplacé Musso malade, finit 5e sur la seule Ferrari encore valide.

La grogne règne chez les pilotes en raison de la diminution de leurs primes de départ. Ainsi en raison de nombreux forfaits, les G.P de Hollande et de Belgique sont supprimés. Ferrari fait également grise mine. Il estime, que le mariage express de Peter Collins avec l'actrice Louise King, nuit à la concentration de son pilote. Il considère également, que la chanteuse Delia Scala, a une part de responsabilité dans la mort d'Eugenio Castellotti. Décidément, les rapports entre les femmes et Ferrari, sont toujours compliqués.

Le « grand cirque » de la formule 1, repris le 7 juillet, sur le circuit de Rouen-les-essarts. Fangio, fait une des plus grandes courses de sa carrière. Prenant la tête dès le 4$^e$ tour pour ne plus la quitter, il fait preuve d'une maîtrise exceptionnelle, en terminant avec des pneus usés jusqu'à la corde. Musso 2$^e$, Collins 3$^e$ et Hawthorne 4$^e$ redorent un peu le blason de la scuderia. Le nouveau danger s'appelle Vanwall. La firme de Tony Vandervell, monte en puissance depuis le début de saison. Moss s'impose au British à Aintree en reprenant le volant de Brooks à mi-parcours. Puis il finit en trombe en remportant les deux derniers G.P à Pescara et à Monza. Ferrari limite les dégâts en Angleterre avec la 2$^e$ place de Musso et la 3$^e$ d'Hawthorne.

Je garde le meilleur pour la fin avec le G.P d'Allemagne sur la boucle nord du Nurburgring, le 4 août. La Maserati, perd petit à petit de sa supériorité, face aux progrès des Ferrari et des Vanwall. La marque anglaise, ne va jouer aucun rôle ce jour-là, suite à un mauvais choix de ressorts de suspension. 22 tours de près de 23 km sont à boucler. Fangio, choisit de partir avec un réservoir à moitié plein, pour alléger la 250F et avoir une tenue de route plus constante. Le pari est audacieux, il faut faire le trou d'entrée, et prendre suffisamment d'avance en vue du ravitaillement. Fidèle à sa tactique, l'argentin bat le record du tour à chaque passage, avec une régularité de métronome. Au moment du ravitaillement à mi-course, son avance est de 30" sur Hawthorne. C'est juste suffisant, d'autant que les mécaniciens mettent 52"avec un changement de roue récalcitrant. Il repart en 3$^e$ position et compte 48" de retard au 12$^e$ passage sur Mike et Peter qui roulent de concert.

Les deux équipiers semblent à l'abri d'un retour du « Maestro », sauf que les indications des stands, reviennent toutes les 9'20" compte tenu de la longueur d'un tour. Au 16e passage l'écart n'est plus que de 16", et tombe à moins de 14" au 19e quand le stand Ferrari, réagit enfin avec un panneautage « GO », pour indiquer à ses pilotes le retour de la Maserati. Fangio, revient à 3" à l'issue de la 20e boucle avec un nouveau record du tour, 8" plus vite qu'aux essais ! Au prix d'une manœuvre audacieuse, mordant sur l'herbe il prend la tête au 21e tour, pour ne plus la quitter. Hawthorne est 2e à 3"6/10. Les mécaniciens de Maserati portent Fangio en triomphe, qui peut fêter dignement son 5e titre de champion du Monde.

Ferrari, se console en remportant le titre du championnat des voitures de sport à l'issue d'un G.P du Venezuela particulièrement mouvementé. Maserati peut encore rêver de la couronne avec ses victoires de Sebring et au G.P de Suède. La marque au trident, présente un trio de 450S et un duo de 300S. Sur le circuit urbain de Caracas, les freins souffrent. Gregory en est la première victime, la Maserati « Temple Buell » se retourne, Masten s'en sort avec une arcade éclatée. Moss en tête, voit sa 450S éliminée, par l'AC Bristol de Dressel qui lui coupe la route. Puis c'est la 300S de Jo Bonnier qui embrasse un lampadaire. Enfin la dernière 450S pilotée par Schell, éclate un pneu, se retourne et prend feu. Heureusement, Harry n'est brûlé que superficiellement. Les Ferrari 330S de Collins-Hill et Hawthone-Musso, peuvent faire un tranquille doublé.

Carroll Shelby, réalise encore « une tournée américaine » forte de 14 victoires, au volant de différentes Maserati de 2,5 litres à 4,5 litres toutes pour le compte de John Edgar. Le temps fort de la saison, a lieu les 16 et 17 novembre sur le circuit de Riverside, fraîchement inauguré en juin. Carroll efface ce jour-là les affres d'un accident du 21 septembre, sur ce même circuit, pliant la 450S en lui laissant quelques bandages en souvenir. Une victoire acquise à la force du poignet devant Dan Gurney, Masten Gregory et Walt Hansen, marque ces deux jours. Le priorité de Shelby en 1958, devient l'Europe avec sa Formule 1.

Chapitre 5

# QUAND ASTON MATE FERRARI

La CSI modifie profondément ses règlements pour l'année 1958. Le carburant type aviation (AVGAS) devient obligatoire, en remplacement des « mixtures » à base d'alcool et d'éthanol. Les motoristes, vont devoir s'adapter, ce n'est pas sans poser un certain nombre de problèmes. Le championnat de F1, se double d'un championnat Constructeurs en complément du championnat Conducteurs. Enfin, pour le championnat des voitures de Sport, la cylindrée maximale des moteurs est fixée à 3 litres, pour une meilleure sécurité.

Côté matériel, Ferrari se voit en partie débarrassé de son éternel rival Maserati. La firme au trident, est mis en redressement judiciaire, à la suite de tracteurs vendus en Amérique du sud, payés au gouvernement italien et… jamais remboursés aux frères Orsi. Maserati, peut continuer son exploitation commerciale, à condition de ne plus courir sous son nom en compétition. Désormais, les Maserati en course, seront engagées par des écuries privées.

L'argentine, comme de tradition, ouvre la saison Internationale avec son Grand Prix de F 1 le 19 janvier, et ses 1000 km le 26 du mois. Vanwall, n'ayant pas eu le temps de convertir ses moteurs au nouveau règlement, déclare forfait pour le G.P. Afin ne pas perdre une course, Stirling Moss, se réfugie dans la minuscule Cooper F2 à moteur arrière, de l'écurie Rob Walker.

La mission semble impossible, comment les 175 chevaux de la Cooper T43, peuvent contrer les 285 de la nouvelle Dino 246 et même les 270 des Maserati privées ? Fangio est en pôle, devant les Ferrari d'Hawthorne et Collins, Moss a le 7$^e$ temps des 10 voitures seulement au départ. Collins, reste planté sur la ligne avec une rupture de ½ arbre. Behra (Maserati) prend le meilleur départ, devant Hawthorne et Moss qui a réussi à se faufiler devant Fangio. Mike, passe rapidement au commandement, pendant que l'argentin reprend la 3$^e$ place de Stirling. Au 8$^e$ tour, Fangio devient le nouveau leader, puis au 20$^e$ passage Moss récupère sa 3$^e$ place aux dépens de Behra. Surprise, peu après la petite Cooper grimpe à la 2$^e$ place à 15" de Fangio. Au 35$^e$ tour « le Maestro » doit s'arrêter pour un changement de pneus qui s'éternise, et repart 4$^e$. Dans le même temps Hawthorne, refait un appoint d'huile pour repartir 5$^e$. Tous les concurrents, font un arrêt au stand pour changer de pneumatiques, sauf Stirling qui tente le tout pour le tout. Chez Ferrari, personne ne croit que le britannique peut aller au bout, nous sommes au 60$^e$ des 80 tours, Musso à 33" peut attendre sereinement. À 10 tours de la fin Tavoni, passe l'ordre à Musso et Hawthorne d'attaquer. Trop tard, avec des pneus en lambeaux, Stirling garde 2"7/10 d'avance sur Luigi et 12"6 sur Mike, alors que Fangio finit 4$^e$.

Pour les 1000 km, toujours à Buenos-Aires, Ferrari n'a pas de souci, la 250TR de Collins-Hill mène de bout en bout et l'emporte devant l'autre 250TR de Gendebien-von Trips-Musso.

Plus intéressant, le G.P de Cuba du 24 février. Cette épreuve hors championnat, permet de retrouver des voitures de plus de 3 litres, et la riche dotation, attribuée par le Président Fulgencio Batista, amène un plateau de rêve de 28 voitures. La veille de la course Juan Manuel Fangio, est enlevé dans le hall de son hôtel par des rebelles castristes. Ce coup de force est destiné à attirer l'attention de la presse internationale, dans la lutte de Fidel Castro contre le dictateur cubain. Fangio, sera libéré 26 heures plus tard sans violence devant l'ambassade d'Argentine. Castro, réussit son coup en faisant parler de lui, néanmoins le Grand Prix est maintenu, permettant à Batista de garder provisoirement la face.

Pour la course, Trintignant abandonne sa Jaguar D, pour la Maserati 450S de Fangio. Chose exceptionnelle, Moss est au volant d'une Ferrari 4,1 L, mais pas de l'usine, engagée par le NART. Masten Gregory sur une Ferrari 4,9 L. prend le meilleur départ, pas pour longtemps, Moss le passe avant la fin du 1$^{er}$ tour, pendant que Shelby sur une 450S suit en 3$^e$ position. 85 tours sont à boucler, les positions restent stables jusqu'à la fin du 4$^e$ tour. Dans la 5$^e$ boucle, Armando Cifuentes, un pilote local, est projeté dans la foule avec sa Ferrari 250TR. Six spectateurs sont tués et une trentaine d'autres blessées. Devant l'ampleur du désastre, la course est arrêtée au 6$^e$ tour. La piste est souillée d'huile, les pilotes refusent de repartir considérant le circuit insuffisamment sécurisé. Le classement, reste dans l'état : 1$^{er}$ Moss, 2$^e$ Gregory, 3$^e$ Shelby.

Carroll Shelby, se voit proposer un volant d'usine par John Wyer pour deux ans. L'occasion, est trop belle pour ne pas l'accepter. Il quitte à regret John Edgar, avec qui il va rester en excellents termes. Shelby inaugure son nouveau contrat pour les 12 heures de Sebring le 23 mars. Aston Martin, présente deux DBR pour Moss-Brooks et Salvadori-Shelby. Signe des temps, Ferrari couvre l'essentiel du plateau, avec 13 voitures, dont six 250TR réparties à 50% entre l'usine et ses clients. « Le Cavallino Rampante » joue également en catégorie 2 litres et G.T. En dehors d'Aston, trois type D et deux Lister Jaguar représentent la principale opposition. Moss, comme à son habitude, prend les choses en main et s'assure une confortable avance de 2 minutes. Au bout de deux heures Brooks prend le relais. Suite à une crevaison, l'Aston perd 4'. Au même moment Shelby relaye Salvadori. Sa prise de contact avec la DBR1, ne dure que quelques tours, quand le levier de vitesses lui reste dans la main. L'Aston de Brooks, équipée de freins à disques, réussit à revenir au commandement, face aux Ferrari équipées en freins à tambours. Hélas, une boite récalcitrante et une transmission défaillante, mettent fin à l'aventure peu avant la mi-course. Les Jaguar, n'ont pas fait long feu, supportant mal le carburant AVGAS. Les Testa Rossa, réussissent un doublé tranquille, Hill-Collins l'emporte devant Gendebien-Musso.

La saison, prend ensuite ses quartiers européens, avec la Targa Florio du 11 mai. Wyer, n'engage qu'une seule DBR pour son équipage de pointe, Moss-Brooks. Sur les 38 modèles au départ 33 sont italiens. Les 3 Porsche 718, représentent néanmoins une menace pour Ferrari, sur les routes montagneuses siciliennes. Après 20 km de course, l'Aston peu adaptée au parcours, se voit contrariée par une pierre, qui crève un pneu. La réparation faite sur place, dure plusieurs minutes et ôte toute chance à l'équipage anglais d'une victoire. Stirling, dans un baroud d'honneur, bat le record du tour dans les 3$^e$ et 4$^e$ boucles, avant que la transmission ne cède. Musso-Gendebien sur une 250TR, en tête depuis le premier passage, l'emportent avec 5'39'' sur le spider Porsche de Behra-Scarletti.

Shelby fait sa rentrée à l'occasion du G.P de Spa, pour voitures de sport le 18 mai. La lutte promet d'être chaude, entre les deux Lister Jaguar de Gregory et d'Archie Scott Brown, en première ligne et les deux Aston DBR de Paul Frère et Shelby. À noter, les débuts d'un jeune écossais prometteur de 21 ans, Jim Clark sur une Jaguar D de l'écurie Border Reivers. Le circuit de Francorchamps, déjà dangereux en temps normal, est rendu glissant par endroit à cause des averses. Dès le départ Gregory et Scott Brown se livrent un duel à couteaux tirés. Le drame survient au virage du Club House, peu avant la source. Sur la chaussée humide, la Lister d'Archie, dérape et s'embrase après avoir heurté un poteau. Le pilote décède 48 heures plus tard à l'hôpital, des suites de ses brûlures. Masten Gregory l'emporte devant Paul Frère et Shelby 3$^e$.

La Formule 1, reprend ses droits à Monaco également le 18 mai. Les Vanwall de Brooks, Moss et Lewis Evans, sont de nouveau en piste, pour contrer les Dino de Collins, Hawthorne, Musso et von Trips. Cooper est présent avec 4 voitures, dont celle de l'écurie Rob Walker, aux mains de Maurice Trintignant. Enfin B.R.M, fait sa rentrée avec deux P25, pour Jean Behra et Harry Schell. Fangio en position de semi-retraité, délaisse Maserati. Des sept 250F présentes aux essais, seules celles de Georgio Scarletti et Jo Bonnier, parviennent à se qualifier avec les deux derniers temps.

Ce n'est pas la joie non plus chez Ferrari, Hawthorne n'a que le 7$^e$ temps, Collins, le 11$^e$, Musso le 12$^e$ et von Trips le 14$^e$. La première ligne, est occupée par Brooks avec la Vanwall « version Monaco » à museau raboté, devant Behra et la Cooper d'usine de Brabham. Comme souvent à Monaco, le départ est source de confusion, cette édition n'échappe pas à la règle. Behra prend le meilleur, devant Brooks, pendant que Moss en mauvaise posture, aux essais se faufile en 4$^e$ position derrière Brabham, et Salvadori (Cooper) fausse sa direction dans les bottes de paille. Le carburant aviation, continue d'être un problème pour le moteur des Vanwall. Lewis Evans renonce au 12$^e$ tour et Brooks au 22$^e$ alors qu'il était second à 5''de Behra. Le niçois, occupe la tête, jusqu'au 28$^e$ tour où il est privé de frein. Hawthorne, précède à ce moment Moss de 2'' et Trintignant de 8''et demi. Moss, réussit à prendre le meilleur sur son compatriote au 32$^e$ passage, avant qu'une soupape, ne mette fin à sa course au 38$^e$ tour. Dans ce jeu par élimination, Hawthorne est la prochaine victime, peu avant la mi-course. La pompe à essence, s'est détachée de son support ! Trintignant, peut contrôler sa victoire, devant les Ferrari de Musso 2$^e$ et Collins 3$^e$.

L'ambiance, se dégrade au sein de la squadra Ferrari, dès le G.P suivant en Hollande. Les pilotes, se sont plaint d'un manque de puissance moteur dans la principauté, sans parler de la pompe à essence mal fixée sur la voiture de Mike. Rien ne va plus à Zandvoort. Les Vanwall supérieures en tenue de route et freinage, monopolisent la première ligne, avec la pôle surprise de Lewis Evans, devant Moss et Brooks. Les Dino, particulièrement sous-vireuses, n'occupent que la 6$^e$ place sur la grille avec Mike, la 10$^e$ avec Peter et la 12$^e$ avec Luigi. C'est pire en course, Peter abandonne dès le 33$^e$ tour avec un problème de boîte, Luigi finit 7$^e$ à 2 tours. Seul Mike, rentre péniblement dans les points avec une 5$^e$ place. Côté Vanwall, la transmission de Brooks lâche rapidement, et Lewis Evans alors 3$^e$, abandonne au 46$^e$ tour, suite à un problème moteur. Stirling Moss, n'a pas tremblé, en tête dès le départ et meilleur tour en course. Les BRM sont en gros progrès, avec la 2$^e$ place de d'Harry Schell et la 3$^e$ de Jean Behra.

Le plus virulent, est Mike Hawthorn qui s'en prend vertement à Romolo Tavoni. Enzo Ferrari, n'assiste que rarement à une course, il n'y a pas de raison officielle, pour éviter le stress de la compétition et les questions des journalistes, sans doute. En conséquence, il s'en remet à son directeur sportif et …à son épouse Laura ! Celle-ci, reste assise dans les stands, sans rien dire, mais elle écoute et observe tout. Puis, elle fait son rapport au Commendatore… c'est « l'œil de Maranello », en quelque sorte !

L'atmosphère entre les pilotes, est aussi très spéciale. Ferrari, à l'habitude de les mettre en concurrence et utilise Tavoni pour le faire. Mike et Peter, sont plus que des amis, ils contournent le problème, en partageant leurs gains des compétitions et ne s'attaquent plus mutuellement sur les courses ! Le pauvre Luigi Musso, se sent bien seul, depuis la disparition d'Eugenio Castellotti.

Intouchable en sport-prototype, Ferrari est mouché le 1er juin, aux 1000 km du Nüburgring par Aston Martin. Déjà l'an dernier, les hommes de Wyer, ont envoyé une première flèche. Cette fois, c'est ce diable de Stirling Moss, qui transforme l'essai avec la complicité de Jack Brabham. Shelby qui fait équipe avec Salvadori, est éliminé au 2e tour avec un problème de boite de vitesses. L'autre DBR de Brooks-Lewis Evans est accidentée 41e tour. Les 250 Testa Rossa, ont beau cumulé du 2e (Collins-Hawthorn) au 5e rang, il s'agit d'un camouflet pour la scuderia.

Après la mise au point de Zandvoort, les Dino 246 sont modifiées avec un châssis allégé, une suspension revue, et des chevaux retrouvés. Elles semblent d'attaque, pour le G.P de Belgique du 15 juin. L'impression se confirme aux essais, avec les deux meilleurs temps, pour Hawthorne et Musso, devant Moss. Le starter s'embrouille au départ de la course, les moteurs chauffent et les dégâts ne vont pas tarder à apparaitre. Gregory (Maserati) ne boucle même pas un tour, Moss se montre le plus vif, mais il fait un surrégime fatal au moteur de sa Vanwall, à Stavelot. Collins, dont la température d'eau et d'huile sont dans le rouge, sait qu'il n'ira pas au bout et essaye de pousser Brooks à la faute. L'aventure se termine au 5e tour, Hawthorne se met en chasse, à sa place.

« Le dentiste volant », ne se laisse pas intimider et il tient « le grand blond », en respect jusqu'au bout. Stuart Lewis Evans sur l'autre Vanwall, finit 3$^e$. La course laisse des traces, un pneu de la Dino de Musso éclate à Stavelot. Luigi n'est que commotionné, mais il ne sera pas remis, pour les 24 heures du Mans du week-end à venir.

Après son échec du Nürbugring, la scuderia, ne peut plus prétendre au grand chelem, dans la catégorie sport. Les 24 heures du Mans, deviennent la priorité, pour interrompre une série de 3 victoires consécutives de Jaguar. La firme de Coventry, a perdu de sa superbe avec ses type D, elle se repose en partie sur l'écurie Écosse, qui soutient 3 des 5 modèles au départ. Les deux Lister-Jaguar, ne manquent pas d'intérêt pour brouiller les cartes. Aston Martin, progresse d'année en année. Les 3 DBR, s'annoncent redoutables avec de bons équipages, Brooks-Trintignant, Moss-Brabham, et Salvadori-Shelby. Carroll, victime d'une dysenterie, va être remplacé au pied levé par Lewis Evans. L'ancienne DB3S des frères Whitehead apporte un appui complémentaire. Ferrari, joue sur la masse et la qualité, avec 11 voitures du type 250 TR. Seuls 3 modèles d'usine, sont pour Hawthorne-Collins, Gendebien-Hill et von Trips-Seidel, ce dernier remplaçant Musso.

John Wyer, suivant sa stratégie, fait partir Moss en éclaireur au départ, Hawthorne se charge du marquage. Les deux hommes, vont se tirer la bourre pendant plus d'une heure et demie, jusqu'au premier signe de faiblesse de l'embrayage de la Ferrari. Von Trips prend le relais, quand des trombes d'eau se déversent sur le circuit. Stirling, va à la faute au Tertre Rouge, touche la butte mais repart sans dommage. À 18h12, il stoppe à Mulsanne, un piston passé au travers du moteur. Gendebien-Hill, sont désormais aux commandes, devant l'autre Ferrari de von Trips-Seidel, Brooks-Trintignant 3$^e$, tentent de maintenir l'espoir d'Aston Martin. Les Jaguar D cassent les unes après les autres, seule la N°8 de Hamilton-Buebb partie en 6$^e$ position, pointe 3$^e$ à 20h00. Les sorties de route et les accidents se multiplient sous la pluie, on en dénombre 15. L'Aston N°4 de Salvadori, percute violemment les fascines après la courbe Dunlop, la Ferrari de Bianchi-Mairesse, sort de la piste également.

Le plus violent accident a lieu vers 23h00, quand la Ferrari de Bruce Kessler, percute la type D de Mary dans la courbe Dunlop. La Testa Rossa s'enflamme, mais l'américain ne souffre que de contusions. Par contre Pierre Brousselet, alias « Mary » décède plus tard à la clinique. Vers minuit, Hamilton-Buebb prennent la tête brièvement, avant que Gendebien-Hill ne réagissent. Une heure du matin, la Ferrari reprend le commandement, pour ne plus le quitter. La Jaguar s'accroche à la 2$^e$ place jusqu'à 11h50 où Duncan Hamilton traverse une haie à Arnage et abandonne. À la surprise générale, la vieille Aston DB3S des frères Whitehead, prend la place de dauphin devant deux Porsche 718RSK, d'une édition des 24 heures, arrosée pendant 15 heures…

Le G.P de l'A.C. F à Reims, marque incontestablement le tournant de la saison en F 1. Comme d'habitude, l'épreuve est richement dotée, 10 millions de francs au premier et 250 bouteilles de champagne, pour le meilleur temps des essais. Les appétits sont aiguisés, en particulier celui de Luigi Musso. Le romain, joueur invétéré, se retrouve couvert de dettes. Une victoire permettrait de le remettre à flots. Les Dino 246, sur ce circuit « moteur », ont retrouvé toutes leurs forces. Mike grille la politesse à Luigi, en lui « volant » la pôle, Harry Schell (BRM) complète la première ligne. Derrière, Collins et Brooks se trouvent en deuxième ligne, puis Moss, Trintignant (BRM) et… Fangio. Le Maestro, est venu faire une dernière pige, sur la nouvelle Maserati 250F « Piccolo » raccourcie et allégée, 10 ans après ses débuts en Europe, sur ce même circuit. 6 autres 250F « traditionnelles » sont engagées de l'écurie Bonnier, pour « Jo » le patron et Phil Hill qui débute en F1 pour l'occasion. Autres débutants, Carroll Shelby et Troy Ruthmann, spécialiste d'Indy Cars, qui viennent épauler Gerino Gerini, à la « Centro Sud » de « Mimo » Deï.

Schell bondit le premier au départ, néanmoins Hawthorne réagit et passe en tête à la fin de la première boucle. Musso est alors 3$^e$, mais il n'a qu'une obsession garder le contact avec la tête, « sa vie financière » en dépend. Au 2$^e$ passage, il est dans les échappements de Mike, précédant Collins, Brooks et Fangio.

Au 4$^e$ tour, Collins, qui vient de battre le record de la piste, fait une faute au virage de Muizon, à cause d'une pièce en caoutchouc, qui s'est détachée dans l'habitacle. Il part, en tête à queue dans l'échappatoire et se retrouve en 11$^e$ position. Au 6$^e$ passage, Hawthorne déchaîné, possède 3''d'avance sur Musso et 12'' sur Brooks. Fangio 4$^e$, n'a déjà plus d'embrayage et se bat, en passant les vitesses à l'oreille. À la fin du 9$^e$ tour, les voitures de tête, commencent à doubler les premiers attardés. Dans le 10$^e$ tour, toujours dans son obsession de garder le contact, Luigi prend un risque inconsidéré au virage de Muizon. En doublant une Maserati à la traîne, à près de 250km/h, la voiture déséquilibrée, décolle d'une dizaine de mètres, éjectant son pilote. Évacué par hélicoptère, dans un état désespéré, Musso décède peu après de ses blessures.

Hawthorne n'est plus menacé directement, d'autant que Brooks casse sa boite de vitesses, dans la 12$^e$ boucle. Le « vieux » Fangio 47 ans, continue de faire des miracles avec une voiture de plus en plus récalcitrante, il est provisoirement 2$^e$ à 30'' de Mike. Jean Behra le passe au 20$^e$ passage. L'argentin est contraint de faire un arrêt au stand. À mi-parcours, Moss joue son va-tout, il est 2$^e$ à 27'' de Mike, Behra est une seconde derrière. Les positions restent figées jusqu'au 36$^e$ tour, où le niçois est victime d'un problème de pompe à essence. Hawthorne part pour une victoire tranquille. Il se refuse même de doubler le « Maestro » : « On ne prend pas un tour à Fangio », celui-ci termine 4$^e$, bénéficiant de la panne d'essence de Collins, qui pousse sa voiture jusqu'à la ligne, pour une 5$^e$ place. Stirling 2$^e$, limite la perte de points sur Mike, alors que von Trips finit 3$^e$.

La mort de Luigi Musso, suscite un émoi considérable en Italie. Venant, après celle d'Ascari et Castellotti, les transalpins perdent leur dernier grand champion. Les circonstances de sa mort, plombent un peu plus l'ambiance à Maranello, d'autant que Peter Collins, n'est plus en odeur de sainteté. Lui le chouchou, le fils spirituel d'Enzo, depuis la mort de Dino, se trouve répudié par le Commendatore. Les Ferrari ont prêté l'appartement de Modène à Dino pour Peter, au décès du fils légitime. Après son Mariage avec Louise, ils ont décidé de s'installer à Monaco.

Depuis les 24 heures du Mans, Collins est soupçonné d'avoir « bousillé » volontairement l'embrayage de sa voiture pour pouvoir partir en Angleterre, le dimanche chez ses parents. En fait, il s'agit d'une mauvaise blague de Mike Hawthorne, prise au premier degré par Laura Ferrari et Romolo Tavoni! D'autant que si quelqu'un a mis à mal l'embrayage, c'est bien Mike lors de son premier relais.

Pour sanction, Peter, s'est vu contraint de faire le G.P de F2 à Reims, où il a fini 2$^e$ derrière la Porsche de Behra, avant de prendre le départ de la course de F 1… sur une formule 2 ! Enzo se console… avec une femme. Fiamma Breschi, une starlette maîtresse de Luigi Musso, pour lequel il a quitté sa femme et ses deux enfants. À la mort de Luigi, Fiamma devient « consultante » auprès du Commendatore. Enzo, se montre entreprenant auprès de la jeune femme, qui prétend avoir toujours repoussé les avances de Ferrari. Rapports ambiguës, qui font fait de Fiamma « le deuxième œil de Maranello » !

Hawthorn, est désormais à égalité avec Moss au championnat, 23 points chacun. Il sait, qu'il peut compter sur le soutien de Peter dans la course au titre. La prochaine étape, prend la direction de Silverstone, le 19 juillet pour le G.P de Grande Bretagne. À en juger, par les essais, les écarts se resserrent, entre les différentes marques. En première ligne, nous retrouvons dans l'ordre : Moss (Vanwall), Schell (BRM), Salvadori (Cooper) et Hawthorne (Ferrari), suivi par Allison (Lotus), Collins (Ferrari) et Lewis-Evans (Vanwall), 2'' pile sépare la pôle du 8$^e$ temps. Shelby, toujours au volant d'une 250F de la Centro Sud, réalise le 15$^e$ temps des 20 voitures au départ. Son compatriote Masten Gregory, déclare forfait, suite à une sérieuse sortie route avec sa Lister Jaguar, lors du G.P pour voitures de sport.

Peter Collins, prend la direction de la course dès le premier tour, pour pousser les Vanwall à leur maximum et permettre dans un premier temps à Mike Hawthorne de rester sur la réserve. La tactique est tellement élaborée, que personne ne va le revoir d'ici l'arrivée.

Moss, essaye bien de s'accrocher, mais l'écart imperceptiblement s'accroît. De 2"au 4$^e$ tour, il passe à 6"au 8$^e$, puis à 7"au 10$^e$, pendant ce temps Mike se cale dans les échappements de Stirling. Au 20$^e$ passage la Vanwall réduit son écart à 5", mais son moteur cède au 25$^e$ tour. Peter ne va pas jusqu'à laisser passer Mike, il l'emporte avec 24"d'avance. Vanwall, limite les dégâts pour la coupe constructeur avec la 4$^e$ place de Lewis Evans, quant à Shelby, il fait une course anonyme en 9$^e$ position.

Une certitude, le nouveau champion du Monde, sera forcément et pour la première fois anglais, le « ring doit pouvoir les départager ». Le Massif de l'Eifel va-t-il sourire à Stirling Moss, comme deux mois plus tôt aux 1000 km du Nürburgring ? Toujours est-il que cette fois, les bons ressorts sont montés, sur les suspension revues et corrigées des Vanwall. Il n'y a seulement que deux machines disponibles pour Brooks et Moss. Chez Ferrari, von Trips est désormais confirmé titulaire, aux côtés de Mike et Peter. Phil Hill rentre par la petite porte à la scuderia, se voyant pour la première fois confier une monoplace d'usine… de formule 2 ! Malgré un circuit relativement lent, la Ferrari d'Hawthorn, profite de ses 20 chevaux supplémentaires pour prendre le meilleur temps sur les Vanwall de Brooks et Moss, pendant que Collins 4$^e$, complète la première ligne.

Les « anglaises » surprennent les « italiennes » au départ. Moss est devant Brooks, pendant que Schell (BRM) précède Hawthorne et Collins. Sur les 22 km 810 de la boucle nord Stirling creuse les écarts, 6"sur Mike et 8" sur Peter qui organisent la chasse. Puis Moss, bat le record du tour au 2$^e$ et 3$^e$ tour, pour faire passer les écarts à 11"puis 17"sur Collins désormais second. La magnéto de la Vanwall, rend l'âme dans le 4$^e$ tour, ruinant les efforts, d'un Moss des grands jours. Peter s'est calé dans les roues de Mike, pendant que Tony Brooks 3$^e$, pointe 30" derrière. Alors que l'on pense que les Ferrari, s'acheminent vers un doublé tranquille, David York, le team manager de Vanwall, passe la consigne à Tony de tout donner. « Le dentiste volant », réussit à faire la jonction au 8$^e$ tour, pourtant devant Peter ne flâne pas, entraînant Mike derrière lui.

Malgré la puissance supérieure de la voiture italienne, Tony avec un meilleur freinage, passe Mike dans le 9e tour, ce dernier le doublant peu après, profitant de sa vitesse de pointe. Au cours du 11e tour, Tony attaque avec succès Mike dans le virage nord, puis saute Peter dans le virage sud. Brooks, continue d'attaquer dans la partie sinueuse, pour décrocher les Ferrari afin qu'elles ne profitent pas de son aspiration en ligne droite. Quelques secondes séparent Hawthorne de la tête, et à peine 3 longueurs pour Collins. Le creux de Pfanzgarten, un gauche droite très technique, arrive. Trop c'est trop la Dino, n'a pas la tenue de route de la Vanwall, « Pete Collins », sort de la trajectoire dérape, une roue arrière heurte le talus, la voiture se retourne. Éjecté Pete, vient se fracasser contre un arbre, transféré par hélicoptère, dans un état critique, il décède à 27 ans, peu avant son admission à l'hôpital de Bonn.

Hawthorn, renonce dans le tour suivant en panne de transmission. Brooks, l'emporte confortablement, devant les Cooper de Salvadori et Trintignant. L'examen du véhicule de Collins, montrera sans en apporter la preuve, qu'un problème de freinage ait pu contribuer au drame. Le décès de Collins, venant peu de temps après celui de Musso, plonge Enzo Ferrari, dans un profond état de tristesse et de désarroi, à tel point qu'il songe arrêter la compétition à la fin de la saison. Pour Mike, la décision est prise, c'est la quête du titre pour et en mémoire de Pete et ensuite basta, il arrête tout !

Le G.P du Portugal, du 24 août, n'est pas là pour redonner du baume dans les cœurs. Le circuit de Boavista, tracé sur 7,407 km dans les rues de Porto, comprend de nombreux pièges avec un revêtement inégal, truffé de pavés et de rails de tramway. La Scuderia, limite son déplacement aux Dino d'Hawthorne et von Trips. Chez Vanwall, en dehors de la rentrée de Lewis Evans, les voitures, sont équipées d'un réservoir d'huile monté en saillant, sur le capot avant, en prévision de la chaleur. Quatre Maserati 250F, sont au départ des essais, une de l'écurie Bonnier pour « Jo », deux de la Centro Sud pour Cliff Allison et Maria de Filippi, première femme pilote en formule 1.

Enfin la dernière 250F, fait partie de l'écurie « Temple Buell ». Il s'agit du modèle « piccolo », étrenné par Fangio à Reims et piloté aujourd'hui par Shelby. Dans la dernière séance de qualification, Moss arrache la pôle à Hawthorne pour 5/100, Lewis Evans complète la première ligne.

La course, se déroule dans un limpidité d'eau de roche, avec une arrivée obscurcie. Moss, sur une piste mouillée d'une pluie matinale, s'ébroue devant Hawthorne, bouclant le premier tour devant la Ferrari. Stirling dans la deuxième boucle, fait un écart dont profite Mike pour prendre la tête mais il doit la céder de nouveau à son rival au 8$^e$ tour, pour des problèmes de freins. Au 25$^e$ tour, soit à la mi-parcours, sur une piste séchée la Vanwall compte près d'une minute sur la Ferrari. Behra et Lewis Evans sont beaucoup plus loin, pendant que Shelby 5$^e$ à 1 tour, se bat avec von Trips. Un arrêt au stand, fait perdre un moment la 2$^e$ place à Hawthorne avant qu'il ne la reprenne. Au 48$^e$ tour, Shelby ne tire pas de bénéfice de sa belle prestation, ses freins se bloquent en bout de ligne droite et la « Maser » termine sa course contre un trottoir. Moss, revenu dans les roues d'Hawthorn, gère tranquillement son avance, pendant que Behra avec un ennui de bougie cède la 3$^e$ place à Lewis Evans.

Tout semble clair, sauf que Moss pour avoir mal interprété, le panneautage de son stand, se voit perdre le point du meilleur tour en course, au détriment de Mike. Stupéfaction, quand la deuxième place d'Hawthorn, est remise en cause par un commissaire qui l'a vu prendre une échappatoire à contre sens. Dans la soirée, il doit répondre à une commission d'enquête, et se voit blanchi par le témoignage …de Stirling Moss ! Pour être chevaleresque, ce geste ne va pas être sans conséquence.

Il ne reste plus que deux épreuves, et Hawthorn mène avec 5 points d'avance sur Moss, le G.P d'Italie du 7 septembre, devrait s'avérer décisif. À domicile, compte tenu de l'enjeu, la Scuderia engage quatre Dino, pour Mike, « Taffy » von Trips, Phil Hill et le belge Olivier Gendebien. Hawthorn, dispose d'un modèle spécial, avec un moteur à course rallongée développant 300 chevaux et des freins à disques ventilés, pour remplacer les éternels tambours, souvent défaillants.

BRM comme Vanwall, dispose désormais de 3 pilotes d'usine. Joachim Bonnier est embauché aux côtés de Behra et Schell. Maserati fournit le gros de la troupe avec 6 voitures, deux pour l'écurie « Centro Sud » avec Shelby et Gerini, deux de l'écurie Bonnier pour Cabianca et Herrmann, Maria de Filippi en indépendante et Gregory qui fait sa rentrée, au volant de la 250F Piccolo de Temple Buell, après son accident de Silverstone.

Avec une première ligne composée de quatre voitures, Moss fait le forcing pour la pôle, devant Brooks, Hawthorne et Lewis Evans. La deuxième ligne, comporte les 3 autres Ferrari. Les pneus Dunlop, plus résistants que les Englebert, « la guerre des gommes », pourrait tourner en faveur des Vanwall, sur l'anneau de Monza.

Depuis la mort de Musso, le public italien se désintéresse de la compétition, 20 000 spectateurs seulement sont au rendez-vous. Encore une fois, Moss se montre le plus vif, suivi de Hill qui a bondi de la seconde ligne. Dans le premier tour Wolfgang von Trips, percute l'arrière de la BRM de Schell et s'en tire avec une jambe cassée. Pendant ce temps Hill qui a passé Moss et Lewis Evans, roule devant Hawthorne. Au 5e tour, Hill s'efface devant Mike, qui prend la tête. Shelby est déjà au stand, avec une voiture impossible à conduire. Phill Hill s'arrête aussi, pour un changement de pneus et repart 6e. Le chassé-croisé entre Stirling et Mike, pour la tête de course dure jusqu'au 15e tour, puis la boîte de la Vanwall se grippe et Moss abandonne 3 tours plus tard. Hawthorn n'est pas tranquille pour autant, Lewis Evans et Behra s'écharpent pour la 2e place. La Vanwall en surchauffe cède la première, puis le niçois sur panne d'embrayage. À mi-distance, Hill est 2e à 35'' de son équipier talonné par Gregory, qui fait une course formidable. Les Ferrari s'arrêtent au stand, pour un changement de pneus. Au 40e tour Masten Gregory 2e, est dans les échappements d'Hawthorn. Les pneus de la Maserati se dégradent, Brooks en profite pour le passer, et Masten rentre au stand. N'ayant pas récupéré en totalité de son accident, Shelby repart avec sa voiture. Mike semble filer vers le titre, quand son embrayage lâche et Brooks revient, pour faire la jonction au 59e tour. Hill et Shelby sont en 3e et 4e position.

À 9 tours du but Tony prend le meilleur sur Mike, derrière Phil à la consigne de Tavoni de ne pas doubler son coéquipier. La 4$^e$ place conjointe de Gregory-Shelby, compte pour du beurre, Carroll n'étant pas inscrit comme pilote de réserve sur la voiture de Masten. C'est 3 points qui ne pourront pas être partagés, entre les deux américains.

En attendant le dénouement définitif, une épreuve de championnat pour voitures de Sport, le Tourist Trophy reste à courir. Le circuit de Goodwood s'y prête le 13 septembre. Titre en poche, déjà tourné vers la prochaine saison, Ferrari préfère s'abstenir, laissant Aston Martin, Jaguar et Porsche en découdre. Parmi les autres protagonistes, signalons les débuts de la marque Lola, dont le génial concepteur, Eric Broadley, va fêter ses 30ans la semaine suivante.

La course ne ménage pas beaucoup de suspens. La Lister Jaguar l'entretient pendant une dizaine de tours, avant qu'Ivor Bueb ne fasse une sortie de route. C'est ensuite, la longue procession des Aston Martin ; Moss-Brooks l'emporte, devant Salvadori-Brabham, et Shelby-Lewis Evans, tous dans le même tour. La Porsche de Behra-Barth finit 4$^e$ à 4 tours, en devançant les deux types D de l'écurie Écosse. L'événement c'est finalement de retrouver les Jaguar dans le classement final, sans casse moteur…une première cette année !

Cette fois nous y sommes, le 19 octobre 1958, à Casablanca, pour la 10$^e$ et dernière épreuve du championnat du Monde de F1. Pour Stirling Moss le deal est simple, il faut qu'il remporte impérativement la victoire avec un meilleur tour en course, et qu'Hawthorn ne fasse pas mieux que 3$^e$ de l'épreuve. Chez Ferrari, en l'absence de von Trips, blessé au G.P d'Italie, Gendebien est confirmé auprès de Mike et Phil Hill. Rien de neuf pour les trois Vanwall, par contre quatre BRM, se présentent aux essais avec le retour de Flockhart, aux côtés de Behra, Schell et Bonnier. Shelby de retour aux Etats-Unis, laisse seul Masten Gregory, qui étrenne un nouveau nez « Fantuzzi » sur la Maserati 250F piccolo de l'écurie Temple Buell. Pour compléter le plateau, 6 formules 2 sont invitées pour un total de 25 machines.

Dans la lutte d'influence, Hawthorn, s'adjuge la première manche en tournant 1/10 plus vite que Moss, aux essais pour la pôle. Lewis-Evans part en première ligne, avec Behra et Hill juste derrière. Stirling, encore plus pressé de prendre les choses en main qu'à l'habitude, se projette en tête. Mike préfère ménager sa mécanique, et laisse à Phil Hill le soin de le prendre en chasse. Les 2 hommes ont 4" d'avance sur Mike à la fin du 1$^{er}$ tour, celui précède Bonnier. À force de vouloir pousser Moss à la faute, Phil, finit par louper un freinage et se retrouve en quatrième position au 3$^e$ passage. Continuant sa politique de harcèlement, Hill regagne la 2$^e$ place sur la 10$^e$ boucle. Moss, réussit néanmoins à se constituer un petit matelas de sécurité de 9". Son avance s'accentue passant à 13" au 20$^e$ des 53 tours, moment que choisit Brooks, pour prendre la 3$^e$ place à Hawthorn. Coup de théâtre au 29$^e$ tour, moment où le moteur de Tony explose. Suivant le plan établi par Tavoni, Phil n'a plus qu'à ralentir pour laisser passer Mike, chose faite au 39$^e$ passage.

Les choses auraient pu en rester là, sauf qu'au 43$^e$ tour, le moteur de Lewis Evans explose en répandant toute son huile. Le pauvre Stuart, moins chanceux que son coéquipier Tony, sort aussi brutalement de la piste, mais cette fois la Vanwall s'enflamme. Stuart Lewis Evans, 28 ans, décède 6 jours plus tard dans le Sussex, des suites de ses brûlures.

La victoire de Stirling, assortie du record du tour ne suffit pas. Mike termine 2$^e$ à 1'25"devant Phil en protection à moins d'une seconde. Hawthorn, devient le premier champion du Monde britannique avec 42 points, devant Moss 41 et Brooks 3$^e$ avec 24 points.

Pourtant Stirling Moss, est bien le digne successeur de Juan Manuel Fangio, à 29 ans, il a le temps de conquérir quelques titres. Ce qu'il ignore encore c'est qu'il va devenir… « le champion sans couronne ! »

Chapitre 6

# DAVID BROWN PLUS FORT QUE FERRARI

Le décès de Stuart Lewis Evans, précipite les choses. Tony Vandervell vient de fêter ses 60ans. Malade, il ne peut, malgré la conquête du premier titre de champion du Monde des constructeurs, se consoler de la perte de son pilote. Pilote qu'il tenait particulièrement en affection ; Vanwall ne participera pas au championnat 1959.

Enzo Ferrari, décide de continuer et s'efforce de convaincre Mike Hawthorne de faire de même. Mike ne reniera pas son serment, champion du Monde, il s'arrête sur ce titre. Pour remplacer Vanwall, la scuderia, va se trouver confronter à un nouvel adversaire, Aston Martin qui mène en parallèle les deux championnats F1 et sport.

Naturellement, les cartes pilotes s'en trouvent rebattues. Brooks et Behra vont faire équipe avec Phil Hill chez Ferrari, Gregory rejoint Brabham chez Cooper, l'écurie Rob Walker toujours équipée de Cooper associe Moss à Trintignant. Chez BRM, malgré le départ de Behra, l'équipe reste stable avec Bonnier, Flockart et Schell, la nouvelle équipe Aston Martin, se compose de Salvadori et Shelby. Maserati voit sa présence réduite pratiquement au rôle de motoriste pour les Cooper de la Centro Sud. Lotus, par contre monte en puissance avec sa nouvelle type 16 baptisé « mini-Vanwall » pour Ines Ireland et Graham Hill.

Mike Hawthorn, ne profite pas de sa position de jeune retraité. Le 22 janvier 1959, il se tue au volant de sa Jaguar MKII, sur la banale route de Guildford, en faisant la course avec la Mercedes 300SL de Rob Walker.

Le calendrier sportif, se voit en partie raboté. Exit les traditionnelles épreuves de la Temporada Argentine du début de saison, il n'y aura ni F1, ni course de 1000 km, pour des raisons politico-financières. Les championnats, se résument à 5 épreuves en sport prototype et 8 en F1.

Direction la Floride, le 21 mars pour les 12 heures de Sebring. Les voitures n'ont que peu évolué depuis 1958. Les Ferrari 250 TR sont reprofilées, chez Aston Martin, les DBR1 arrivent à maturité, Porsche pense pouvoir gratter quelques points, avec ses 718 RSK, et les clients Jaguar, se font encore quelques illusions, avec des Type D vieillissantes.

Pour cette première épreuve, Ferrari joue encore sur le nombre avec 7 Testa Rossa. L'opposition se réduit à 3 Lister Jaguar, une de l'usine pour Moss-Bueb et 2 pour l'écurie Cunningham. Aston Martin ne présente qu'une seule DBR 1 pour Salvadori-Shelby et il y'a cinq Porsche spider, pour jouer les trouble-fête. Le début de l'épreuve, est marqué par de nombreuses averses, permettant aux Porsche, plus légères et moins puissantes, de garder le contact. L'Aston de Salvadori, ne fait qu'une courte apparition, le levier de vitesses, restant dans la main de Roy au bout de 4 tours. Heureusement, il y a toujours un Stirling Moss pour animer l'épreuve. Une panne d'essence va interrompre sa course. A partir de là, malgré l'élimination de son équipage vedette, Gendebien-Hill en panne de transmission, Ferrari se dirige vers un doublé. Gurney-Daigh bientôt relayé dans leurs baquets, par Gendebien-Hill l'emportent, devant Behra-Allison. Les Porsche cumulent de la 3$^e$ à la 5$^e$ place avec des victoires de classes, pour von Trips-Bonnier 3$^e$ et vainqueur en 2 litres, et pour Holbert-Sessler 4$^e$ qui remportent la classe 1500 cc.

La Formule 1 fait son retour à Monaco le 10 mai. Les 3 épreuves, de pré-saison, ont donné quelques indications, avec les victoires de Moss à Goodwood, de Behra à Aintree, et de Brabham à Silverstone. Un duel Cooper contre Ferrari se profile.

A l'International Trophy du 2 mai, les nouvelles Aston Martin DBR4 de F1, ont débuté de belle manière. Salvadori termine 2ᵉ à 18" de Brabham, pendant que Shelby, malgré des problèmes de lubrification, finit 6ᵉ.

Pour gommer ses pêchers de jeunesse Aston Martin, s'abstient en principauté. 24 monoplaces, s'alignent néanmoins aux essais, pour 16 places qualificatives. Les organisateurs, acceptent les F2 de 1500cc face aux F1 de 2,5 litres. Ce choix, est dicté en vue du futur règlement effectif au 1ᵉʳ janvier 1961, qui dit que la F1 de 1500cc sera la nouvelle norme. Avec cette décision, la CSI soulève un tollé général, de la part des constructeurs britanniques. Après le nombre de morts important chez les pilotes, au cours de l'année 1958, et une puissance des voitures toujours plus exponentielle, la Commission Sportive Internationale, n'a pas d'autre solution, à court terme, que de réduire la cylindrée des moteurs.

Sur le tourniquet monégasque, trois des huit F2 présentes, arrachent leurs qualifications. Il s'agit de la Porsche de von Trips, la Ferrari d'Allison et la Lotus d'Halford. Par contre la nouvelle Porsche-Behra, pilotée par Maria de Filippi ne réalise que le 21ᵉ temps. Porsche a transformé son spider à conduite centrale en F2, et Jean Behra associé à Valerio Colotti a fait de même, sur une base identique. Le niçois pilote officiel de Ferrari, ne va pas tarder à avoir des problèmes, avec le « Behra constructeur ».

Moss meilleur temps, Behra et Brabaham, se partagent la première ligne. Behra, surprend Moss au départ et vire le premier au gazomètre, alors que Brabham, occupe la 3ᵉ place devant Phil Hill. Pendant la 2ᵉ boucle, dans la montée du Casino, von Trips glisse sur une flaque d'huile, éliminant au passage les trois F2, en queue de peloton. En tête, Jean Behra résiste aux nombreuses attaques de Moss, jusqu'au 22ᵉ tour, où Stirling trouve enfin l'ouverture à la chicane. Puis « Jeannot » cède devant Brabham, avant que son moteur n'explose dans la 25ᵉ boucle. Au 40ᵉ tour, Moss possède 40" d'avance sur Brabham et 1'25", sur Schell et Brooks, roues dans roues. Au 49ᵉ passage, Schell heurte des bottes de paille au Casino et abandonne radiateur crevé.

Alors que la victoire se dessine pour Moss, le britannique, est encore une fois frappé de malchance, quand son pont arrière lâche au 82ᵉ tour. Jack Brabham remporte sa première victoire en championnat, devant Brooks à 20" et Maurice Trintignant 3ᵉ à 2 tours.

La Targa Florio, vient de perdre son créateur, Vincenzo Florio à 75 ans. Néanmoins, la famille pour cette 43ᵉ édition, continue son œuvre. Comme d'habitude, il faut se lever tôt, le premier départ est donné à 5 heures du matin. Avec la montée en puissance des GT depuis deux ans, les prototypes ne vont pas être à la fête. David Brown, de ce fait, évite un déplacement inutile à ses Aston. Ferrari, reste favori à domicile. Néanmoins les 3 Testa Rossa d'usine vont devoir se frotter aux plus agiles 500 TRC et 250 G.T des clients, sans parler des Osca et des 5 Porsche RSK, soutenues par deux Carrera G.T.

En ce 24 mai, le Deuschland Uber Ales, sifflera trois fois ! la Porsche de Barth-Seidel, l'emporte au scratch et en catégorie 1500cc, devant l'autre RSK de Mahle-Straehle-Linge. La Carrera de von Hanstein-Pucci 3ᵉ gagne la catégorie G.T. Ferrari boit le calice jusqu'à la lie. La Testa Rossa de Gendebien, casse dès la première boucle de 72 km. Les deux autres de Gurney et de Behra sont en bagarre, devant les Porsche de Maglioli-Hermann et Bonnier-von Trips. Au 3ᵉ tour comme pour la voiture de Gendebien, la transmission de celle de Gurney cède. La dernière TR pilotée par Brooks qui a relayé Behra finit sa vie dans un rocher. La meilleure des Ferrari clients, la 500 TRC de Cammorata-Tramontana, terminant 8ᵉ, la Scuderia, ne marque aucun point et se retrouve derrière Porsche au championnat.

Une semaine plus tard les acteurs de la F1, sont de retour sur la piste de Zandvoort, près d'Haarlem, pour le G.P de Hollande. Sur ce circuit moyennement rapide, la lutte entre les agiles Cooper de l'usine ou de l'écurie Rob Walker et ses 220 chevaux pour 485 kg, s'annonce serrée avec les Dino 256, de 290 à 300 chevaux, mais pesant au moins, 150 kg de plus.

C'est sans compter sur un troisième larron, BRM. Depuis la sortie de sa P25 en 1956, la firme de Bourne n'a connu que des succès mineurs. La voiture compense la puissance moyenne de 270 chevaux de son 4 cylindres, par une excellente tenue de route et une bonne maniabilité. La fiabilité, en particulier des freins, n'est pas toujours au rendez-vous.

Jo Bonnier, confirme en faisant le meilleur temps des essais, devant Brabham et Moss. Les performances des Ferrari, sont en retrait avec le 4$^e$ temps pour Behra, le 8$^e$ pour Brooks, et le 12$^e$ pour Phil Hill. C'est pire pour la rentrée des Aston Martin, avec la 10$^e$ performance de Shelby et la 13$^e$ de Salvadori. Les voitures, manquent de couple à bas régime.

Les Aston, sont les premières à renoncer en course, Roy dès le 4$^e$ tour et Carroll au 26$^e$, sur des ruptures moteurs. Dans le premier virage de Tarzan, Jo Bonnier s'installe aux commandes, derrière, Masten Gregory (Cooper), parti de la 3$^e$ ligne, bondit à la seconde place devant Brooks. Une fois n'est pas coutume, Moss s'est loupé au départ et ne vire que 8$^e$ au premier passage, pendant que Brabham occupe la 5$^e$ place, derrière Schell. La lutte s'intensifie en tête, Gregory passe Bonnier dans le 2$^e$ tour, sans pouvoir le décrocher. Brabham commence sa remontée, en doublant d'abord Schell puis Brooks pour la 3$^e$ place. La situation reste stable jusqu'au 10$^e$ passage, puis Gregory rétrograde en 3$^e$ position avec des ennuis de boite de vitesses. Brabham, prend un court moment la tête au 30$^e$ tour, mais privé de deuxième rapport, doit céder de nouveau à la pression de Bonnier, au 32$^e$. Moss, trouve son rythme de croisière, bat le record du tour au 42$^e$ passage et souffle la 3$^e$ place à Gregory. Il revient à 6'' de Bonnier et à 2''5/10 de Brabham. L'australien, est effacé 4 tours plus tard, puis le suédois au 60$^e$ tour. Stirling, est de nouveau frappé du « signe indien ». La boite Colotti « version Alf Francis » de sa Cooper, coince au 63$^e$ tour, le privant d'une victoire quasi certaine. Joachim Bonnier, n'a plus qu'à assurer la première victoire en championnat de BRM. Jack Brabham, termine 2$^e$ à 14'' devant Masten Gregory à 1'23''. Ines Ireland sur Lotus, pour son premier Grand Prix, arrache la 4$^e$ place à la Ferrari de Jean Behra sur la fin.

À l'approche des 24 heures du Mans, Aston Martin recentré sur ses difficultés en G.P, décide de ne pas défendre son titre au 1000 km du Nürburgring. Stirling Moss, fait alors des pieds et des mains, pour convaincre John Wyer, d'engager au moins une DBR 1 sur le « ring ». Il finit par obtenir gain de cause le 7 juin, et fait équipe avec Fairman. Les autres véhicules étant en préparation pour la Sarthe, Moss et son coéquipier devront se satisfaire « du mulet ». Ferrari, oppose 3 Testa Rossa avec leurs équipages habituels et Porsche après sa victoire sicilienne, vient avec 3 RSK et deux privés, avec quelques ambitions, sur un parcours loin de les désavantager.

Soleil et chaleur étant de la partie, Moss fait retirer le tendelet habituel côté passager, et les retours de pare-brise pour une meilleure aération de l'habitacle. Stirling, plus lièvre que tortue, se lance dans une course débridée, creusant un écart de 5'20", après les 17 tours de son premier relais, sur la meilleure des Ferrari de Hill-Gendebien. Jack Fairman est ensuite moins heureux, sous une averse, au 23ᵉ passage, il expédie l'Aston sur un talus, réussissant, néanmoins à la dégager pour rentrer au stand. Moss repart de plus belle, il est alors 4ᵉ, mais en 6 tours, a comblé son retard sur les Testa Rossa de tête. De nouveau aux commandes, il doit néanmoins céder le volant à Fairman, pour respecter les temps de conduite. Berha-Brooks et Hill-Gendebien profitent de l'aubaine. Pas pour longtemps, « Super Stirling », reprend le manche avec 19"de retard au 35ᵉ tour, retard qui se transforme en 41" d'avance au 44ᵉ tour, terme des 1000 km. Ferrari se console en amenant ses trois 250TR à l'arrivée, Hill-Gendebien 2ᵉ, Brooks-Behra 3ᵉ et Gurney-Allison 5ᵉ, précédés par la Porsche de Maglioli-Hermann.

Enzo Ferrari a perdu « la bataille du ring », doit-il s'inquiéter pour « la guerre dans la Sarthe » ? À priori non, ses Testa Rossa, bénéficient d'une bonne fiabilité et leur vitesse de pointe supérieure, devraient faire la différence. David Brown, peu enclin à participer au Nüburgring, préparait sa réponse, sous forme de trois DBR 1 relookées, à ailes élargies et équipées de demi flasques aux roues arrière, permettant un gain de 15km/h, dans la ligne droite des Hunaudières.

Rien n'est laissé au hasard, le gros de l'équipe débarque dans son « camp retranché » de l'Hôtel de France à la Chartre sur le Loir, une semaine avant la compétition, les pilotes les rejoignant le mardi soir. Le contrôle des voitures, doit avoir lieu le mercredi sur la place des Quinconces. Des trois DBR 1 d'usine, celle de Moss-Fairman à un taux de compression de 9,6 au lieu des 9,3 pour celles de Salvadori-Shelby et de Trintignant-Frère. Une 4$^e$ DBR 1 est engagée par Graham Whitehead, pour lui-même et Naylor. La Scuderia joue encore sur le nombre avec trois 250TR d'usine et Trois 250TR modèle 58 des écuries Nationale Belge, du NART et Edwin Martin. Une autre 196S 2 litres participe, pour Cabianca-Scarlatti, sans oublier quatre 250 GT, California, SWB où TDF. Jaguar, peut encore faire partie des outsiders, avec la Type D de l'écurie Écosse pour Ireland-Gregory, la Tojeiro de Flockart-Lawrence, et les 2 Lister « recarrossée Le Mans », toutes équipées du 6 cylindres Jaguar de 3 litres.

Chez Aston, l'ancien pilote Reg Parnell vient épauler John Wyer à la direction de course. La concurrence, ignore que le moteur de la N°4 destinée à Moss, est équipé d'un vilebrequin 4 paliers, au lieu du 7 paliers sur les autres machines, d'où un taux de compression de 9,6. Si le moteur s'en trouve fragilisé, le regain de puissance d'une dizaine de chevaux doit permettre de faire jeu égal avec les Ferrari. Pour ne pas éveiller les soupçons du « Cavallino Rampante », les Aston, sont restées en deçà de leurs possibilités aux essais. Aucune consigne, n'est donnée à la DBR 1 privée de Whitehead, qui participe dans une configuration classique.

Sans être grand clerc, chacun s'attend à une mise en action rapide de Moss. Tavoni, charge la Ferrari N°12 pilotée par Behra, de le prendre en charge. Oui, sauf que Jean cale au démarrage, du coup la Testa Rossa, se trouve engluée dans le trafic. Gendebien sur la N°14, prévue en réserve au départ, doit s'y coller. Moss, au premier passage a déjà fait un écart avec Ines Ireland 2$^e$ sur la type D, l'Aston de Trintignant 3$^e$ et la Tojreiro de Flockart 4$^e$. Pendant ce temps, Jean Behra se débat pour rejoindre la tête de course, mais ne passe qu'en 16$^e$ position au deuxième passage devant la tribune. Gendebien 12$^e$ au même moment, ne semble pas au mieux.

Dans le stand Ferrari, les premiers signes de fébrilités apparaissent Moss tourne si vite, que les Testa Rossa ne reprennent pas grand-chose. Tavoni donne l'ordre à ses pilotes d'accélérer. Gendebien réussit à se hisser en 2$^e$ position au 8$^e$ tour, suivi par son coéquipier Da Silva Ramos. Stirling en a encore sous le pied, bien décidé à jouer au « chat et à la souris ». Au 10$^e$ passage, Behra entre dans la danse en prenant la 3$^e$ place à Da Silva Ramos, les trois Ferrari d'usine sont désormais aux trousses de Moss. Déchaîné « le Jeannot », prend le dessus sur Stirling à Mulsanne dans la 17$^e$ boucle. Une heure de course s'est écoulée, c'est le moment de ravitailler, Behra s'arrête en premier et cède le volant à Gurney. Stirling fait de même avec Fairman. Les anglais se montrent plus efficaces que les italiens dans les stands et l'Aston repart devant. Jack Fairman, n'a pas le niveau d'un Dan Gurney, qui tourne 10'' plus vite au tour que l'anglais.

Néanmoins, nous n'en sommes qu'au début, après 2 heures de courses, Behra-Gurney mènent devant Moss-Fairman, Gendebien-Hill, pointent en 3$^e$ position, Da Silva-Allison roulent 4$^e$, Salvadori-Shelby sur la 2$^e$ Aston 5$^e$ et Ireland-Grégory 6$^e$. Toutes ces voitures, sont dans le même tour. La chaleur lourde, commence à influer sur les mécaniques.  La première 250 TR du NART, abandonne sur rupture de boite de vitesses. Même cause, même effet pour la voiture d'usine de Da Silva-Allison, qui peu avant vers 20 heures, était retombée à la 7$^e$ place. Au même moment Salvadori passe le relais à Shelby. L'anglais, se plaint de la chaleur insoutenable dans l'habitacle. Il est vrai, que les efforts fait pour améliorer l'aérodynamisme, avec tendelet et retour de pare-brise en plastique, transforme le poste de pilotage en étuve. Les Aston continuent de ravitailler en un minimum de temps, souvent moins d'une minute. Après 4 heures de course, les positions sont les suivantes, Behra-Gurney sont en tête, Moss-Fairman occupent la 2$^e$ place, les écarts fluctuent et se réduisent quand Stirling « tient le manche ». Ireland-Grégory pointent à la 3$^e$ place, devant Salvadori-Shelby. Pour l'instant Gendebien-Hill, se sont mis en retrait et se contentent de marquer la troisième DBR 1 qui tourne régulièrement en 7$^e$ position.

La course d'usure, provoque ses premiers effets. Vers 21 heures, la Lister Jaguar de Blond-Hangsten, s'arrête piston crevé, suivie de la 250TR de l'écurie Nationale Belge en panne d'alimentation. Brian Naylor, sur la DBR1 privée se retourne à Maison Blanche, et s'en tire avec une blessure au bras. Puis ce sont les cadors qui sont touchés, au crépuscule la Ferrari de Behra passe un moment au stand. Moss relaye Fairman, la pression d'huile est en chute, il ne fait qu'un tour, des soupapes sont tordues. Reg Parnell ne s'inquiète pas plus que ça, il sait très bien son choix de stratégie, sacrifiait la voiture. En attendant le but est presque atteint, la Dino 196S renonce au même moment en panne de transmission. Seules les deux 250 TR d'usine, dont celle de Behra-Gurney, toujours en tête, tournent encore mais donnent des signes d'essoufflement.

Parnell, ne demande pas d'efforts supplémentaires à ses deux voitures, il attend que la N°12 tombe comme un fruit mûr. À 23 heures, Salvadori-Shelby virent en tête, pendant que Trintignant-Frère occupent la 3$^e$ place. La Type D en seconde position, renonce peu après avec un piston crevé. Tavoni n'a plus le choix, il ordonne à Gendebien-Hill 5$^e$, de faire le forcing. À minuit la N°14, passe en 2$^e$ position, pendant que la N°6 est retardée. Maurice Trintignant, souffre de brûlures aux pieds provoquées par l'échappement, qui passe sous le plancher. Peu avant une heure du matin la Testa Rossa N°12 tombée en 4$^e$ position, abandonne sur rupture de transmission. Une heure plus tard, l'unique Testa Rossa de Gendebien-Hill encore en course mène devant les deux Aston Martin. À 4 heures, soit à mi-parcours, les positions sont identiques, La 14 et la 5 sont dans le même tour, pendant que la N°6 suit à 4 tours. La première Porsche, de Bonnier-von Trips se bat au 4$^e$ rang, mais plus loin à 7 tours.

Peu après, Salvadori, rentre au stand en panique, se plaignant de vibrations insupportables. Reg Parnell, lui fait remarquer qu'il est rentré trop tôt et après une inspection rapide du véhicule, le renvoie en piste. Roy tourne maintenant en 6' contre un plus de 4' précédemment, l'écart avec la Ferrari s'accentue d'autant. Après 2 tours couverts au ralenti, nouvel arrêt aux stands, Parnell, saute dans la voiture et engage une vitesse. Puis il hurle aux mécaniciens : « Changez l'arrière gauche ! »

Après vérification, le pneu en question, est en cours de déchapage, avec un morceau de métal à l'intérieur de la bande de roulement. Reg explose dans une colère noire, reprochant à son pilote d'être incapable de détecter le problème. Pour se justifier Roy bredouille, qu'il pensait qu'il s'agissait d'un problème de pont ou de transmission. Toujours est-il, que maintenant, Shelby repart avec 2 tours de retard sur la Ferrari.

L'aurore, pointe pour une fois sans brouillard sur la Sarthe. Alors que l'on pense que les jeux sont faits, l'Aston n'arrivant pas à combler son retard, la musique enchanteresse du V12 Ferrari, laisse place à un sifflement de mauvaise augure. La voiture perd de sa vitesse, et fait un arrêt impromptu à son stand. Gendebien prend le volant laissé par Hill, le sifflement laisse place à un bruit sourd. Peu après 11 heures, Shelby s'empare du commandement à Arnage. La Ferrari moribonde, s'arrête ensuite fumante, avec une surchauffe moteur et un bris de joint de culasse.

Après 10 tentatives infructueuses et trois secondes places, David Brown réalise le rêve de sa vie. Reg Parnell, n'a plus qu'à passer les dernières consignes, N°5 P1, N°6 P2. Dans les derniers kilomètres Shelby lève suffisamment le pied, permettant à Paul Frère de finir à moins d'un tour. Sur les 31 « sport-prototypes » au départ 3 seulement rallient l'arrivée. Les 2 Aston Martin et une Stanguellini de 740cc à la 13e et dernière place. Les Ferrari 250 GT finissent de la 3e à la 6e place. L'équipage belge Beurlys-Eldé 3e, remporte la catégorie Grand Tourisme.

Battue en endurance, dominée en F1, la Scuderia plonge dans la crise. Enzo est courroucé, lui qui s'attendait à une saison tranquille en monoplace avec le retrait de Vanwall, se sent humilié par les petites Cooper. Comme à l'armée, les ordres viennent d'en haut. Tavoni a la charge de faire passer le message du staff technique, aux pilotes. Le G.P de l'ACF, disputé sur le circuit de Reims Gueux représente un test idéal. Considéré à juste titre, comme le circuit le plus rapide d'Europe avec Spa Francorchamps, les Dino 256 doivent être capables de tirer avantage de leur puissance supérieure, sur les Cooper et autres BRM.

Romolo Tavoni ne lésine pas sur les moyens, en négociant auprès de « Toto » Roche, l'engagement de 5 voitures pour le G.P. Ferrari a également prévu de présenter deux monoplaces, pour la coupe de vitesse de F2. C'est le premier sujet de polémique entre Jean Behra et son directeur sportif. Le niçois a envie de courir l'épreuve sur sa « Porsche-Berha ». Tavoni s'y oppose, ne souhaitant pas que son pilote sous contrat, soit en concurrence avec les voitures de la Scuderia. Contraint et forcé, Jean confie sa voiture à Hans Hermann. Deuxième sujet, compte tenu du nombre de Dino au départ, Behra veut être désigné comme premier pilote. Tavoni, sourit et dit simplement, que ce n'est pas dans la tradition de Ferrari de désigner un premier pilote. Inutile de préciser que ces controverses, n'apportent rien à la sérénité de l'équipe.

Chez Cooper, le jeune néo-zélandais Bruce McLaren 22 ans, est confirmé aux côtés de Brabham et Grégory. Moss quitte provisoirement Rob Walker, pour participer sur une BRM de l'écurie BRP. Cette écurie est drivée, par le père de Stirling, Alfred Moss et Ken Grégory son manager. Les essais avec 3 séances, sur 3 jours donnent le spectacle d'une sacrée « foire d'empoigne ». La Ferrari de Tony Brooks est un ton au- dessus. Behra à 1'', insatisfait de sa monture, change avec celle de Gendebien. Le vendredi 8/10 séparent Brooks en pôle de Behra 5e temps. Brabham et Phil Hill sont en première ligne, Stirling partage la 2e ligne avec Jean. Les Ferrari, de Gendebien et Gurney ont les 11e et 12e temps.

La température au départ est caniculaire, le goudron fond par endroits. Behra cale au baisser du drapeau, Brooks s'élance le premier suivi de Brabham et Phil Hill. À la fin de la première boucle, Moss réussit à passer à la seconde place, alors que Behra pointe à 35''. Gregory et Trintignant battent successivement le record du tour. Après 5 tours, Tony est toujours devant légèrement détaché de Masten et Maurice. Puis on note les premiers abandons, Bonnier (joint de culasse) au 7e tour et Graham Hill (réservoir crevé) un tour plus tard. Masten Gregory, victime d'une insolation renonce, lui aussi.

Au 10$^e$ des 50 tours la situation est la suivante : 1$^{er}$ Brooks, 2$^e$ Trintignant à 4", suivi de Brabham à 5", Moss à 14" et Phil Hill à 16". Behra est toujours à 35", mais il tourne aussi vite que les leaders et il est passé de la 20$^e$ à 7$^e$ place. Après 15 tours, il passe Gurney pour la 6$^e$ place, pendant que Hill gagne une place au détriment de Moss. Dans le 20$^e$ passage, Trintignant fait un tête à queue dans le virage de Thillois. Un tour plus tard Gurney, abandonne radiateur crevé. Behra déchaîné grimpe à la 3$^e$ place à mi-course et attaque Brabham sans succès au Thillois, se retrouvant dans l'échappatoire. Dans la 28$^e$ boucle, il établit un nouveau record du tour, pour reprendre la 4$^e$ place de Moss. Son moteur commence à donner des signes de fatigue, il s'arrête définitivement au 32$^e$ tour, piston crevé. Brabham a cédé la 2$^e$ place à Phil Hill puis la 3$^e$ à Moss qui fixe un nouveau record au 40$^e$ tour. Alors que la 2$^e$ place est en vue, Stirling cale son moteur au 43$^e$ passage au Thillois. Sous un soleil de plomb il essaye de pousser la BRM jusqu'au stand, aidé à redémarrer il est finalement disqualifié. Tony Brooks, l'emporte avec 27" d'avance sur son coéquipier Phil Hill et 1'37"sur Brabham.

Le doublé des Ferrari, complété par la 4$^e$ place de Gendebien a de quoi combler Tavoni, sauf que Jean Behra ne l'entend pas de cette oreille. *« L'homme à l'oreille cassé » à l'impression de faire « Tintin » dans toute cette histoire. Romolo, va comprendre qui est « Jeannot ». Le niçois, n'éprouve pas le besoin de faire des phrases et « écrase un bourre pif »,* *sur le nez de son directeur sportif !* Il est licencié sur le champ. Malgré tout, je ne suis pas persuadé, que Jean avait l'intention de continuer sa collaboration avec Ferrari.

15 jours plus tard, la Scuderia n'est pas en mesure de confirmer pour le G.P d'Angleterre, l'Italie étant paralysée par des grèves. Pour ne pas rester inactif, Tony Brooks avec l'accord de son employeur, prend le volant d'une Vanwall. Tony Vandervell, suite à son arrêt des compétitions a gardé néanmoins une cellule de crise. Celle-ci, a développé sur un modèle existant, une version « lightweigh » affinée et surbaissée. Moss, continue de faire confiance dans la BRM de la British Racing Partnership.

Après sa mauvaise prestation à Zandvoort et son forfait en Champagne, Aston Marin fait sa rentrée. Le travail de la firme de Feltham, semble porter ses fruits, Salvadori réalise le meilleur temps des essais à égalité avec Brabham. La BRM de Schell, 3$^e$ temps laisse un débours d'une seconde 2/10. Moss part en 3$^e$ ligne, au côté de l'Aston de Shelby, alors que la Vanwall en manque de préparation, fait le 17$^e$ des 24 temps.

Tony Brooks, sera le premier éliminé au 13$^e$ des 75 tours, pour un problème d'allumage. L'Aston, paie son manque de motricité et Salvadori, se trouve rapidement distancé. Brabham, boucle le premier tour en tête avec 2"5/10 sur Schell, et Bonnier dans ses roues. Au 8$^e$ tour, Moss, comblant son retard initial s'installe à la deuxième place, devant Schell et Bonnier. La Cooper de Brabham a déjà 14" d'avance. Le duel BRM Cooper, tourne à l'avantage des seconds. Moss malgré un meilleur tour en course au 69$^e$ tour, doit se contenter de la 2$^e$ place à 22" de Jack, talonné sur la fin par McLaren, ne préservant que 2/10 sur la ligne d'arrivée. Salvadori, hors sujet, est 6$^e$ à 1 tour, et Shelby a renoncé à 6 tours de la fin pour un problème d'allumage.

Le retour des Ferrari au G.P d'Allemagne du 2 août, est surtout marqué par la disparition de Jean Behra la veille. Le 1$^{er}$ août en lever de rideau du Grand Prix de F1, se dispute une course pour voitures de sport sur le circuit de l'AVUS. Tracé sur une ancienne bretelle d'autoroute à Berlin ouest, la piste n'a aucun intérêt, mais présente un réel danger, avec 2 longues lignes droites et seulement 4 virages, dont deux en épingle à cheveux. En ce samedi, le revêtement est rendu particulièrement glissant par la pluie. Jean, perd le contrôle de sa Porsche, dans la courbe nord relevée. La voiture décolle et vient s'écraser contre un mat. Le niçois âgé de 38 ans est tué sur le coup. Son décès, soulève un torrent émotionnel, non seulement en France, mais dans le milieu automobile tout entier. Cet ex-biker, avait su se rendre populaire, par son courage et son côté indestructible. Au cours de sa carrière, il a subi 17 accidents, perdant un bout de nez à la « Panaméricaine » en 1952, et une oreille au « Tourist-Trophy » en 1955, le dernier s'avère malheureusement fatal.

Sur ce circuit moteur, les Dino devraient confirmer leurs succès de Reims. Nous retrouvons la même équipe de pilotes moins Behra bien sûr. Moss préfère reprendre le volant de sa Cooper Walker, laissant la BRM de la BRP au local Hans Herrmann. Aux essais, la première ligne, partagée à quatre, donne dans l'ordre, Brooks, Moss, Gurney et Brabham, soit 2 Cooper intercalées entre deux Ferrari. La course se déroule en 2 manches de 30 tours de 8,300 km.

Dans la première, Moss prend le sillage de Brooks, pas pour longtemps, sa transmission le lâchant dès le 2e tour. Masten Gregory, joue alors les trouble- fête en prenant la tête au 3e passage. Brooks rétablit l'équilibre 2 tours plus tard. Masten, va ensuite se tenir en 3e position derrière Gurney, jusqu'au 24e tour où son moteur explose. Brabham a renoncé dans la 16e boucle sur rupture de transmission. À partir de la là les Dino n'ont plus d'adversaires Brooks, l'emporte devant Gurney et Hill.

La seconde manche s'annonce monotone, avec seulement 9 monoplaces encore valides sur la grille de départ. Brooks, se fait surprendre au début par Phil Hill et Bonnier (BRM), qui le précèdent à l'issu du premier tour. Tony reprend le commandement dès le 3e passage, McLaren anime l'épreuve jusqu'au moment où sa transmission cède. Nous sommes au 7e tour et c'est Herrmann, qui fait le spectacle. À 280 km/h avant la courbe sud, les freins de sa BRM lâchent. Hans « le chanceux », n'a d'autre alternative que de sauter en marche, pendant que sa voiture part en looping, pour finir son existence, dans les bottes de paille de l'échappatoire. L'allemand, se relève avec une épaule endolorie et quelques ecchymoses. Les Ferrari sont « à la parade » Brooks, remporte le classement final, devant ses coéquipiers Gurney et Hill, la Cooper de Trintignant termine 4e à un tour.

À 3 épreuves de la fin, Brooks avec 23 points, n'a plus que 4 points de retard au championnat, sur Jack Brabham, pratiquement inconnu en début de saison. Le titre, devrait se jouer entre les deux pilotes. Stirling Moss avec 8,5pts, doit gagner pratiquement les trois dernières courses, pour être couronné.

Suite aux critiques de l'an dernier, les Portugais ont revu leur copie, pour leur G.P national, en proposant le circuit du Parc de Monsanto, dans la banlieue de Lisbonne. Fini, le macadam pourri et les rails de Tramway, du circuit d'Oporto, le parcours, emprunte un tronçon d'autoroute traversant la ville. Rien de bien nouveau en Lusitanie, sinon un nouveau retour des Aston Martin, toujours aussi peu performantes. Salvadori et Shelby occupent la 12$^e$ et 13$^e$ position aux essais. Le local Mario Cabral sur Cooper Maserati 14$^e$, ferme la marche, devant les Lotus de Graham Hill et Ines Ireland. En première ligne, Moss fait une démonstration, laissant Brabham à près de 2''et Gregory à 3''et demi. Sur ce parcours technique, les Dino sont peu à l'aise Gurney obtient le 6$^e$ temps devant Hill 7$^e$.

La température, est particulièrement chaude en ce dimanche 23 août, les organisateurs décalent l'horaire de départ, de 15 à 17 heures. Brabham et Gregory, surprennent Moss mais pour ½ tour seulement. Stirling fait ensuite du « Moss » et comme aucune avarie ne vient troubler sa progression, il laisse tout le monde à au moins un tour. Dans la 6$^e$ boucle, les deux « Hill » s'éliminent mutuellement. Graham perd de l'huile, Phil glisse dessus et vient percuter la Lotus de son homonyme. Brabham, se bat pour la 2$^e$ place avec Gregory. Pendant ce temps, Cabral, joue à « la chicane » mobile » au milieu de la piste, éliminant Jack, au passage de l'Australien au 24$^e$ tour. Dernière victime, sur rupture de transmission McLaren au 39$^e$ passage, alors qu'il occupait la 3$^e$ place. Masten Gregory prend la 2$^e$ place, devant la meilleure des « Ferrari capricieuse » d'un excellent Dan Gurney. Faute d'être brillantes, les Aston couvrent la distance avec Salvadori 6$^e$ à 3 tours et Shelby 8$^e$ à 4 tours. Brooks jamais dans le coup, finit 9$^e$, à 5 tours, devant « l'inévitable » Cabral 10$^e$ et denier à 6 tours.

Avant de terminer la saison de F1, il faut déjà boucler le championnat des voitures de sport. Fort de ses 2 succès consécutifs, au Nurburgring et au Mans, Aston Martin, est toujours en lice pour faire tomber Ferrari, à Goodwood. 2 points à peine, les séparent au championnat, sans oublier Porsche en embuscade à 3 points.

Depuis sa création en 1953, Ferrari n'a jamais laissé échapper le titre mondial, sauf en 1955 contre Mercedes. Enzo, après une saison pour le moins quelconque, attend une réaction de sa scuderia. L'équilibre arithmétique est presque respecté trois DBR1 pour Moss-Salvadori, Fairman-Shelby et Trintignant-Frère s'opposent à trois 250 TR, de Brooks-Gurney, Allison-Cabianca et Hill-Gendebien, pour trois Porsche 718 RSK. Il ne faut pas négliger toutefois les électrons libres, la Ferrari 2 litres de Scarlatti-Scarfiotti, ou l'écurie Écosse qui mixte une Tojeiro Jaguar, pour Clark-Gregory avec une type D, pour Flockart-Beckaert.

Pendant les essais, Aston maintient la pression sur Ferrari. Ils font une démonstration de changement de roues, avec un nouveau « lève vite » muni de 4 vérins hydrauliques, permettant de changer 4 pneus simultanément et faire le plein dans le temps record de 30''. Moss, tourne 6/10 plus vite que Gurney, et prend 1''6 à la Porsche de Barth classée 3$^e$.

C'est l'été indien, pour cette 24$^e$ édition du Tourist Trophy, Moss, ne laisse à personne, le soin de contrôler le début de course. Rien ne va chez Ferrari, Phil Hill, est éliminé rapidement par un problème de culbuteur et Brooks se débat avec une « voiture baladeuse ». L'Aston de tête, boucle le premier tiers de la course. Salvadori s'arrête pour un arrêt de routine et doit repasser le volant à Moss. Lors du ravitaillement en essence, une petite partie du liquide, tombe sur un disque de frein, qui sous la chaleur, embrase instantanément la DBR1. Roy, n'est que légèrement brûlé au bras et au visage, mais la voiture est détruite. Parnell, dans un calme olympien, demande à Fairman, en deuxième position de rentrer au stand, afin de céder le volant à Stirling. Bonnier-von Trips, sont alors en tête, pas pour longtemps Moss fait le nécessaire. La Porsche n'a plus qu'à défendre sa place de dauphin, contre l'unique Testa Rossa valide, où Gendebien, Allison, Hill et Brooks, se sont successivement relayés. Les atermoiements de Tavoni et du stand Ferrari, font que Books, échoue de 2 pauvres secondes sur la Porsche. Aston Martin, remporte la couronne, et Porsche finit à la 2$^e$ place avec le même nombre de points que Ferrari. Carroll, vainqueur au Mans et Champion du Monde d'endurance, décoche ainsi, ses deux premières flèches en direction d'Enzo…

C'est le statu quo en tête du championnat de F1, un rapproché de Moss se dessine tout de même, mais à 9,5 points de Brabham. Pour le G.P d'Italie du 13 septembre, les Ferrari sont non seulement à domicile, mais bénéficient de l'autodrome de Monza, pour faire jouer toute la puissance de leurs moteurs. La Scuderia, engage toutes ses forces avec cinq Dino. Allison et Gendebien se mêlent aux habituels Brooks, Gurney et Hill. Moss, se montre encore une fois le plus rapide aux essais, précédant Brooks d'un petit dixième. Brabham, avec le 3$^e$ temps devance Gurney et Hill qui partent en deuxième ligne.

La température se veut estivale, Moss et Brabham se montrent les plus efficaces, pendant que Brooks, grille son embrayage au démarrage. Les deux Cooper, bouclent le premier passage en tête, talonnées par Hill, pendant que Gurney entraîne le reste de la meute. Phil Hill, profite de sa puissance supérieure, pour prendre le commandement au 3$^e$ tour, pendant que Moss, parvient à rester dans son sillage. Gurney fait de même avec Brabham pour la 3$^e$ place. Au 32$^e$ passage, Phil Hill fixe le record du tour, réussissant pour la première fois à prendre quelques secondes à Moss. 3 tours plus tard le changement de pneus des Ferrari, change la physionomie. Moss est le nouveau leader, avec 12'' d'avance sur Allison et 45'' sur Hill 3$^e$. Tavoni, pense que Stirling va devoir s'arrêter et ne passe aucune consigne à ses pilotes. Erreur, la Cooper effectue le reste du parcours, avec le même train de pneus. Au 50$^e$ tour, Hill qui est revenu en 2$^e$ position, compte 46'' de retard. Stirling, gère son avance jusqu'au 72$^e$ tour, terme de la course, Hill prend la 2$^e$ place à 47'', devant Brabham 3$^e$ à 1'12'' et Gurney 4$^e$ à 1'20''.

Le G.P du Maroc du 11 octobre, devant clôturer la saison est annulé pour des raisons financières. La CSI, pour ne pas piper les dés, d'une saison déjà perturbée, par l'annulation des G.P d'Argentine et de Belgique, met sur pied un G.P des États-Unis, le 12 décembre à Sebring. L'enjeu est de taille, Brabham domine le championnat avec 31 points, Moss, revenu de nulle part occupe la 2$^e$ place avec 25,5 points et Brooks après sa bévue de Monza, la 3$^e$ avec 25 points. Sans échafauder, toutes les combinaisons possibles et imaginables, les 3 hommes sont toujours en piste pour le titre.

Chez Ferrari, Dan Gurney est laissé sur la touche, pour avoir signé un contrat avec BRM pour 1960. Moss plante le décors en tournant 3" plus vite que Brabham. Brooks se voit « voler la première ligne », par la Cooper de « l'écurie Bleue » de Schell. Harry, toujours aussi facétieux réalise un temps surréaliste, laissant à penser qu'il a pris un raccourci. Sans pouvoir en apporter la preuve, les officiels le maintiennent en première ligne.

Ce fut une course de dupes. Les officiels voulurent placer Schell en $5^e$ ligne. Harry naturellement refusa, Tavoni s'en mêla, pour faire grimper Brooks au premier rang. Il n'obtint pas gain de cause, avec des conséquences fâcheuses pour Tony. Brabham réagit en premier au départ devant Moss, pendant que Schell patine, et gène l'envol de Brooks, qui se fait percuter par son coéquipier von Trips. Au $1^{er}$ passage, Moss à 2" d'avance sur Brabham, qui entraîne McLaren et Phil Hill. Brooks, rentre au stand pour faire inspecter sa Dino et repart $15^e$ avec un tour de retard, perdant toute chance pour le titre. Moss, augmente régulièrement son avance de 2 à 3"par tour, jusqu'à ce que ça transmission ne cède à l'attaque de la $6^e$ boucle. Débarrassé de ses concurrents, Jack Brabham peut gérer tranquillement avec son coéquipier McLaren dans ses roues, d'autant que Phil régresse, lâché par son embrayage. Il renonce au $9^e$ tour.

La course pourrait se terminer ainsi, c'est sans compter sur Trintignant. « Pétoulet » bat le record du tour au $39^e$ passage et revient à 5" de la tête au $40^e$ des 42 tours. À 800 m du but, Jack Brabham tombe en panne d'essence. Le dernier tour est dantesque. Bruce Mac Laren 22ans, gagne son premier G.P, Maurice Trintignant échoue à la $2^e$ place à 6/10 et Tony Brooks revenu du « diable vauvert » arrache la $3^e$ place à 3'. Jack Brabham tout en poussant sa voiture jusqu'au drapeau à damiers, conserve la $4^e$ place, synonyme de son $1^{er}$ titre de champion du Monde.

Pour Enzo, la défaite est totale, Le Mans, le championnat des voitures de sport, le championnat de F1 et la coupe constructeur, qui revient à Cooper...

Chapitre 7

# Lucky CASNER, L'AVENTURE C'EST L'AVENTURE

Lloyd Perry Casner, est un roman à lui seul. Le décrire, devient délicat tant le personnage se montre ambivalent, insaisissable, déroutant. Né le 30 août 1928 à New York, il reçoit une éducation très stricte dans un collège militaire. Ses camarades, le surnomment « Lucky », un patronyme qu'il va conserver toute sa vie. Après des études à l'université de Miami, il devient pilote d'avion-cargo à la Panam en 1952. Marié à Shirley en 1957, elle lui donne deux enfants Lori et Lloyd Perry « junior ». Lassé du transport aérien et par une possible mutation, il quitte la compagnie, pour se lancer dans la voiture d'occasion toujours à Miami.

Les villes côtières de la Floride l'hiver, sont désertées, alors que l'été elles grouillent de touristes. Il fait des affaires, en achetant des voitures de luxe à bas coût, pendant la saison morte, pour les vendre plein pot, aux beaux jours. Comme il est à la fois, charmeur et bon baratineur, sa petite entreprise la Casner Motors, ne connaît pas la crise.

Spectateur sur des courses automobiles, il décide rapidement de passer de l'autre côté de la barrière, pour devenir pilote. Il pioche dans son stock de voitures, pour prendre le volant d'une MGA, le 10 février 1957 à New Smyrna Beach. Sur les 25 concurrents engagés, il termine 3e, tout en remportant la classe F des voitures de production.

Encouragé par ce succès, il poursuit l'expérience sur une Alfa Roméo Giulietta à Gainsville, le 26 mai et gagne l'épreuve. Toujours dans la frime, Lucky, n'hésite pas à peindre sur ses voitures CAMORADI, prétendant qu'il s'agit du nom de son sponsor, le riche italien Guillermo Camoradi, personnage purement né de son imagination.

À force de belles phrases, enrobées d'une bonne dose de mythomanie, il finit par convaincre Jim Hunt, un entrepreneur en bâtiment de Fort Laudersdale, d'investir dans deux Ferrari de compétitions, une 500 TRC 2 litres et une 250 TR 3 litres. En 1958 avec la 2 litres, Casner termine 2$^e$ du SCCA régional à Smyrna Beach et 3$^e$ Boca Raton. En mars 1959, il gagne à Boca Raton au volant de la 250 TR. Hunt, finit par se lasser des histoires de Casner, du coût des compétitions et jette l'éponge. Lucky, rebondit en lui rachetant sa 250 TR, à vil prix bien sûr !

Il participe ensuite à des courses plus importantes, comme les 12 heures de Sebring le 21 mars, avec une 500 TRC aux couleurs du NART, qu'il partage avec Collins pour une 13$^e$ place, puis aux 1000 km de Daytona Beach, début avril avec Lee Lilley où ils finissent 6$^e$. Un événement va déclencher un déclic, lors de sa victoire dans une course mineure à Opa-Locka. Interrogé par le speaker local, il déclare à la cantonade : « Mes amis, mon ambition est d'aller courir en Europe. Je vous invite tous à m'y aider financièrement. Je veux ramener aux USA, les titres de Champion du Monde » ! *(Extrait de Lucky par Michel Bollée).*

Bien sûr c'est gros, très gros, toutefois un homme l'écoute, il s'agit de Fred Gamble, un garçon de 26 ans, avec une large palette de journaliste, spécialisé dans la publicité et dans les relations publiques, pour la firme Goodyear, entre autres. Fred, qui connaît bien le milieu, n'est pas dupe de son baratin, toutefois le personnage et ses idées l'amusent, il est bien décidé à l'aider dans son projet. Gamble, ne manque pas d'imagination non plus, pour structurer l'ensemble. Il propose à Casner de s'inspirer de l'Écurie Écosse : Créer une écurie nationale, aux services des meilleurs pilotes nationaux, avec le soutien de grandes compagnies américaines.

Grâce à son carnet d'adresse, Gamble s'attache très vite le soutien Young & Rubicam *(une agence de publicité, dont Frédéric Beigbeder, s'est inspiré pour son best-seller 99 francs)* et de Goodyear, qui profitent de l'opportunité pour mettre un pied, dans le championnat du monde des voitures de sport et apportent dans « la corbeille des mariés », 50 000 $, plus la fourniture gratuite des pneumatiques et le prêt d'un camion transporteur.

La pompe amorcée, le charme des deux hommes continue d'agir, sur Dow Chemical *(spécialisé dans l'industrie chimique)* et les pétroliers B.P et Shell. Général Motors, s'engagent également pour fournir des Corvettes à la CAsner MOtor RAcing DIvision, autrement dit... la CAMORADI ! Les associés Casner et Gamble possèdent l'argent, il ne reste plus maintenant qu'à trouver le matériel. Les deux hommes savent très bien, que les Corvettes, ne pourront pas rivaliser contre des Ferrari ou des Aston Martin en GT, sans parler des prototypes.

Casner, débarque en Europe en septembre 1959, avec un plan bien établi. Lucky n'est pas stupide, il ne va pas aller « faire son show » à Enzo Ferrari, totalement imperméable aux doléances et encore moins à la promotion financière de ses voitures. Il commence donc son périple par Stuttgart et rencontre Huschke von Hanstein directeur sportif et éminence grise de Ferry Porsche. Le courant passe entre les deux hommes, et le « baron von Hanstein », propose de lui céder, l'ancien matériel de Jean Behra, à un prix défiant toute concurrence. Il s'agit de la Porsche-Behra, cette formule 2 destinée à devenir F 1 en 1961, représente une base intéressante de travail, ainsi qu'une Porsche Carrera. Marché conclu, il peut ensuite se diriger tranquillement vers Modène.

Chez Maserati, il est reçu de manière fort courtoise par le fils Orsi, Omer et Giulio Alfieri l'ingénieur en chef. Ce dernier vient de concevoir la Tipo 60, une barquette de 2 litres, qui ne va pas tarder à entrer dans l'histoire sous le nom de « birdcage ». Casner n'a plus qu'à partir dans ses tirades, faisant état de ses sponsors, et « du soutien inconditionnel de Porsche ».

Les deux hommes se montrent intéressés, d'autant que depuis « l'affaire des tracteurs entre l'état italien et l'Amérique de sud », la société ne peut toujours pas, engager des voitures en compétition sous son nom. Maserati ne produit plus que des moteurs en F1 sans grand résultat, une relance en sport avec son nouveau modèle devient prioritaire.

La Tipo 60 est couplée avec une Tipo 61, modèle identique, équipée d'un moteur 2,9 litres. Casner, est convaincu que c'est le modèle qu'il lui faut pour vaincre en championnat. Il réussit à convaincre Omer Orsi que la Camoradi doit être « l'officine » de Maserati et réussit à négocier deux Tipo 61, avec l'assistance technique d'Alfieri et l'équipe de mécaniciens dirigée par Guerrino Bertocchi.

De son côté Fred Gamble, ne reste pas inactif. Il crée le club Camoradi, idée innovante pour l'époque, club de supporters avec une cotisation de 5$, donnant le droit à un bulletin régulier sur la vie de l'écurie, ainsi que la distribution d'autocollants. Le succès est immédiat avec 2000 membres, permettant une rentrée d'argent supplémentaire et une lisibilité accrue vis-à-vis des gros sponsors.

Tout est presque en place pour courir. Il faut rapidement montrer les couleurs. Dernier achat, à l'écurie Bonnier, la Maserati 250F « piccolo » inaugurée à Reims en juillet 1958, par Juan Manuel Fangio pour la course de ses adieux. Puis elle fait partie de l'écurie « Temple Buell » pour le G.P du Portugal avec Carroll Shelby au volant. Enfin, elle reprend du service le 25 juillet 1959 à Lime-Rock, aux mains de Chuck Daigh. Il s'agit d'une course de « Formule libre », où 19 machines plus ou moins hétéroclites se produisent allant de Midget Kurtis Kraft en passant par une Cooper T 43, une Maserati 300S pour le jeune Pedro Rodriguez 19 ans, des Jaguar type C et D, des Porsche Carrera, une 750 Monza, et même une Aston Martin DB2, bref tout et n'importe quoi. La course disputée en 3 manches, Daigh réussit à s'intercaler à la 2e place entre la Midget de Roger Ward et la Maserati de Rodriguez. Pour être satisfaisante, cette première sortie de la Camoradi avec la 250F, sera suivie d'une moins brillante, la voiture étant dépassée et bientôt revendue.

Le premier vrai test doit avoir lieu au mois de décembre, avec la semaine de la vitesse à Nassau. Maintenant, il s'agit de fédérer les meilleurs pilotes américains. Richie Ginther et Phil Hill, sous contrat avec Ferrari ne sont pas libres, par contre Dan Gurney ne renouvelle pas avec la Scuderia, si l'on ajoute Masten Gregory et Carroll Shelby, la Camoradi commence à avoir de l'allure.

Malheureusement, Masten est bien présent, mais pas en état de conduire. Il garde encore les séquelles de son accident au récent Tourist Trophy, où il a dû sauter en marche, pendant que sa Tojeiro, privée de freins, allait finir sa course en dehors de la piste. La première course à lieu le 4 décembre, il s'agit du « Trophée du Gouverneur ». Aux essais, chacun s'installe derrière le volant de la magnifique Tipo 61, Dan, Carroll, Masten, ce dernier, naturellement sans la conduire. Mais comme il s'agit d'une course réservée aux plus de 2 litres, il n'y a qu'une monture disponible et elle revient à Gurney, Carroll se réfugie dans la Maserati 450S de son ami John Edgar. Pour la course, Stirling Moss sur Aston DBR1, se montre intraitable, et l'emporte devant la Ferrari 412S de Ginther, Shelby finit 3$^e$ et Gurney 4$^e$.

La course la plus importante, le « Nassau Trophy » avec 56 concurrents, se déroule 2 jours plus tard. Entre temps, Dan Gurney n'est plus disponible, s'étant blessé au pied, en s'amusant dans une course de karting. Shelby, se voit offrir le volant de la Tipo 61 et Jo Bonnier, bien que de nationalité suédoise, celui de la Porsche RS60 de la Camoradi à la place de Grégory. Comme dans la course précédente, Stirling Moss se porte en tête, jusqu'aux environs de la mi-course, où un disque de frein le contraint à l'abandon. Carroll Shelby lui succède et voit venir à lui la manne de 13 000$. Hélas, au 36$^e$ des 50 tours, un élément de suspension casse et la victoire s'envole, au profit de George Constantin sur Aston Martin. Phil Hill sur Ferrari 250 TR termine à la 2$^e$ place. Jo Bonnier finit à la 5$^e$ place perdant la victoire de la catégorie, au profit de la Porsche d'Holbert 3$^e$. Le point positif, est rendu par Gurney et Shelby, qui se déclarent enthousiasmés par la nouvelle « Birdcage ».

Vous vous interrogez sans doute, sur le sobriquet de la Tipo 61, qualifiée de « cage à oiseaux » ? L'expression vient de son châssis, composé de 200 tubes d'aluminium soudés, de petites sections, enveloppant le conducteur. L'ensemble pèse une trentaine de kilos, pour un poids total du véhicule tout juste de 600kg. Le modèle avec une tenue de route remarquable, rencontre un succès commercial important, avec 23 exemplaires construits jusqu'en 1961.

Le passage aux « sixties », passe d'abord par l'Argentine. Pour les championnats, les pilotes sont convoqués à Buenos Aires, le 21 janvier aux 1000 km et le 7 février 1960, pour le G.P de F1. En endurance, Ferrari garde confiance en ses 250 TR, côté pilotes après Gurney, Brooks a quitté la scuderia. Ces départs sont compensés par l'arrivée de Ginther et le retour de von Trips. Aston Martin, après son triomphe de 1959, s'est officiellement retirée et on ne verra plus ses DBR1, que dans les écuries privées. De ce fait, « le Cavalino » n'a plus que Porsche et la marque « au trident » comme adversaires.

Pour ces 1000 km d'Argentine, les 3 Testa Rossa d'usine, sont aux mains de Hill-Allison, von Trips-Ginther et surprise aux côtés de Scarfiotti, Froilan Gonzales. « Le toro de la pampa », vient refaire une pige, après pratiquement 3 ans d'arrêt. La Tipo 61, de la Camoradi pilotée par Gurney-Gregory, représente la principale opposition, avec une légion de 9 Porsche, dont quatre d'usine. En l'absence de Moss, Dan Gurney prend sa place d'animateur. Après 300 km dans son premier relais, il passe le manche à Masten, avec 1'45'' d'avance, sur la Ferrari de Hill et 2' sur celle de Ginther. Grégory est ensuite obligé de céder, devant les attaques répétées d'Allison, suite à des amortisseurs dégradés. Gurney repart en 2<sup>e</sup> position, mais la boîte de vitesses, l'empêche de défendre ses chances et il abandonne au 57<sup>e</sup> tour. Il se console, avec le meilleur tour en course et la preuve que la « Mas » était supérieure à la Ferrari dans cette première épreuve. Au final, Hill-Allison l'emportent devant von Trips-Ginther, la Porsche de Graham Hill-Bonnier, finit 3<sup>e</sup> en remportant la classe 1600cc, Heins- Lara Barberis 4<sup>e</sup> sur une Maserati 300S.

En formule 1, Lotus fait le buzz en présentant son modèle « 18 ». S'inspirant des Cooper à moteur central arrière, Colin Chapman sort ce modèle « minimaliste », particulièrement bas, avec une répartition des masses optimisées, le tout pour un poids de 440 kg. Pour l'instant, les autres écuries, se contentent de leurs matériels de l'année précédente.

Moss, toujours aussi performant, avec sa Cooper 51 de l'écurie Walker, réalise la pôle, mais Ireland avec le $2^e$ temps, prouve que la nouveauté est déjà dans le coup. Les BRM de G. Hill et Bonnier complètent la première ligne, pendant que les 3 Ferrari de von Trips, P.Hill et Allison occupent l'intégralité de la $2^e$ ligne. Masten Gregory, sur la Porsche-Berha de la Camoradi, n'a fait que le $16^e$ temps, mais avec un moteur 2,2 litres.

Sous une chaleur étouffante, au baisser du drapeau, Ines Ireland s'empare du commandement, devant Moss, Bonnier et G. Hill. La physionomie de la course, change dès le $2^e$ tour, quand Ireland, fait un tête à queue sur une flaque d'huile et repart en $6^e$ position. À ce moment, Bonnier mène devant G.Hill et Moss. Au $9^e$ passage, Stirling passe Graham, puis Jo Bonnier dans la $14^e$ boucle, pendant ce temps Ireland, est revenu en $4^e$ position. Au $21^e$ tour, Bonnier toujours dans les roues de Moss, réussit à doubler l'anglais, Ireland a passé G. Hill. Puis les abandons se succèdent. Graham Hill, pour un problème moteur au $38^e$ tour, Moss bat le record du tour reprend la tête, et abandonne au $41^e$ passage, avec une suspension affaissée. Enfin Brabham $3^e$, avec des problèmes de boîte, depuis le début reste au stand au $43^e$ tour.

Il fait tellement chaud, que beaucoup de pilotes ralentissent, pour recevoir des seaux d'eau dans leurs baquets. Avec moins de 20 tours à courir, la cause semble entendue, lorsqu'Ireland s'arrête au stand pour un mauvais contact, il en ressort $4^e$. Puis Jo Bonnier au $63^e$ tour, avec un ressort de soupape cassé, va terminer la course au ralenti à la $7^e$ place. McLaren (Cooper) l'emporte devant Allison. Moss qui a repris la voiture de Trintignant, victime d'une insolation, est $3^e$ mais ne peut marquer aucun point, suivant le nouveau règlement. Ines Ireland, avec des problèmes de boîte sur la fin, termine $6^e$ derrière von Trips et Gregory $12^e$ à 4 tours.

Annulé en 1959, le G.P de la Havane, devenu G.P de la Libertad, à la suite de la prise de pouvoir castriste, revient pour une dernière édition le 28 février 1960. Suite à l'accident de 1958, le boulevard du bord de mer jugé trop dangereux, est abandonné au profit de l'aéroport militaire Campo Libertad. 33 voitures sont au départ. La 34ᵉ devait être la 2ᵉ Tipo 61 de la Camoradi pour Dan Gurney, mais celle-ci n'a pu arriver à temps de Modène. L'écurie « Casner », est tout de même la mieux représentée avec deux Corvettes pour Jim Rathman (vainqueur à Indianapolis), et Jim Jeffords, deux Porsche, pour Masten Gregory et Carroll Shelby, et cerise sur le gâteau la Tipo 61 pour Stirling Moss. Le pilote anglais, s'est vu incorporé, sur l'insistance de Maserati, Stirling, entretenant depuis longtemps des liens étroits avec la firme italienne.

Coup d'essai, coup de maître, Stirling gagne l'épreuve en laissant Pedro Rodriguez 2ᵉ à 20''. Le triomphe est total pour la Camoradi, puisque Masten Gregory 3ᵉ, remporte la catégorie -2 litres et Jeffords, 9ᵉ, le classement Grand Tourisme. Carroll Shelby pour sa part, a renoncé au 4ᵉ des 50 tours, pour un problème de carburateur.

Deux « birdcage », arrivent à temps à la Camoradi, pour la 2ᵉ épreuve du championnat, les 12 heures de Sebring du 26 mars. L'avant course, est troublée par une « histoire politico-pétrolière ». Ferrari et Porsche soutenus respectivement par Shell et BP, se voient contraints d'accepter que l'AMOCO, société pétrolière parrainant l'épreuve, se substitue à leurs fournisseurs habituels. Un bras de fer, s'engage et les deux fabricants décident de boycotter officiellement l'épreuve. Officieusement la Scuderia assure sa présence, par deux Testa Rossa engagées par le NART et une 196 S 2 litres parrainée par le père Rodriguez pour ses fils Pedro et Ricardo. Pour les 3 nouvelles Porsche RS60, évolution du modèle antérieur à empattement rallongé, elles sont sous la coupe de l'écurie Bonnier. Évoluant pratiquement à domicile, la Camoradi fait une démonstration de force, avec les deux Tipo 61 pour Moss-Gurney et Gregory-Shelby, deux Chevrolet Corvette, une Porsche Carrera et même une Osca.

Une troisième Tipo, devait courir avec Jim Rathman et « Lloyd le patron ». Une casse moteur aux essais sur la voiture de Stirling, entraîne son détachement avec Dan, sur la 3ᵉ Tipo. Au départ de type Le Mans les ennuis se poursuivent, Moss gagne le sprint, mais son moteur refuse de démarrer. Démarrant en 23ᵉ position, son génie de la conduite le ramène à la 5ᵉ place au premier passage, puis en tête de course, après 3 tours. L'autre Maserati de Gregory-Shelby est rapidement hors course, pour un problème de pompe à huile, entraînant une surchauffe moteur. Moss et Gurney, sont incontestablement un ton au-dessus des Ferrari de Ginther-Daigh et Lovely-Nethercutt installés aux 2ᵉ et 4ᵉ place. La Tipo d'Hangsten-Crawford de l'écurie Cunningham est alors 3ᵉ. À mi-parcours, la Maserati de tête compte 2 tours d'avance sur la meilleure Ferrari. Puis les Ferrari commencent à baisser pavillon, d'abord Ginther-Daigh, pour un problème de joint de culasse, puis les frères Rodriguez, en panne d'embrayage.

À deux heures de l'arrivée, la « cage à oiseaux », compte 6 tours d'avance, sur la première Porsche, pilotée par Gendebien-Hermann. Dernier relais pour Gurney, après un changement de plaquettes par sécurité, il n'y a plus qu'à assurer pour « le grand Dan ». Catastrophe, après deux tours effectués, il repasse par les stands, la couronne du différentiel est cassée. Les Porsche RS 60, s'offrent un doublé inattendu, la deuxième 250 TR de Lovely-Nethercutt, prend la 3ᵉ place à 10 tours.

Ce nouvel échec de la Camoradi, dans une épreuve du championnat, déchaîne la colère de Lloyd Casner vis-à-vis de Maserati. Les voitures manquent de fiabilité et les transmissions sont clairement le point faible des Tipo 61. Deux des trois « birdcage », sont renvoyées à l'usine pour une révision générale. Le pauvre Guerrino Bertocchi, fait ce qu'il peut en entretien, avec les moyens financiers limités de la firme de Modène. En attendant la Camoradi, ne va pas pouvoir se contenter très longtemps « de défaites prometteuses », il va falloir bientôt rendre des comptes aux sponsors qui ont investi beaucoup d'argent. Les discours et les promesses enjolivées de Cassner, risquent de lui revenir en pleine figure.

Pour la Targa Florio, prochaine étape du championnat, Carroll Shelby demande à Lucky Casner de lui prêter la dernière Tipo 61 disponible, pour participer au « Los Angeles Examiner and Herald Express » à Riverside du 3 avril. Les deux hommes trouvent un accord, Carroll loue la voiture à Lucky et, en contrepartie, Shelby porte les couleurs de la Camoradi. La course est d'importance, avec 44 voitures au départ dont Bob Drake meilleur temps des essais avec une « Birdcage », Billy Krause au volant d'une type D, Dan Gurney « sur une bizarrerie » nommée « Old Yeller II » *(traduction vieille hurlante !)* à moteur Buick, Shelby 4$^e$ temps. Jack Brabham (Cooper Monaco) et Jim Hall (Maserati 450S) pavoisent avec les 5$^e$ et 7$^e$ temps.

Les différents favoris cassent, sauf Shelby qui s'envole vers la victoire avec 1'12" d'avance sur la Porsche de Ken Miles et la Ferrari de Pete Lovely 3$^e$ à 1'47". Carroll, encaisse la somme rondelette de 7200$ attribuée au vainqueur, sauf que Lucky n'est pas d'accord, il veut sa part du gâteau. L'accord initial ne stipulant pas un partage des primes, Shelby qui a couru pendant des années pour une poignée de cacahuètes, refuse naturellement et garde la Maserati en otage. Une nouvelle discussion de vendeur « de voitures d'occasions » *(normal pour Casner !),* s'engage. La Camoradi, a besoin d'argent frais, Shelby rachète la voiture, qu'il va par la suite revendre à Franck Harrison.

Les liens entre Casner et Shelby sont définitivement rompus, ce n'est pas sans poser de problème avec le reste de l'équipe, en particulier avec Dan et Masten, sans oublier Fred Gamble, tous liés d'amitié avec le texan.

Lucky Casner, est un véritable chat, il retombe toujours sur ses pattes. Après avoir menacé Omer Orsi de ne pas engager de voiture à la Targa Florio, il fait marche arrière, moyennant un peu et même beaucoup d'argent supplémentaire. Maserati, est pris entre le marteau et l'enclume, d'un côté il dépend de la Camoradi en compétition, de l'autre ne pas participer à l'épreuve internationale sur son territoire national, serait une véritable catastrophe. La Tipo 61, sera bien au départ le 8 mai, avec Maglioli-Vaccarella.

De son côté Casner, fait équipe avec Nino Todaro sur l'ancienne Porsche Carrera de Jean Behra. Umberto Maglioli, malgré un début de grippe, assure magnifiquement son premier relais, sur une route glissante, occupant la 2ᵉ place, à 2'45'' de la Porsche de Bonnier. Puis il remonte sur Herrmann, le coéquipier du suédois, pour prendre 1'21'' d'avance à mi-course. Nino Vaccarella, l'enfant du pays, maintient l'écart, portant même son avance à 3'. Un jet de pierre, perce le réservoir d'essence à moins de 3 tours de la fin, mettant un point final à la course de la Maserati. Jo Bonnier, boucle la course avec une nouvelle victoire pour Porsche, en laissant la Ferrari de von Trips-P. Hill 2ᵉ à 6' 3''.

Pour une fois, ce n'est pas une casse mécanique qui arrête la « birdcage », il va falloir à un moment ou à un autre, arrêter la série noire, le circuit du Nürburgring, semble taillé sur mesure, pour la Tipo 61. Les 1000 km ont lieu le 22 mai. Il ne fait pas un temps de saison dans le massif de l'Eifel, où se mêlent crachin et neige, le tout dans un brouillard épais, et cela perdure tout le week-end. Après ses victoires en Floride et en Sicile, Porsche fait figure de favori. À domicile, la marque de Stuttgart soigne tout particulièrement la préparation de ses trois RS 60. Ferrari, qui compte 2 points de retard au championnat sur les Allemands, réplique avec 2 Testa Rossa 3 litres pour P.Hill-von Trips, et Allison-Mairesse, ainsi que 2 Dino 2,4 litres pour Scarletti-Seidel et Ginther-Scarfiotti. Le duo Camoradi/Maserati, ne reste pas inerte avec deux « Vogelkafig », comme le titre la presse locale « natürlich », pour Moss-Gurney et Munaron-Gregory. Fred Gamble, quitte sa tenue de directeur de Marketing pour la combinaison de pilote et fait équipe avec Lee Lilley, (mécano en temps normal), sur une Chevrolet Corvette G.T.

Surprise au départ, Jim Clark, sur une Aston Martin de l'écurie « Border Reivers », prend le dessus sur Stirling Moss. L'anglais, n'est pas du genre à se laisser faire par un jeune blanc bec écossais et passe en tête à l'issue de la première boucle de 22,810 km. Derrière, la 2ᵉ Tipo, drivée par Masten Grégory pointe en 3ᵉ position.

Au $2^e$ tour les deux Maserati sont au commandement, la Porsche de Bonnier commence à réagir en s'intercalant entre les « Camoradi-boys » au $3^e$ passage. Puis la Ferrari de von Trips prend la $3^e$ place, Jim Clark qui fait une course magnifique, n'est payé que par une casse moteur au $6^e$ tour. Le brouillard est tellement épais que les pilotes ont du mal à distinguer les panneaux de leurs stands. Moss n'en a cure et sur son circuit fétiche, creuse un écart de 2'23''sur 14 tours, fin de son premier relais. Gurney se montre l'égal de Moss, jusqu'au $18^e$ tour, où il s'arrête précipitamment au stand, couvert d'huile.

Une canalisation s'est rompue, est-ce la fin ? Non, Bertocchi avec son équipe fait des miracles, la réparation s'effectue en 4'35''. Dan, saute dans son baquet et repart en chasse avec 5'16'' à reprendre sur Phil Hill. À la fin du $20^e$ tour, l'écart s'est réduit à 3'35'', puis au $28^e$ avec le jeu des ravitaillements, la N°5 est de nouveau en tête. Tout semble aller pour le mieux, sauf que Dan dans le brouillard, rate son arrêt ravitaillement, est obligé de faire un tour en levant le pied, pour éviter la panne sèche. Moss, repart en $3^e$ position, avec environ 1' de retard, sur la Porsche de Bonnier aux commandes. Stirling, super motivé, bat le record du tour au $37^e$ des $44^e$ tours, et offre à la Camoradi sa première victoire en championnat. La Porsche de Bonnier-Gendebien prend la $2^e$ place à 2'53'' et la Ferrari d'Allison-Mairesse-Hill, la $3^e$ à 4'04''. Munaron-Grégory, complètent le succès de la Camoradi par une $5^e$ place.

Un vent de renouveau, flotte sur la principauté. Presque 4 mois se sont écoulés, depuis la première manche du championnat F1. Deux épreuves hors championnat, ont eu lieu à Goodwood et Silverstone, pour un même vainqueur, Ines Ireland sur Lotus 18. La concurrence, prépare sa contre-attaque pour le G.P de Monaco du 29 mai. John Cooper, présente sa T53, plus basse que le modèle précédent, inspiré de la Lotus et élaboré en collaboration avec Jack Brabham. BRM, engage sa P48, premier modèle de la marque, à moteur central arrière. Même chez Ferrari, considérés généralement comme de « vieux réactionnaires », on sacrifie à la tendance, avec une F2 expérimentale, pour Ginther en prévision de la réglementation de l'an prochain.

À contre-courant, Lance Renventlow, dévoile sa Scarab équipée d'un moteur dérivé de l'Offenhauser Indy, placé à l'avant. La voiture est magnifique, dans sa livrée bleu nordique métallisé, mais n'est-elle pas déjà dépassée ? La réponse ne tarde pas, 25 machines participent aux essais pour 16 qualifiées, Chuck Daigh réalise le 22$^e$ temps et Renventlow le 25$^e$. Autres nouveautés, Stirling Moss, toujours pour le compte de Rob Walker, passe de la Cooper à la Lotus 18 et la BRP par l'intermédiaire de son sponsor « Yeoman Crédit » achète deux Cooper T51, pour Tony Brooks et Chris Bristow. Celui-ci remplace Harry Schell, décédé deux semaines plus tôt, lors de l'International Trophy à Silverstone.

Stirling Moss, pas perturbé par son changement de monture, réalise la pole position et remporte la course. La nouvelle BRM se montre un adversaire valable, Jo Bonnier prend le commandement pendant les 20 premiers tours, occupant la 2$^e$ place par la suite, pendant la majorité du parcours. À 10 tours de la fin, sa suspension cède. Après une réparation de fortune, il termine à la 5$^e$ place. Bruce McLaren prend la 2$^e$ place, devant la Ferrari de Phil Hill plus régulière que brillante. Tony Brooks est 4$^e$ pendant que Ginther sauve le point de la 6$^e$ place, en poussant sa Ferrari, jusqu'à la ligne d'arrivée.

Pour l'étape suivante le G.P de Hollande, le 6 juin à Zandvoort, nous assistons au timide retour d'Aston Martin. Roy Salvadori est au volant du modèle de l'an dernier modifié, avec une suspension arrière triangulée et un empattement raccourci. Malgré l'apport d'une injection sur le moteur, la puissance n'est toujours pas là et la voiture, comme les deux Scarab, n'arrive pas à se qualifier. Côté pilote, Jim Clark débute dans l'écurie Lotus aux côtés d'Irlande et Stacey, tandis qu'Henri Taylor fait de même à la « Yeoman Crédit » avec Bristow et Brooks.

Le duel Lotus/Cooper, peut-il être arbitré par BRM ? Aux essais Moss, est à sa place, la première, devant Brabham et Ireland. Derrière nous retrouvons les trois P48, avec dans l'ordre, Bonnier, G. Hill et Gurney. La meilleure Ferrari, celle de Ritchie Ginther, n'a que le 12$^e$ temps.

Jack Brabham, fait une course « à la Moss », occupant la tête du premier au 75$^e$ tour. Stirling reste son plus dangereux adversaire, jusqu'au 17$^e$ tour, où une roue de la Cooper, expédie une pierre dans un pneu de la Lotus. La réparation dure 3' au box Walker et Moss repart en 12$^e$ position. Peu avant, alors qu'il occupe la 5$^e$ place, Dan Gurney privé de freins, sort de la route au virage de Tarzan. Un jeune spectateur avancé imprudemment, est tué sur le coup, pendant que Dan, choqué s'en sort avec une blessure au bras. Stirling qui n'a plus rien à perdre, se dédouble et n'a plus qu'un tour de retard au 60$^e$ passage occupant la 7$^e$ place. Au 60$^e$ tour, il est 4$^e$, alors que Stacey 3$^e$, vient d'abandonner sur rupture de transmission. Stirling, revient dans le tour des leaders et bat le record du tour à la 75$^e$ et dernière boucle. Il échoue d'une seconde pour la 3$^e$ place derrière Graham Hill. Ines Ireland installé en 2$^e$ position, depuis le 18$^e$ tour garde sa position jusqu'au bout.

Morne G.P de Belgique, en ce week-end des 18,19 et 20 juin 1960. Le circuit de Spa Francorchamps, bien que magnifiquement dessiné dans les Ardennes, est réputé par sa dangerosité. Quand, en plus, le matériel n'est pas fiable, la catastrophe n'est pas loin. Colin Chapman, n'a qu'une obsession, rendre ses Lotus les plus légères possible, à la limite réglementaire. Conséquence, il faut rogner sur l'épaisseur des tubes du châssis et des triangles de suspension, fragilisant l'ensemble.

Lors de la 2$^e$ séance d'essais, Moss sort au virage Burnenville, le moyeu de suspension a cédé à l'arrière gauche, perdant sa roue. Moss, blessé aux deux jambes, au nez et surtout aux vertèbres, va être indisponible pendant un certain temps. Presque simultanément, la direction de la Lotus de Mike Taylor se brise au virage de la carrière. Le pilote, souffre de multiples fractures et va renoncer à sa carrière peu après. Afin de comprendre la situation, Chapman, coiffé du casque d'Ireland se glisse au volant de sa voiture et se rend sur les lieux des accidents. Pendant ce temps Brabham réalise la pôle avec 2''et demi d'avance sur la Cooper de Brooks et plus de 3'' sur la Ferrari de Phil Hill. Les Dino, sur un terrain qui les avantage, ont de plus en de mal à rivaliser, avec les voitures à moteur arrière.

Pas besoin de préciser, que tout le monde est nerveux, le lendemain au départ de la course. Pour la première fois, les Scarab sont sur la grille, avec le 15ᵉ temps pour Reventlow et le 17ᵉ et dernier temps pour Daigh. Comme en Hollande, Jack Brabham, prend la tête et ne la quitte plus jusqu'au drapeau à damiers, après 36 tours.

Le premier drame, survient peu après la mi-course, quand la Cooper de Chris Bristow, en lutte pour la 6ᵉ place, avec la Ferrari de Willy Mairesse sort de la piste à Burnenville et heurte le remblais. Le pilote de 22ans, est éjecté et décapité par des barbelés. Puis au 25ᵉ tour, Alan Stacey est percuté par un oiseau, lui faisant perdre le contrôle de sa Lotus. La voiture, quitte le circuit et s'embrase. Alan 26 ans, décède dans l'ambulance pendant son transport à l'hôpital. Phil Hill en seconde position, pendant les 2/3 de la course, retardé par une fuite d'huile finit 4ᵉ. Graham Hill qui lui a succédé, perd la place de dauphin, dans le dernier tour, moteur explosé. Finalement, Bruce McLaren prend une 2ᵉ place inespérée, devant la Cooper « Yeoman Crédit » d'Olivier Gendebien.

Chose inhabituelle, les 24 heures du Mans des 25 et 26 juin, terminent le championnat des voitures de sport particulièrement tôt cette année, le Tourist Trophy, étant réservé aux voitures de Grand Tourisme. La lutte, est très serrée entre Porsche et Ferrari, le constructeur allemand, possède 4 points d'avance et Maserati après sa victoire du Nürburgring, peut arbitrer la décision entre les deux. Omer Orsi, a particulièrement fait soigner ses 3 Tipo 61, les carrosseries, ont été aménagées version « steamliner » à queue longue fuyante, pour une meilleure pénétration dans les Hunaudières. L'une d'elle la N°24, possède un ingénieux pare-brise, plongeant jusqu'au train avant, améliorant ainsi son aérodynamisme. Le problème, concerne plutôt les équipages. Stirling Moss est sur la touche depuis son accident et Dan Gurney, a trouvé de l'embauche auprès de Briggs Cunningham pour tester une Jaguar E2A, sorte de modèle hybride entre la type D et la future type E. Conséquence, seul reste Masten Gregory comme première lame, il fera équipe avec Chuck Daigh sur la N°24, considérée comme la meilleure monture.

Pour le reste Casner embauche, Mort Morris Goodall comme team manager, se libèrant ainsi pour compléter l'équipage de la 25 avec Jim Jeffords. La N°26, sera confiée à Scarletti-Munaron, 3 des 6 pilotes participent pour la première fois à la course des 24 heures. Camoradi complète son engagement, avec une Chevrolet corvette pour Lilley-Gamble. Côté Ferrari, les chances reposent sur 4 Testa Rossa 60 d'usine, pour l'équipage belge Gendebien-Frère, Mairesse-Ginther, P. Hill-von Trips et Scarfiotti-P. Rodrigues. Une 5ᵉ porte les couleurs du NART pour André Pilette et le plus jeune frère « Rodriguez de la Vega », Ricardo 18 ans à peine « *et bien décidé à jouer les Zorro !* » Pour avoir une petite chance les 5 Porsche RS 60, devront profiter de circonstances, cascade d'abandons des favoris où conditions météo pluvieuses. Il ne faut pas négliger les deux Aston Martin DBR1 de l'écurie « Border Reivers » de Clark-Salvadori, et l'individuelle de Fairman-Baillie.

À 16 heures au baisser du drapeau, le temps est encore clément. En l'absence de Moss, la lutte est chaude sous la passerelle Dunlop pour prendre le commandement. Devant, la Corvette de la Camoradi de Lilley, qui va se faire doubler par l'Aston de Fairman, puis deux Corvette « Cunningham » de Fitch et de « Briggs le patron », suivies par la Jaguar de Dan Gurney. Les gros bras, sont déjà devant au premier passage, Masten Gregory a fait un petit trou, sur le petit train des Testa Rossa emmené par le fougueux Ricardo Rodriguez de la Vega.

Après une heure de course, toujours appliqué, Masten dans sa « Birdcage » profilée, se montre le plus rapide dans les Hunaudières. Il domine les cinq Ferrari, avec dans l'ordre Gendebien N°11, Phil Hill N°9, Ginther N°10, Ricardo N°17 et Scarfiotti N°12. La Tipo 61 de Scarletti se tient sagement en 8ᵉ position derrière la vieille type D de Flockhart. Les premiers abandons, arrivent de manière plutôt surprenantes. Chez Ferrari, les calculs de ravitaillement sont élaborés par prudence pour 22 tours. Au 21ᵉ passage, von Trips, tombe en panne sèche avant la passerelle Dunlop, puis Scarfiotti dans les Hunaudières. Le moteur de Gendebien, commence à tousser « à Maison Blanche », il réussit néanmoins à rentrer au stand.

On imagine bien Romolo se faire tirer les oreilles par Enzo ! La situation se détériore également chez Maserati. La 26, remontée à la 6$^e$ place, s'arrête au contrôle de Mulsanne, avec une fumée suspecte qui sort du capot. Le circuit électrique est touché et le démarreur grillé, Scarletti ne peut repartir. Masten bat le record du tour à son 21$^e$ passage et rentre au stand pour ravitailler. Il est bloqué 30', il faut changer le démarreur. Un autre démarreur, est monté par précaution, sur la 25 de Casner-Jeffords.

Vers 20 heures une pluie violente, s'abat sur tout le circuit, les voitures roulent phares allumés bien avant l'heure. La Chevrolet de Thompson-Windridge froisse de la tôle. Tombés à la 46$^e$ place Gregory-Daigh, sont remontés à la 21$^e$ position à 23 heures. Peu après minuit, la 24 abandonne dans les Hunaudières, le circuit électrique est noyé sous l'orage. La 25, encore en course, pilotée par Casner alors en 12$^e$ position, part à la faute à Mulsanne, touche la butte de sable, apparemment sans conséquence. Sauf que des grains de sable, se sont insérés dans la boite de vitesses, causant son abandon dans la 11$^e$ heure.

Depuis le premier arrêt de Grégory, la Ferrari de Gendebien-Frère a pris la tête et ni la pluie de la nuit, ni le beau temps du dimanche, ne vont altérer sa marche en avant. À l'heure de la messe de 9 heures, la Ferrari de Mairesse-Ginther en 4$^e$ position, se retire sur rupture de boîte de vitesses et l'intérêt, se porte sur le duel pour la deuxième place, entre les jeunes loups, Ricardo Rodrigues et Jim Clark. La Ferrari du mexicain va finalement résister à l'Aston Martin de l'écossais. Porsche, ne va jouer aucun rôle, pour le classement à la distance. La meilleure d'entre elles, celle de Linge-Walter, termine en 10$^e$ position. Une place dévolue à la Corvette de Lilley-Gamble, néanmoins non classée, compte tenu de sa cylindrée de plus de 5 litres, pour distance couverte insuffisante. Avec cette décision, la Camoradi boit le calice jusqu'à la lie.

Le championnat revient à Ferrari. La firme italienne, se trouve à égalité des points retenus sur 4 épreuves, avec Porsche 22 chacun. La différence se fait sur la 3$^e$ place du « Cavallino » dans la 5$^e$ épreuve. Maserati, avec 11 points, figure à la 3$^e$ place.

Libéré de ses obligations avec la Camoradi Carroll Shelby, profite des 24 heures du Mans pour courir au même moment à Castle Rock près de Denver au Colorado. Il est au volant d'une Scarab, de l'écurie Meister Braüser. Comme nous en avons déjà parlé, la Scarab est une création de Lance Reventlow. Autant il se fourvoie en F1, autant ses barquettes sport, sont une grande réussite. Reventlow a 24 ans, est le fils unique de l'actrice Barbara Hutton et le beau fils, de Cary Grant. La fortune personnelle de ses parents, lui permet de monter sa propre écurie et la fabrication de voitures sports, dès 1958.

La course, va se passer sans problème pour Carroll qui s'assure la victoire, avec le record du tour et les 2000 $ en prime qui vont avec. Il ne sait pas encore, qu'il passe la ligne d'arrivée pour un dernier succès…en qualité de pilote !

Chapitre 8

# CARROLL SHELBY SCHOOL

Le championnat sport terminé, Ferrari peut se consacrer uniquement à la Formule 1. La situation est peu glorieuse, après 4 épreuves, au championnat constructeurs, la Scuderia occupe la 3$^e$ place, derrière Cooper et Lotus. Plus gênant, avec une puissance moteur largement supérieure, Ferrari n'a pas pesé lourd à Spa, sur un circuit censé l'avantager. La conclusion coule de source, le moteur placé à l'avant, vit ses derniers mois en compétition.

Le G.P de l'ACF à Reims du 3 juillet 1960, est le véritable test, pour affirmer ou infirmer ces supputations. Avec cette course, nous atteignons le cap de la mi-saison, les écuries se contentent de peaufiner le matériel existant, il y a tout même une nouveauté, avec le retour de Vanwall. Depuis sa timide apparition de l'an dernier, la firme de Tony Vandervell a continué de travailler sur son ancien modèle avec une sortie hors championnat à Goodwood en avril dernier. De ces travaux, naît une version « Lowline » raccourcie, surbaissée, avec une meilleure répartition des masses, grâce à un repositionnement du réservoir d'essence entre tableau de bord et moteur. Celui-ci est invariablement placé à l'avant, équipé d'une boîte de vitesses Colotti. Tony Brooks, toujours fidèle à la marque est chargé du développement.

Aux essais, Jack Brabham se montre le meilleur en laissant la Ferrari de Phil Hill, 2e temps à 1"4/10. Puis, nous retrouvons la BRM de Graham Hill 2/10 derrière. La deuxième ligne, est occupée par la Lotus d'Ireland et par la Ferrari de Mairesse, qui remplace Allison depuis son accident de Monaco. La Vanwall, en manque de préparation, déçoit par un 14e temps. Les Scarab de Ginther et de Daigh, qui ont explosé leurs moteurs, sont forfaits pour la course.

Sans Stirling Moss, qui peut contrer Brabham ? Pas grand monde, à l'exception de Phil Hill et à un moindre niveau von Trips. Dans une course, où il faut absolument garder le sillage du leader pour bénéficier de l'aspiration, Phil, arrive à prendre ponctuellement l'avantage sur l'australien. À mi-course 2" séparent la Cooper de la Ferrari et von Trips, n'est qu'à 5". 4 tours plus tard, au 29e tour, la transmission de l'américain se brise au virage de Thillois. Un tour plus tard, c'est la voiture de l'allemand, qui est victime du même problème. Au 30e tour, Jack possède 1'25" sur Gendebien (Cooper Yeoman) et Ireland roues dans roues. La barre anti-roulis de la Lotus, se détache au 36e tour, la nouvelle menace pour Gendebien, s'appelle McLaren. Le belge après une lutte au couteau, conserve pour 2" et demi sa 2e place sur le Néo- zélandais. Henry Taylor (Cooper Yeoman), est 4e à un tour.

À ce stade du championnat, après 3 victoires consécutives, Jack Brabham, n'a plus qu'un seul adversaire pour le titre, son coéquipier Bruce McLaren. Stirling Moss, fait sa rentrée au G.P de Grande Bretagne du 16 juillet, mais… uniquement pour donner le départ ! Encore convalescent, il arrive directement de l'hôpital et se pose en hélicoptère sur la piste de Silverstone. Après sa mauvaise prestation de Reims, (abandon au 8e tour sur rupture de transmission), Vanwall abandonne tout engagement. Tony Brooks, récupère son baquet chez Yeoman Crédit. Même chose, pour Scarab, Renventlow, loue une Cooper T51 pour Chuck Daigh. Aston Martin, fait une réapparition, avec deux DBR5 aux mains de Roy Salvadori et Maurice Trintignant. Pour finir, Brian Naylor, présente sa JBW, un bricolage maison, proche de la Cooper, équipée d'un moteur Maserati.

Les essais sont conformes aux dernières sorties. En première ligne, Nous retrouvons dans l'ordre Brabham à 1''2, Graham Hill, puis McLaren et Bonnier. En deuxième ligne, la lotus d'Ireland, la BRM de Gurney et la Ferrari de von Trips. L'ancien champion du monde de Moto, John Surtees, débute sur 4 roues, chez Lotus aux côtés d'Ireland et Clark, et réalise le 11$^e$ temps.

La confusion règne au départ. McLaren fait le meilleur lancement devant Brabham, mais Graham Hill cale son moteur et se fait percuter par Brooks, parti de la 3$^e$ ligne. Le choc est peu violent et les deux voitures peuvent repartir, environ 30'' après le peloton. À la fin du premier tour, Brabham retrouve sa position de leader, devant son coéquipier. La course ne va pas sombrer dans un défilé des « Cooper-boys ». Graham Hill attaque, passant de la 8$^e$ place au 10$^e$ tour à la 6$^e$ position au 20$^e$ passage. Au 40$^e$, il est 4$^e$, derrière les deux Lotus d'Ireland et Surtees. 5 tours plus tard la BRM, a passé Surtees et à mi-distance, G. Hill est second à 5''de Brabham. La jonction, se fait avec Jack peu après le 50$^e$ tour. Enfin au 58$^e$ passage, Graham trouve l'ouverture, sous les applaudissements du public. Dans l'euphorie, l'anglais, bat le record du tour et fait un tête à queue, dans le virage de Copse, au 72$^e$ tour. Brabham, n'a plus qu'à signer une 4$^e$ victoire consécutive, devant Surtees et Ireland 3$^e$. McLaren 4$^e$ à un tour, garde encore un mince espoir pour le titre.

L'idée, de retrouver le circuit de Boavista à Porto, pour le week-end du 15 août, n'attire pas que des sympathies. L'édition de 1958, avec ses pavés et ses rails de tramways, n'a laissé de bons souvenirs, ni aux mécaniques, ni aux pilotes. Stirling Moss, cette fois, est de retour en tenue de course, au volant d'une Lotus 18 flambant neuve. 16 voitures se présentent aux essais du vendredi, bientôt réduites à 15. Sur ce circuit pour le moins « rustique », Henri Taylor, retourne sa Cooper, et s'en tire avec des côtes fêlées et des coupures superficielles. Le samedi, Jim Clark, expédie sa voiture contre un trottoir. La machine, finit sa course à l'opposé de la piste, dans des bottes de paille. Les mécanos de chez Lotus, vont travailler toute la nuit pour rafistoler, châssis, suspension et carrosserie. L'essentiel, étant de conserver la prime de départ.

Les temps changent, John Surtees « le biker », s'offre la pole position, avec 7/100 d'avance sur la BRM de Dan Gurney et une ½ seconde sur Brabham. En 2$^e$ ligne Moss n'est pas loin à 66/100 du meilleur temps, avec Graham Hill à ses côtés.

Au baisser du drapeau, Gurney prend les choses en main, double Brabham dans le premier tour, pour pointer en tête, à la fin de la 1$^{ere}$ boucle. Moss est alors 3$^e$ devant Surtees. Le premier incident survient au 2$^e$ tour quand Brabham, en voulant dépasser Gurney, glisse sur un rail de tramway et se retrouve dans l'échappatoire. Jusqu'au 10$^e$ tour, Gurney contient John Surtees. La BRM, commence à perdre de l'huile et le « grand Dan » glisse dessus, retombant en 6$^e$ position. Surtees, devient le nouveau leader devant Moss et Phil Hill, alors que Brabham est remonté à la 4$^e$ place. Stirling, s'en prend à John mais sans succès, la Lotus a des problèmes d'allumage et retombe à la 5$^e$ place après 20 tours. Les BRM, sont toujours aussi peu fiables, Bonnier a abandonné au 7$^e$ tour, Graham au 9$^e$ et maintenant c'est Gurney au 26$^e$, moteur serré. Au même moment, Brabham, devient 2$^e$ à 20'' de Surtees. Phil Hill 3$^e$, jusqu'au 31$^e$ tour avec un embrayage fatigué, rate une vitesse et finit sa course dans les bottes de paille. Surtees, tient le bon bout jusqu'au 37$^e$ tour, où de l'essence qui suinte sur ses chaussures et rend glissante la pédale de frein, conjuguée avec ses roues coincées dans un rail de tram, l'expédie dans des bottes de pailles. Le radiateur est touché, l'abandon ne tarde pas. Brabham a toujours la « barraca, » il se dirige vers sa 5$^e$ victoire consécutive, synonyme de nouveau titre de Champion du Monde. McLaren finit second et Clark, avec une voiture qui marche en crabe depuis son accident des essais, prend une remarquable 3$^e$ place.

Moss est moins verni, alors qu'il s'achemine vers la 5$^e$ place, suite à un problème de bougie, il est disqualifié pour avoir pris l'échappatoire à contre sens. Ironie du sort, il s'agit de la même manœuvre qui avait permis de requalifier, Mike Hawthorn en 1958, à la suite du témoignage …de Stirling Moss, lui donnant le titre de champion en fin de saison !

Comment faire gagner une course de Formule 1 à Ferrari en 1960 ? L'AC di Milano, trouve une astuce, le 4 septembre, en réintronisant le demi-anneau de Monza dans son circuit. Celui-ci, abandonné en F1 depuis la course de 1956 où les déchapages se multipliaient, est depuis jugé trop dangereux. Peu entretenu depuis cette date, les conditions sont d'autant moins réunies pour le réutiliser. En conséquence, les constructeurs britanniques avec à leurs têtes, BRM, Cooper et Lotus, décident le boycott pur et simple de l'épreuve.

Pour donner l'illusion, d'un Grand Prix du championnat du Monde, les organisateurs invitent des Formule 2 à participer. Ainsi au côté des trois Dino d'usine, de Phil Hill, Ginther, et Mairesse, qui occupent naturellement la première ligne, nous retrouvons, deux Cooper Castelotti à moteur Ferrari pour Cabianca 5$^e$ temps et Munaron 6$^e$ temps, ainsi que deux Cooper Maserati de la Centro Sud, Pour Scarletti 4$^e$ temps et Thiele 10$^e$ temps. Le reste du plateau en dehors de la JWB de Naylor se compose d'une Cooper 2,2 litres et de F2, avec bien sur une Dino 156 aperçue à Monaco, pour von Trips, deux Porsche d'usine pour Hermann et Barth, ainsi que la Porsche-Behra de la Camoradi, pilotée par Gamble.

Comble du scandale, von Trips meilleur temps des F2 (8$^e$ sur la grille), s'est fait aspiré sans vergogne, par ses collègues de la Scuderia. Le public italien dans l'ensemble boude l'organisation et pour rajouter à « la farce », les deux Cooper Castelotti, calent au départ de la course. Elles sont démarrées « à la poussette » par les mécanos. L'épreuve, est d'une monotonie sans nom. Ginther, devance Hill jusqu'à mi-parcours, moment du changement de pneumatiques, puis l'ordre s'inverse. Pendant le même temps Mairesse attend von Trips, pour le mettre hors de portée des Porsche. Gino Munaron et Giulio Cabianca, essayent bien à un moment de troubler la quiétude des Ferrari pour la 3$^e$ place mais Gino abandonne 28$^e$ tour, sur canalisation d'huile rompue. Giulio, lui réussit sur la fin à prendre la 4$^e$ place à von Trip, 1$^{er}$ des F2, devant la Porsche d'Hermann 6$^e$ du scratch. Phil Hill, gagne ainsi la dernière course de l'histoire, pour une Formule 1 à moteur avant.

Retour à la normale pour le dernier G.P de l'année, disputé sur le très beau circuit de Riverside, près de Los Angeles le 20 novembre 1960. La Scuderia Ferrari, afin d'éviter un déplacement coûteux, pour une défaite annoncée, reste à Maranello. Course un brin nostalgique puisqu'il s'agit du dernier Grand Prix de F1, organisé en Formule 2,5 litres, commencé en janvier 1954.

Faute de Ferrari, Phil Hill pour son G.P national, trouve refuge dans une Cooper de l'écurie Yeoman Crédit. Autour de lui, les américains font bloc. En dehors de Dan Gurney (BRM), nous retrouvons, Jim Hall et Walt Hangsten sur Lotus, Pete Lovely sur Cooper, Bob Drake sur Maserati 250F (*symbole de la formule 2,5 litres en voie de disparition*) et Chuck Daigh, pour une dernière apparition de la Scarab.

Aux essais Gurney, se montre le meilleur « des ricains », en réalisant le 3ᵉ temps, derrière Moss et Brabham. Bonnier et Clark partent en 2ᵉ ligne. Brabham, a un meilleur temps de réaction au départ de la course devant Gurney et Moss. Stirling mène en tête dès le 5ᵉ tour, alors que Brabham retardé par un début d'incendie, recule en 5ᵉ position. La lotus, « marine écharpe blanche », n'est plus inquiétée jusqu'au 75ᵉ tour terme du Grand Prix. Les BRM, comme pendant la majorité de la saison, animent, sans être payées en retour, faute de fiabilité. Gurney, 2ᵉ jusqu'au 19ᵉ passage, abandonne pour surchauffe moteur. Son coéquipier Bonnier, prend sa place jusqu'à la mi-course, avant qu'une perte de puissance moteur ne le condamne à la 5ᵉ place. Derrière Moss, Ireland termine à la 2ᵉ place à 38"et McLaren complète le podium à 52". Jack Brabham désormais double champion du Monde, finit 4ᵉ de la course.

Cooper, avec le doublé de Brabham devant McLaren remporte la coupe constructeur, Moss 3ᵉ du championnat, permet à Lotus de finir à la 2ᵉ place. Il est bon de rappeler, même si on ne refait pas l'histoire, que Stirling Moss, suite à son accident de Spa, a manqué trois épreuves et encore une occasion de remporter le titre. Avec la nouvelle Formule 1 1500cc, les constructeurs, repartent avec une feuille presque blanche, pour l'année 1961.

L'année, se termine aussi pour Carroll Shelby. Il finit sa saison de belle manière sur la « birdcage » de Franck Harrison par une 5$^e$ place au G.P du « Los Angeles Time » à Riverside, puis en 2$^e$ position au « Pacific G.P » à Laguna Seca. Il remporte ainsi, le championnat USAC Sports et devient pour la deuxième année, après 1956, « Driver of the Year ».

Pourtant depuis le début de l'année Carroll, se plaint de douleur dans la poitrine, il consulte naturellement un médecin, qui lui fait faire un électrocardiogramme, sans résultat significatif. Des « pilules miracles », que lui conseille un ami, permettent néanmoins d'atténuer ponctuellement sa souffrance pendant les courses. Des investigations plus profondes, en milieu d'année, diagnostiquent de « l'angine de poitrine ». Les médecins lui confirment qu'il est temps « de faire un dernier tour de piste ! »

Même si Carroll, songeait à sa reconversion, à 37 ans, il ne pensait pas qu'elle viendrait si vite. Depuis une dizaine d'années, il réfléchit à l'image de Sydney Allard au début des années 50, de se lancer dans la fabrication d'une voiture de Grand Tourisme. Il suffit de partir d'un châssis existant et de l'équiper d'un moteur de grosse cylindrée. Le principe est simple, la mise en œuvre s'avère plus difficile. Il faut du temps et surtout un financement significatif. La première préoccupation, c'est d'abord d'assurer le présent.

En dehors du négoce de voitures de sport, mis plus ou moins entre parenthèse, il devient agent pour Goodyear et les bougies Champion. Son ami Fred Gamble est passé par là. Celui-ci quitte, la Camoradi sans doute lassé par « les magouilles » et le côté flambeur de Lucky Casner, qui ne cesse de creuser des trous dans la caisse de la société. Un déménagement s'impose pour Carroll, il délaisse Dallas pour la côte ouest et plus précisément pour Santa Fe Spring, Californie. Shelby a aussi une idée innovante pour l'époque, créer une école de pilotage, « pour américain moyen » en mal de sensations fortes. C'est ainsi que naît début 1961, la SHPD, contraction de « Scholl High Performance Driving ».

Pour mettre en place son projet, Shelby décide de louer en semaine une partie des pistes du circuit de Riverside. La SHPD propose des stages sur 6 jours pleins, avec un seul élève par moniteur. L'élève pouvant utiliser sa propre voiture où une voiture de l'école, le tarif étant adapté, suivant le cas. Son lancement, se fait par voie de presse, et sous forme d'un « catalogue plaquette » intitulé : « Carroll Shelby Scholl of High Performance Driving » où apparaît pour la première fois les initiales CS (Carroll Shelby) en forme de piste. Le succès est immédiat, 1 400 réponses, font l'objet d'une demande de catalogues, vendu 1$ pièce.

Après la structure, il faut des hommes pour l'exploiter. Shelby se tourne d'abord vers Pete Brock. C'est un garçon d'à peine 24 ans, qui a déjà fait ses preuves chez Général Motors, en travaillant sur le design de la Corvette Sting Ray. Peter n'est pas seulement un styliste dessinateur, c'est aussi un excellent pilote. Peu enclin à continuer de travailler pour la G.M, trop impersonnelle, il décide de tenter l'aventure avec Shelby, à la fois passionné par son école de conduite et conquis par son projet de voiture de sport. John Timanus, un pilote amateur expérimenté, bien connu de la côte Ouest, se joint rapidement au duo.

L'instruction se fait naturellement au volant, mais également « au tableau noir » directement sur le circuit, pour expliquer la meilleure façon d'attaquer une trajectoire, correspondant à la configuration du virage. En fonction de son assiduité, le stagiaire reçoit une plaque, en guise de diplôme à la fin du stage. Fin 1965, six ou sept anciens élèves, ont remporté le titre divisionnaire du SCCA dans leurs catégories, prouvant ainsi que la SHPD, n'est pas une simple école de conduite, mais une véritable « université du pilotage » !

Chapitre 9

# TRANSITION SANS SHELBY

En cette année 1961, le moteur central arrière, devenu la règle en Formule 1, commence à faire école en sport-prototype. Porsche, a toujours adopté cette technique, Ferrari avec sa 246 SP et Maserati la Tipo 63 font désormais partie du club. Autre tendance la catégorie Grand Tourisme, chasse gardée de Ferrari autrefois, se voit menacée par les constructeurs britanniques, Aston Martin avec sa DB4 et Jaguar, qui présente sa type E au salon de Genève.

L'argentine, ayant mis ses compétitions internationales en sommeil, le championnat Sport, commence le 25 mars, avec les 12 heures de Sebring. Un duel « Maranello Modène », s'annonce avec Stuttgart pour arbitre. En voyant les comptes de la Camoradi, on comprend mieux pourquoi Fred Gamble a quitté le navire. Casner, doit la modique somme, de 23 000$ à l'usine Maserati. Bon, heureusement qu'il lui reste son baratin pour endormir la famille Orsi. D'un côté, la firme au trident, n'a toujours pas les coudées franches pour s'engager en course directement, de l'autre la Camoradi, reste encore l'écurie la mieux structurée parmi celles de ses clients.

Lucky Casner, fait des pieds et des mains, pour trouver des sponsors, d'autant que Goodyear et Dow Chemical, après le départ de Gamble traînent les pieds. Il contacte Kellogs Corn Flakes, pour mettre une Maserati miniature en plastique, aux couleurs Camoradi dans ses emballages. L'opération va finalement échouer. Casner joue sa survie, à quitte ou double à Sebring !

Privé de Gurney, passé chez Porsche, Casner réussit à faire venir Graham Hill aux côtés de Stirling Moss. Pour sa part Loyd, a prévu de faire équipe avec Masten Gregory. À l'issue des essais, le couple vedette Stirling-Graham, préfère se tourner vers l'ancienne Tipo 61, plutôt que vers la Tipo 63, jugée insuffisamment prête. Omer Orsi ayant une confiance limitée en Casner *(on se demande bien pourquoi ?)*, partage son assistance technique, avec l'écurie Momo-Cunningham, qui présente sous ses couleurs, une T 60 2 litres, une T61 et une T63. Maranello s'appuie essentiellement sur le NART avec quatre voitures dont une TR 58, pour les redoutables frères Rodriguez. Sefac Ferrari, l'usine, met en lumière sa nouvelle Dino 246 SP pour Ginther-von Trips, assistée par deux TR61 pour P. Hill-Gendebien et Baghetti-Mairesse. Porsche compte aussi sur ses clients, ne proposant que deux voitures d'usine, pour Bonnier-Gurney et Hermann-Barth.

Le départ est donné à 10 heures, Masten Gregory, allume le feu d'artifice, mais il n'y aura pas de bouquet. Après 5 tours passés aux commandes, la nouvelle Tipo 63, ralentit avec une suspension arrière déréglée. Comble de malchance ou de négligence pour la Camoradi, Moss ne peut démarrer, la batterie est à plat ! Il faut attendre 6' pour voir Stirling en action. En 5 tours, il ramène la Tipo 61 de la 29$^e$ à la 14$^e$ place, puis pointe 5$^e$, à la fin de la première heure. Devant les Frères Rodriguez, succèdent à Gregory pendant 20 tours, puis Ginther prend le dessus pour peu de temps. Vers midi, sonne l'heure des ravitaillements. « Super Stirling », laisse le volant à son coéquipier, en 2$^e$ position. Hélas, la course de Graham ne dure que 3 tours, retour au stand avec un échappement cassé. Casner à ce moment de la course roule en 9$^e$ position, il s'arrête pour céder le volant à Moss. Stirling, fait de nouveau le job et remonte au 7$^e$ rang. La suspension, s'effondre définitivement peu après et renonce en même temps que la Ferrari de Ginther-von Trips. Les « Rodriguez Brothers » sont aux commandes depuis 60 tours, quand des problèmes de circuit électrique les retardent de 17' en deux fois. Ils finissent finalement 3$^e$, à 3 tours de Phil Hill-Gendebien, qui ont su attendre leur heure. Baghetti-Mairesse-Ginther, 2$^e$ complètent le podium réservé à Ferrari.

À Modène, ce n'est pas la mine des grands jours. La $2^e$ Maserati T63 de l'écurie Cunningham, un moment $3^e$, disparaît peu avant la mi-course, sur problèmes de freins et de moteur, la Tipo 61 de Fitch-Thompson abandonne sur bris de transmission, bref « aucun Trident » ne voit le drapeau à damiers.

Ce n'est rien, à côté du séisme qui secoue la Camoradi. Goodyear et Dow Chemical, rompent tout soutien financier à l'écurie et Stirling Moss d'une nature si modérée, donne le fond de sa pensée à Lloyd Casner. Complètement acculé, Lucky, en bon maquignon tente une ultime négociation auprès d'Omer Orsi. Compte tenu du manque de compétitivité de la T63, il refuse de payer le solde de la voiture et demande le remboursement des acomptes versés dessus. Plus c'est gros, plus ça passe, sauf que cette fois, Maserati dicte ses conditions. La T63, revient à l'usine, une échéancier est mis en place, pour le paiement des dettes et dorénavant aucune livraison ne sera effectuée sans paiement au comptant. En fait, les dettes de la Camoradi ne seront jamais totalement épongées. Orsi a déjà d'autres plans en tête, en confiant désormais ses voitures aux écuries Momo-Cunningham et Serenissima.

Stirling Moss, ne veut plus entendre parler de Casner, mais fait encore une course pour Camoradi. L'écurie, en délicatesse avec Maserati, a passé un contrat avec Porsche, juste avant Sebring, prévoyant l'engagement en son nom, pour la Targa Florio du 30 avril, d'un spider RS61. Il partage, une fois encore, son volant avec Graham Hill. La firme de Stuttgart, mixe bien : spider pour Bonnier-Gurney et Hermann-Barth, et coupé 356 Abarth pour Strahle-Pucci et Linge-von Hanstein. À noter que la voiture de Moss-Hill, grise à nez jaune, porte bien l'inscription Camoradi peinte grossièrement à la main en dernière minute. Mais bien que managée par Piero Taruffi, elle est sous l'assistance mécanique de l'usine Porsche. Les Maserati Tipo 63 passent du Blanc et Bleu au Rouge de l'écurie Serenissima du comte Volpi. Ferrari oppose deux 246SP à moteur central pour Gendebien-von Trips et P.Hill-Ginther, ainsi qu'une TR61 pour R. Rodriguez-Mairesse.

---

Le début de course, commence par une démonstration de Stirling Moss. Sur son premier relais, il porte son avance à 1'50"sur Bonnier et 1'55" sur la Ferrari de von Trips. Phil Hill n'a même pas pu finir la première boucle, à la suite d'une sortie de route. Graham prend ensuite le relais, mais ne peut empêcher Gendebien de prendre la tête. Stirling au sommet de son art comble l'écart et reprend 1' à l'amorce de la dernière boucle de 72 km. À moins de 6 km du but, le différentiel de la Porche cède, donnant une victoire inespérée, à la Ferrari de Gendebien-von Trips. Les Porsche de Bonnier-Gurney et Hermann-Barth sont aux 2e et 3e places, pendant que la Serenissima redonne espoir à Maserati, avec les 4e et 5e places de Vacarella-Trintignant et Maglioli-Scarlatti.

La formule 1 1500cc, tire ses premiers feux en championnat, le 14 mai 1961 à Monaco. Née dans la douleur, les constructeurs britanniques s'opposent farouchement à la nouvelle formule. Ne s'estimant pas prêts, ils montent un championnat parallèle nommé « Formule Intercontinentale ». La formule, ne dure que le temps d'une rose... anglaise bien sûr ! En fait l'idée pour la perfide Albion, est de prolonger l'ancienne Formule 2,5 litres, afin de pirater la nouvelle F1, obligeant la FIA à faire un retour en arrière. Les constructeurs cherchent à enrôler, les États-Unis dans leur projet, mais les américains ne sont pas intéressés. Les italiens et en partie Enzo Ferrari, sans qui rien n'est possible, obligent les anglais à rester seuls. La compétition, se limite à 5 courses uniquement au Royaume uni. Jack Brabham sur Cooper remporte la course d'ouverture, le « Lombank Trophy » le 25 mars à Snetterton » et de clôture le « Guard's Trophy » à Brands Hatch le 7 août. Stirling Moss (Cooper), s'impose à Goodwood au « Lavant Cup » le 3 avril, et Silverstone, le 6 mai pour « l'International Trophy » et le 8 juillet pour le « British Empire Trophy ».

Aucun investissement particulier, n'est fait par les constructeurs qui n'utilisent que du matériel ancien, sauf Vanwall à l'International Trophy. Tony Vandervell, fait une ultime tentative, avec une machine à moteur central arrière, d'inspiration Lotus au niveau des suspensions. Elle finit 5e, pilotée par John Surtees.

Pour en revenir à la F 1, le début de saison hors championnat, « se lit en rouge ». Ferrari a bien préparé son affaire, avec ses nouvelles 151 « Shark Nose ». Au G.P de Syracuse, le jeune Gian Carlo Baghetti, et son V6 à 65°, d'une puissance de 180 chevaux, ont dominé les Porche de Gurney et Bonnier avec leurs Flat Four de 165 chevaux. Toutes les anglaises, équipées d'un même Climax L4, tirant tout au plus 145 chevaux, n'ont pas existé. On comprend mieux l'intérêt des britanniques, pour la « Formule Intercontinentale. »

En principauté des nouveautés apparaissent. Ferrari teste un nouveau moteur V6 à 120°, permettant de tirer 10 chevaux supplémentaires, pour Ginther. Phil Hill et von Trips sont équipés du V6 à 65°. Chez Porsche, outre les 718 (ex F2) pour Gurney et Hermann, Bonnier bénéficie d'un modèle intermédiaire, mieux profilé appelé 787, équipé d'une nouvelle suspension triangulée, de freins à disques, et d'un moteur à injection. Chez Lotus, Chapman présente sa 21 pour Ines Ireland et Jim Clark. Le modèle est encore plus bas et mieux profilé que le précédent, par la position du pilote, pour la première fois, en position semi-allongée et non plus assise. Moss, ne dispose que d'une 18 pour le compte de Rob Walker. Cooper, offre aussi une nouveauté avec sa T55 permettant de recevoir la dernière version du Climax L4 MK2, annoncé pour 152 chevaux. « Yeoman Crédit » a également la même, pour Surtees. Les BRM de Graham Hill et Brooks doivent se contenter de la version MK1.

Malgré son handicap, Moss tourne 2/10 plus vite que Ginther aux essais et Clark réussit à compléter la première ligne, devant les autres Ferrari. P.Hill à le 5e temps et von Trips le 6e. Ireland, est accidenté dans la 3e séance du samedi. La nouvelle boite ZF a une grille de rapports inversée. Peu habitué à son maniement, il a expédié la Lotus dans le rail du tunnel. Sérieusement blessé au genou et avec une jambe fracturée, il est hospitalisé et ne prendra pas le départ du Grand Prix.

Au départ, la chaleur est très lourde. À cet effet Moss, a fait démonter les panneaux latéraux de l'habitacle de sa Lotus, pour la plus grande joie des spectateurs, qui peuvent ainsi suivre « le jeu de jambes » du pilote.

Ginther profite de la puissance supérieure de sa Ferrari, pour virer en tête au gazomètre, devant Clark et Moss. Jimmy Clark, cède sa 2$^e$ place dans la deuxième boucle, victime d'un problème de bougie. Ginther à la voie dégagée pour creuser un écart de 7'' sur Moss au 5$^e$ tour, qui précède les Porsche de Bonnier et Gurney. Moss étant toujours Moss, il revient à 1'' de la Ferrari au 10$^e$ tour. Phil Hill bat le record du tour au 12$^e$ passage et prend la 4$^e$ place à Gurney. Au 15$^e$ tour, Moss réussit à déborder Ginther et Bonnier fait de même. Au quart de la course (25$^e$ tour), Moss à 10'' d'avance sur Bonnier, 12''sur Hill et 13''sur Ginther. Le moteur de la Porsche, commence à avoir des problèmes d'injection, Hill en profite pour prendre la 2$^e$ place. À mi-course, Moss, toujours solide leader précède Hill et Ginther roues dans roues de 8'' et Bonnier de 11''. Au 60$^e$ tour, Bonnier a disparu, les trois Ferrari, sont désormais en chasse derrière Moss, qui n'a plus que 4''d'avance sur Hill. Stirling, malgré un moteur rendant 30 chevaux aux « Shark Nose », résiste toujours. Plus que 15 tours, Tavoni demande à Hill de céder le passage à Ginther, sachant que sa Ferrari, est plus puissante pour aller chercher la Lotus. Stirling « Is the Best », avec des trajectoires à la limite, il conserve 3''6 sur la ligne d'arrivée sur Ritchie. Hill et von Trips font 3$^e$ et 4$^e$ devant la Porsche de Dan Gurney 5$^e$.

La semaine suivante, le 22 mai, changement de décor à Zandvoort. Les Ferrari vont faire prendre un « *bon polder à la concurrence* ». Même sur un circuit moyennement rapide les « Shark Nose » sont intouchables. Aux essais la première ligne est toute rouge avec dans l'ordre Hill, von Trips et Ginther. Moss a le 4$^e$ temps à 5/10 de la pôle, Graham Hill a fait 1/10 moins bien. La déception, vient des nouvelles Porsche 787, sur le circuit monégasque, les défauts de tenue de route n'étaient pas apparus. Gurney a le 6$^e$ temps, Bonnier le 12$^e$ et Hermann le 13$^e$ sur 15 voitures au départ. Casner qui ne doute de rien, décide de se lancer dans la F1. Gregory, sur Cooper T53, n'a pu se qualifier à Monaco. En hollande, il y a 2 voitures Camoradi, la T53 pour Masten et une Lotus 18 pour Ian Burgess. Ce dernier a été embauché, grâce aux sponsors britanniques qu'il a apportés dans ses valises.

L'organisation limitant à 15 machines, le départ de l'épreuve Grégory 10ᵉ temps et Burgess 14ᵉ restent injustement sur la touche, parce que les voitures d'usines sont prioritaires. De plus Godin de Beaufort sur sa Porsche personnelle 17ᵉ temps, est qualifié d'office…en vertu de sa nationalité hollandaise.

La course, n'est qu'une formalité pour Taffy von Trips qui tient la tête du premier au dernier tour. Le potentiel entrevu chez Jim Clark, se confirme, l'écossais donne du fil à retordre à Phil Hill, en étant ponctuellement devant lui et en établissant le record du tour au 7ᵉ passage. La Ferrari et la Lotus n'ont jamais été séparées que de quelques secondes pendant toute l'épreuve. Moss prend la 4ᵉ place derrière Jimmy et précède la Ferrari de Ginther 5ᵉ, d'un 1/10 sous le drapeau à damiers. Pour la première fois, aucun abandon n'est à déplorer. Les Porsche, confirment leur week-end désastreux, terminant 10ᵉ, 11ᵉ, 14ᵉ et 15ᵉ.

Casner, trouve un financement en F1, par l'intermédiaire de Burgess, il n'en est pas de même en sport. Son inscription aux 1000 km du Nürburgring du 28 mai, penche pour un forfait. La Camoradi, vainqueur l'année précédente, garde un crédit auprès des organisateurs. Ceux-ci font du lobbying auprès de ses anciens sponsors. Conséquence, Dow Chemical, prend en charge le déplacement de la T61 ainsi que les frais de Casner et de deux mécaniciens. 4 pneus neufs et le carburant seront payés par l'organisation. Ce n'est pas mal, mais un peu juste. Comment faire sans pièce détachée, ni pneu de rechange, pour couvrir à la fois les essais et la course ? De plus Lucky, a besoin d'un co-pilote, il s'efforce de convaincre Masten Gregory, qui peut bénéficier sans problème d'un volant d'usine, chez Porsche. Masten par fidélité et sûrement aussi par charité …finit par accepter.

La Maserati Camoradi, n'est pas seule, nous retrouvons les deux T63 siciliennes de la Serenissima. Le NART reste fidèle aux frères Rodriguez sur une 250 TR. Sefac Ferrari, propose deux 246 SP pour Hill-von Trips et Ginther-Gendebien. L'usine Porsche, fait le nombre avec 4 voitures, Moss et G. Hill sont encore une fois associés, auprès de Gurney-Bonnier.

L'Écurie Essex Racing Stable, engage une vieille Aston DBR1, pour Jim Clark et Bruce McLaren. 44 tours de la boucle Nord de 23km sont à couvrir. Il fait un temps de mois de décembre au départ, avec du froid et une humidité pénétrante. Moss, a fait monter un nouveau type de pneu Dunlop SP, à gomme tendre, pour route mouillée. Il profite de l'aubaine pour prendre la tête devant Clark, alors que Gurney est resté planté avec un problème d'allumage.

À la fin de la première boucle, Moss mène toujours devant les Ferrari de Hill et Ginther, l'Aston de Clark, alors que Grégory pointe 5$^e$. La piste séchant Moss régresse à la 3$^e$ place au 10$^e$ passage derrière les deux Ferrari, pendant que Grégory gagne une place. Masten s'efforce de ménager ses pneus et passe le relais à Casner au 18$^e$ tour, dans de bonnes conditions. À mi-course, la météo se dégrade brutalement, la température chute brusquement et des bourrasques de neige, balayent par endroit le circuit. Moss-G.Hill, abandonnent sur panne de distribution. Au début du 23$^e$ tour, Hill-von Trips précèdent Casner 2$^e$ de 5'30, les frères Rodriguez sont 3$^e$ et l'Aston de McLaren 4$^e$. Dans le 25$^e$ tour, Phil Hill se laisse surprendre par une coulée d'eau, entraînant une sortie de route et un début d'incendie. Casner se retrouve aux commandes devant les frères Rodriguez et ravitaille au 28$^e$ tour, pour laisser le manche à Grégory. Le soleil revient la piste sèche et le stand demande aux Frères Rodriguez d'engager la poursuite. Masten est pris entre deux feux, d'un côté ménager ses pneus, de l'autre résister au retour de la Ferrari. La chance est du côté de la Camoradi, Pedro Rodriguez, perd une roue à 10 km de son stand, mais arrive néanmoins au box sur 3 roues où il peut faire réparer. Masten, prévenu fait un dernier arrêt contrôle avec un appoint de carburant, à 2 tours de la fin. Bob Wallace est effaré, les pneus sont lisses. Gregory décide de repartir, le démarreur reste muet, après 3 tentatives et l'intervention de Wallace, « la cage à oiseaux » se remet à chanter. Pour Masten, ce sont les deux tours les plus long de sa vie. Parti avec 2' d'avance, il conserve 53'' sous le drapeau à damiers. La Ferrari de Ginther-Gendebien-von Trips, prend la 3$^e$ place à un tour.

Dans l'euphorie et avec quelque argent rentré en caisse, Casner s'engage dans la G.P de Rouen du 4 juin. L'Automobile Club de Normandie accepte l'engagement bien que celui-ci soit arrivé hors délais. Encore une fois un problème de démarreur pénalise Casner qui attaque la première manche avec 3'30" de retard. La Tipo étant plus légère et plus rapide que les GT engagés, Lucky comble une partie de son retard pour finir 2<sup>e</sup> à 1'10" de la Ferrari 250 GT de Mairesse. Casner rétablit l'équilibre dans la seconde manche et malgré un moteur calé, suite à un tête à queue « au Nouveau Monde », l'emporte au classement final.

Fort de ses deux victoires, la Camoradi peut aborder les 24 heures du Mans des 10 et 11 juin, avec un moral retrouvé. Sauf que Casner croit en sa T61 pour une course de 1000 km, mais pas sur une course de longue haleine, comme les 24 heures. Maserati, assure sa présence par deux Tipo 63 et une Tipo 60 pour l'écurie Cunningham, ainsi qu'une T63 pour la Serenissima. Ferrari, a déjà presque le titre du championnat des voitures de sport acquis, l'épreuve sarthoise, ne devrait pas lui échapper. Pour Porsche, avec des moteurs de 2 litres, c'est quasiment mission impossible. En dehors des Maserati, restent les Aston Martin DBR1, qui ont « déroulé un peu trop de bitume », mais sait-on jamais, avec deux tandems aussi solides que Salvadori-Maggs et Flockart-Clark ? La Scuderia a encore une fois l'avantage du nombre avec 3 protos d'usine pour Gendebien-Hill, Mairesse-Parkes et Ginther-von Trips et la 250TR 61 du NART pour les frères Rodriguez. Les huit Grand Tourisme 250 GT, ne sont pas un atout négligeable, d'autant que la N°18 de l'écurie Rob Walker, est pilotée par Stirling Moss et Graham Hill.

À 16 heures, Jim Clark fait un départ « à la Moss », mais la DBR1 vieillissante, ne soutient pas très longtemps le rythme des Ferrari. Au premier passage, la 246 SP de Ginther vire en tête, devant la Maserati T63 de Walt Hangsten et la Ferrari de Pedro Rodriguez. Le duel, tourne rapidement à une explication entre Ferrari d'usine et modèles privés. Au 5<sup>e</sup> tour l'aîné des Rodriguez, passe Ginther au Tertre Rouge. Gendebien, qui se méfie « des mexicains », se mêle rapidement à la lutte.

À la fin de la première heure il remet de l'ordre dans la maison en virant en 2$^e$ position, accroché aux basques de la Ferrari du NART. Suivent derrière, Ginther, Parkes, Hangsten, et Moss magnifique 6$^e$ (1$^{er}$ en G.T). Peu après 18 heures, un violente orage s'abat sur le circuit. Hangsten en 4$^e$ position, va à la faute au Tertre Rouge. Walt, a le bras fracturé et quelques vertèbres touchées. Devant, nous assistons à un véritable chassé-croisé entre les trois Ferrari. L'allure ne faiblit pas, ce qui n'empêche pas Moss de battre le record du tour. Le relais au ravitaillement ne change en rien la physionomie de course. Ricardo, se montre au moins aussi agressif que son frère et Phil Hill a bien du mal à le tenir en respect.

À 20 heures, c'est le 2$^e$ ravitaillement, Les 4 Ferrari de tête, sont toujours dans le même tour, ainsi que l'Aston de Salvadori-Maggs 5$^e$. La pluie tombe encore en début de soirée, Ginther-von Trips sont retardés à 22h30 en passant 10' au stand, pour un problème d'éclairage. À une heure du matin, l'explication « Rodriguez Brothers », Gendebien-Hill est toujours aussi indécise. Parkes-Mairesse sont 3$^e$ à 3 tours, suivi à 5 tours de Ginther-von Trips 4$^e$, de Clark-Flockart 5$^e$ et de Moss-Hill, toujours aussi impressionnant. Hélas à 1h30, la Ferrari 250 GT Walker abandonne, à la suite d'une stupide pale de ventilateur, venue sectionner un durit. À mi-course, la Ferrari du NART tient toujours en respect ses consœurs de la Scuderia. Elle garde toujours la tête à 7h30, quand un fil de condensateur la cloue au stand pendant 20'. Reparti en 4$^e$ position, à 6 tours de Gendebien-Hill, elle gagne une place, 45' plus tard, quand von Trips, alors 2$^e$, tombe en panne d'essence sur le circuit. Une fuite au réservoir d'essence condamne Salvadori-Maggs (4$^e$), peu après 9 heures. À midi, les frères Rodriguez, prennent le dessus sur Mairesse-Parkes, pour la 2$^e$ place. Le public, prend fait et cause pour les mexicains, qui ont repris 2 tours. Stupeur, alors que nous entrons dans la 23$^e$ heure, la Ferrari agonise du côté de « maison blanche » et Pedro, arrive à son box au ralenti, le moteur est cuit. Gendebien-Hill apporte ainsi à Ferrari sa 5$^e$ victoire au Mans et sa 7$^e$ couronne Mondiale des constructeurs de voitures de Sport.

Hill-Gendebien équipage vedette de Ferrari, ce n'est pas forcement du goût du Comendatore. Enzo, préfère désormais être appelé « Ingenere », moins péjoratif, il considère le belge comme trop indépendant. Les pilotes pour lui, ne sont pas prioritaires, ils doivent se soumettre ou se démettre, seules comptent à ses yeux ses propres créations. À la décontraction américaine de Phil Hill, il préfère la rigueur germanique de Wolfgang von Trips. Toutes ces explications, pour vous plonger dans l'ambiance du moment au G.P de Belgique du 18 juin à Spa.

La victoire de Ferrari, sur le circuit le plus rapide d'Europe avec Reims, ne fait pas l'ombre d'un doute. Aux 3 Ferrari habituelles, pour Hill, von Trips et Ginther, une 4e s'ajoute aux couleurs de la Belgique pour Olivier Gendebien. Enzo Ferrari, n'oublie pas qu'historiquement, l'écurie Francorchamps fut son premier client. Gendebien, par la volonté d'Enzo, n'a intégré l'équipe de F1, que ponctuellement. Alors une Ferrari jaune pour Gendebien, oui… à condition qu'elle ne gagne pas ! Pour cela Tavoni, a pris soin de faire monter dans la voiture d'Olivier, un moteur V6 à 65°, moins puissant que les V6 à 120°, montés sur les Ferrari rouges ! Bonjour l'ambiance, dans « la squadra » !

Après sa prestation catastrophique en Hollande, Porsche décide de renoncer à ses 787, au profit des anciennes 718/2. Il n'y a que deux voitures présentes pour Bonnier et Gurney. Dans l'écurie Rob Walker, Alf Francis, a commandé des pièces chez Lotus, pour transformer la 18 de Moss en modèle 21. Aux essais, Phil Hill est le seul à descendre sous les 4'au tour (3'59''3). Il précède von Trips de 8/10 et Gendebien de 3''7. En deuxième ligne, la Cooper de Surtees, réussit à tourner 1/10 plus rapide que la Ferrari de Ginther.

Au départ de la course, Graham Hill (BRM) parti de la 3e ligne, surprend tout le monde. Pas pour longtemps au raidillon de « l'eau rouge », Phil Hill mène devant Gendebien. À la fin du premier tour, les 4 Ferrari occupent les premières places, Ginther et von Trips ayant passé la BRM. Au virage de la source, Gendebien, prend la première place, sous les vivats du public belge.

Olivier connaît parfaitement le circuit, toutefois, la puissance inférieure de son moteur l'oblige à prendre quelques risques contre Phil Hill. Les deux hommes échangent leurs positions sur les 3e et 4e tours en fonction du parcours. Puis Gendebien, prend la tête jusqu'au 7e des 30 tours. Il sait très bien qu'il ne pourra pas garder ce rythme jusqu'au bout et cède bientôt le commandement à Phil Hill et la seconde place à von Trips. Au 12e tour Ginther fait la jonction et lui souffle la 3e place. Devant c'est un coup à moi, un coup à toi, entre les leaders. Après 20 tours, Romolo Tavoni passe les consignes : Hill P1, von Trips P2, Ginther P3. Gendebien qui est 25"derrière Ginther, lui-même à 20"des leaders, n'insiste pas et les pilotes, finissent suivant l'ordre du stand. Surtees s'offre la 5e place et Gurney le point de la 6e place.

15 jours plus tard nous retrouvons les mêmes à Reims pour le G.P de l'A.C.F. à une exception près. Gendebien a dû céder son auto à Gian Carlo Baghetti. Les essais sont commencé le mercredi sous le soleil et une chaleur écrasante qui vont perdurer toute la semaine. Sans surprise, les trois Ferrari d'usine garnissent la première ligne, avec dans l'ordre Hill, von Trips et Ginther. La « semi-officielle » de Baghetti réalise le 12e chrono. En 2e ligne, Moss meilleur « non-ferrariste », est aux côtés de Jim Clark. Le dimanche, au moment du départ, la chaleur est toujours aussi intense. Dans la descente de « la Garenne », la partie la plus rapide du circuit, l'enrobé commence à fondre, faisant craindre des projections de graviers. Les pilotes, protègent leur visage avec des linges imbibés d'eau.

Ritchie Ginther réussit le meilleur lancement, devant Hill et von Trips, qui reprennent l'avantage dans la courbe du calvaire. À la fin de la première boucle, Moss, 4e est calé dans sillage de von Trips, afin de ne pas perdre son aspiration. Il réussit, ainsi à s'offrir le record du tour au 2e passage. Dans les 2 tours suivants, Hill et von Trips se partagent la tête à tour de rôle pendant que Stirling a passé Ginther pour la 3e place. Pas pour longtemps Ritchie double l'anglais à Muizon dans le 6e tour. Après 10 tours, Hill à 2" d'avance sur von Trips, 19"sur Ginther et 30" sur Moss. Baghetti 5e, n'est plus qu'à 6" de la Lotus.

Von Trips parvient à dépasser Phil Hill au 13$^e$ tour, pendant que les gravillons martèlent les carrosseries sous la chaleur. Au 15$^e$ passage, Moss, s'arrête au stand avec des problèmes de freins. Taffy von Trips, abandonne au 18$^e$ tour, une pierre a percé son radiateur. Au 26$^e$ tour, à mi-course, Hill peut assurer possédant 21" d'avance sur Ginther 2$^e$ et 53 sur Baghetti, talonné par Clark et Ireland. Coup de théâtre, au 38$^e$ tour, devant la tribune, Phil Hill accroche Moss, au moment de lui prendre un tour. Moteur calé, l'américain repart très attardé.

À 12 tours du but, Ginther est en tête, Baghetti 2$^e$ à 1"5, avec les Porsche de Bonnier et Gurney dans son aspiration. Le leader s'arrête dans la foulée. Les mécanos dégagent de son radiateur des plaques de goudron causant une surchauffe. Baghetti est en tête au 41$^e$ passage, Jo Bonnier réussit à le passer, au 44$^e$ tour, devant la tribune. Baghetti, le débutant ne lâche rien, toujours devant dans la 45$^e$ boucle. Puis Dan Gurney, entre dans la danse, dans la descente de la Garenne, pour figurer en position 1, pour peu de temps, Baghetti passe la Porsche dans ligne droite, devant la tour de chronométrie. Plus que 4 tours, Bonnier dans un dernier rush, s'empare du commandement, mais bientôt une fumée blanche s'échappe du moteur, le condamnant à la 7$^e$ place. Plus que 2 tours, Gurney fait le forcing avec Baghetti, calé dans ses échappements. Dan, est toujours devant dans la dernière boucle, à Muizon et au Thillois. Dans la dernière ligne droite, l'italien se laisse aspirer et passe la Porsche à 300 m du drapeau pour l'emporter avec 1/10 sur l'américain. Jim Clark, meurtri depuis le 35$^e$ tour, par une pierre reçue dans ses lunettes finit 3$^e$ à 1'. Cette épreuve, fait partie du top 5, des meilleures courses de Formule 1.

Du soleil de Reims, nous passons à la pluie d'Aintree, pour le G.P de Grande Bretagne du 15 juillet. Pour la première fois une F1, 4 roues motrices participe à un G.P. Il s'agit d'une Ferguson à moteur Climax, de l'écurie Walker confiée tour à tour à Jack Fairman et Stirling Moss. La séance du jeudi est la seule à se dérouler par temps sec et va déterminer la grille de départ.

La Porsche de Jo Bonnier, dont le moteur a été porté à 170 chevaux avec une nouvelle injection, réussit l'exploit de partir en première ligne dans le même temps que Hill et Ginther. Moss sur sa Lotus 18/21, est juste derrière avec von Trips.

Le samedi, de violentes averses précèdent le départ de la course. Tous les concurrents sont « chaussés » de pneus pluie, les moteurs Climax, devraient être moins désavantagés par les conditions météo. Les Ferrari prennent néanmoins les devants, Hill, von Trips, Ginther, précèdent Moss et Bonnier dans le 1$^{er}$ tour. La situation reste stable jusqu'au 7$^e$ passage, malgré quelques figures de style d'Henri Taylor (Lotus) accidenté et blessé aux côtes et même de Moss, qui maîtrise néanmoins la situation. Puis von Trips, double son coéquipier, suivi de la Lotus Walker. Pendant 25 tours Stirling colle von Trips, dans une course qui ressemble par moment à une épreuve de chris-craft, tant les gerbes d'eau couvrent les voitures. À mi-course, la pluie cesse et la piste séchant, les Ferrari peuvent creuser l'écart. Au 40$^e$ tour Moss, a cédé sa 2$^e$ place à Ginther, 5 tours plus tard il abandonne, sur rupture d'une conduite de frein. À partir de là, les voitures de la Scuderia n'ont plus d'adversaire. Phil prend la 2$^e$ place à Ginther, pendant que von Trips remporte son 2$^e$ G.P. Jack Brabham 4$^e$, parvient à préserver, 7''sur Joachim Bonnier, 5$^e$.

Le « ring », 6$^e$ des 8 épreuves du championnat, se présente à la fois comme juge de paix et comme le tournant dans la saison. La Scuderia, a déjà le titre constructeur en poche. Le titre pilote, reste la seule interrogation, la boucle nord du Nürburgring et ses 173 virages va-t-elle pouvoir départager, Phil Hill de Wolfgang von Trips ? Dans les écuries anglaises, on prépare déjà 1962. Coventry Climax, présente son nouveau V8 d'une puissance de 175 chevaux, destiné à contrer le V6 Ferrari. Un seul exemplaire, est pour l'instant disponible, monté dans une Cooper T58 d'usine, pour Jack Brabham. Chez Porsche, Dan Gurney, participe avec une ancienne 718/2, toujours utilisée en préférence à la 787, mais équipée de 4 freins à disque. Avec le retour de Hans Hermann et la présence d'Edgar Barth, l'usine présente 4 machines, plus la 718 privée, de Godin de Beaufort.

Chez Sefac Ferrari, Willie Mairesse, est venu appuyer le trio habituel. Aux essais sur le parcours accidenté de l'Eifel, les « Shark Nose » sont moins à l'aise en tenue de route. Malgré tout, Phil Hill, est le seul à crever le mur des 9' (8'55''2), Brabham, Moss et Bonnier se complètent en première ligne, pour quatre marques de voitures différentes.

Le dimanche au départ de la course, soleil et pluie alternant, posent un dilemme dans le choix des pneus. Brabham, profite de son nouveau moteur, pour s'élancer en premier devant Moss et Bonnier. Jack qui a mixé ses pneus, se laisse surprendre peu après par une flaque d'eau et termine sa course dans une haie. Stirling, boucle les 23 premiers kilomètres, avec 2'' d'avance sur Phil Hill, suivent les Porsche d'Hermann et Gurney, pendant que Bonnier est retardé sur crevaison. Au 2$^e$ tour Moss, compte 9'' sur Hill, von Trips a pris la 3$^e$ place à Herrmann. Gurney qui s'est accroché avec G. Hill, tombe au 7$^e$ rang. Moss continue à augmenter son avance, au 14$^e$ tours (mi-course), il précède Hill de 13'' et von Trips de 15. Dans la boucle suivante, l'allemand double l'américain. Puis la piste séchant, l'écart n'est plus que de 6''à la fin de la 12$^e$ boucle. Une nouvelle averse, permet à Stirling de refaire l'écart. Il l'emporte 21'' sur von Trips et 22'' sur P. Hill.

Même si Moss, est un virtuose et particulièrement sous la pluie, cette 2$^e$ victoire après celle de Monaco, devient un must dans la carrière du britannique. Un mois plus tard, le 10 septembre, c'est la fête de la Scuderia à Monza. Von Trips mène le championnat avec 33 points devant Phil Hill 29 points. Ferrari voit grand, en alignant, des « Shark Nose » pour ses 2 leaders, mais aussi pour Ginther, Baghetti et Ricardo Rodriguez. Un deuxième Climax V8, a été livré pour l'écurie Rob Walker. Alf Francis, fait une nouvelle adaptation sur la Lotus 18/21 de Moss, pour pouvoir le recevoir. Sur ce circuit ultra rapide, mixant portion routière et une partie de l'autodrome, les Ferrari s'en donnent à cœur joie, occupant les 3 premières lignes de la grille. Von Trips tourne 1/10 plus vite que le phénoménal Rodriguez. Ginther à le 3$^e$ temps, devant Phil Hill. Seul Graham Hill (BRM) tourne 3/10 en dessous du temps de Baghetti.

Avec la chaleur particulièrement intense, Tavoni, demande de retirer le carénage inférieur du moteur des Ferrari. Au départ, G. Hill de la 3$^e$ ligne, fait la nique aux « Shark Nose ». La Scuderia, rétablit l'équilibre à la fin de la première boucle, P. Hill, mène devant Ginther et Rodriguez. Jim Clark est 4$^e$, alors que von Trips, qui a loupé son départ, tourne en 6$^e$ position derrière Brabham. Le drame se produit dans le tour suivant dans la parabolique. Von Trips, pressé de rejoindre les leaders double Brabham puis Clark. À l'extérieur de la courbe, l'allemand, se rabat trop brutalement, sur l'écossais calé dans l'aspiration. Le choc inévitable, entre les deux voitures, projette la Ferrari sur le talus, elle rebondit dans la foule. On déplore, 14 spectateurs tués et une vingtaine de blessés. Von Trips éjecté, retombe sur la piste et meurt sur le coup à 33 ans.

Les 4 Ferrari restantes, sont en tête jusqu'au 14$^e$ tour, ou les moteurs de Rodriguez (3$^e$) et de Baghetti (4$^e$), cassent l'un derrière l'autre. Puis c'est celui de Ginther (2$^e$) qui explose au 24$^e$ passage. A ce moment, Gurney et Moss sont roues dans roues à 20'' de P. Hill. Un tour de passe-passe, se fait entre Dan et Stirling jusqu'au 37$^e$ tour, où un roulement de roue grippe sur la Lotus. Les jeux sont faits, Phil Hill, remporte la course et le titre de champion du Monde. Dan Gurney finit 2$^e$ à 31'' et McLaren 3$^e$.

Le titre acquis, Enzo Ferrari décide de déclarer forfait pour le dernier G.P à Watkins Glen (Etat de New York) le 8 octobre. La presse, après le tragique accident de Monza, n'est pas tendre avec le Commendatore. Phil Hill, est néanmoins présent, en qualité de « commissaire d'honneur ». Brabham et G.Hill se partagent la première ligne aux essais, derrière suivent Moss et McLaren. Moss et Brabham vont dominer la course jusqu'à mi-parcours, avant que leurs moteurs ne lâchent, au 58$^e$ tour pour Jack et au 59$^e$ pour Stirling. Ines Ireland, prend le relais devant la Cooper de Salvadori. Roy menace la Lotus, jusqu'à 3 tours de la fin avant de couler une bielle. À ce moment, une autre menace guette Ireland… la panne d'essence ! L'écossais (*Oui, Ireland est écossais*), donne sa première victoire à Chapman, devant la Porsche de Gurney à 4''. Tony Brooks (BRM) finit sa carrière sur une belle 3$^e$ place.

Chapitre 10

# DE L'AC BRISTOL À L'AC COBRA

Carroll Shelby a passé son année, à développer son école de conduite et à mener à bien sa réflexion, sur la construction d'une voiture de sport. Le déclic vient le 4 juillet 1961, à Pike's Peak. Lors d'une compétition, il rencontre Dave Evans, responsable de Ford pour le programme course des voitures de série. Shelby est présent en qualité d'agent Goodyear, la discussion s'engage entre les deux hommes. Evans, lui apprend que Bristol, arrête sa production de moteur de voiture et en particulier du 6 cylindres équipant les AC Cars (*AC est une contraction d'Auto Carriers*). La firme anglaise, s'est tournée vers Ford, qui vient de lui fournir le moteur 6 cylindres de la Zéphyr, sans grand succès, essentiellement pour des raisons de prix.

Shelby, flaire le bon coup, remplacer le 6 cylindres, par un gros V8 américain donnant plus de puissance. Il prend contact avec Charles Hurlock, Président d'AC Cars, qui lui donne un rendez-vous en septembre 1961, à son usine de Thames Ditton, près de Londres. En attendant Carroll, prospecte pour trouver un moteur. Il pense d'abord, au moteur de la Corvette, qui rencontre un franc succès, mais Général Motors, ne souhaite pas faire concurrence à Chevrolet. Il se tourne ensuite, vers un moteur Buick ou Oldsmobile, sans plus de succès. Ford, vient de sortir un nouveau moteur, pour sa Fairlane, il pourrait faire parfaitement l'affaire.

Il relance Dave Evans, celui-ci, lui cède gracieusement deux moteurs, en lui demandant d'en faire le meilleur usage. Shelby les réceptionne à Santa Fe, dans l'atelier de son client et ami Dean Moon, spécialisé dans le gonflage des moteurs. Dean et son équipe, en profitent pour bidouiller les blocs de 3622cc, augmentant le diamètre des soupapes et les tubulures d'admission. Peu de temps après, Evans recontacte Shelby pour lui annoncer que Ford prépare un nouvelle version 4261cc.

Shelby, a désormais « des billes », pour son rendez-vous avec Charles Hurlock. La vieille marque anglaise, Auto Carriers, crée en 1903 par les frères Wellers prend l'appellation AC en 1907 et déménage en 1911 de ses locaux historique de West Norwood, pour le site de Ferry Works à Thames Ditton. Les frères William et Charles Hurlock, rachètent l'entreprise en 1930, lui redonnant un second souffle. Le tournant vient en 1953, quand John Tojeiro, dessine pour AC, un roadster à la ligne tendue et moderne, qui sera équipé d'un 6 cylindres Bristol de 2 litres. La production, se fait l'année suivante, bientôt complétée d'un coupé nommé ACECA.

Le roadster assure sa promotion en compétition et particulièrement au 24 heures du Mans dès 1957 en terminant à la 10$^e$ place (2$^e$ en catégorie 2 litres). L'année d'après, il prend les 8$^e$ et 9$^e$ place, puis grimpe au 7$^e$ rang en 1959. Les années suivantes sont plus difficiles, néanmoins AC assure sa présence dans la Sarthe jusqu'en 1962. Si la version avec le moteur Zéphyr en 1961, est un échec commercial, elle a permis de rajeunir la ligne, avec un capot rallongé et plongeant, pour accueillir, le nouveau 6 cylindres. De plus le V8 Fairlane, s'intègre parfaitement dans le berceau moteur, avec des modifications mineures sur les points d'ancrage et son poids n'est que de 7kg supérieur au Bristol.

Le problème moteur réglé, reste à trouver une transmission et une boîte de vitesses adaptées. Bien sûr il est impossible, pour un problème de couple, de passer d'une version 2 litres ou 2,7 litres à une version 3,6 L voire 4,3 L, en gardant les éléments d'origine. Une boîte Ford est donc nécessaire, avec les transformations qui vont avec.

Les premiers essais, se font en janvier 1962 à Thames Ditton, où l'on monte un des moteurs 3,6 litres fourni par Dave Evans dans un châssis AC N° CSX 2000 (*Carroll Shelby X, pour expérimental*). L'ensemble donnant satisfaction, le moteur et la boite sont ensuite redémontés, pour expédier la voiture nue, par avion, à Los Angeles le 2 février 1962.

À la réception, Shelby, convoie le roadster jusqu'à l'atelier Dean Moon à Santa Fe. Le remontage s'effectue avec un Ford V8 260 (4,3 L), accouplé d'une boîte 4 vitesses Borg-Warner. L'opération dure au totale 8 heures. La voiture est ensuite prête pour faire un tour de quartier. Naturellement les premiers défauts de jeunesse apparaissent. La puissance supérieure du moteur, impose une fatigue supplémentaire au châssis, ainsi qu'à la suspension et entraîne un manque de précision de la direction sur route déformée. Rien d'étonnant, quand vous passez d'une vitesse de pointe de 160 km/h à l'origine, à plus de 220 km/h. Les fusées de roues et les bras de suspension sont bientôt remplacés. Plus tard, la direction à vis est changée pour une direction à crémaillère.

Le premier exemplaire de série (CSX 2001), est fin prêt au mois de mai. Dans son livre « Carroll Shelby des Cobra aux Ford du Mans », le texan, raconte comment l'idée du nom de « Cobra » lui est venue. Il fait, pendant son sommeil, un rêve prémonitoire, où il voit s'inscrire ce nom sur le capot d'une voiture. Shelby, rêve aussi de compétitions pour son nouveau bébé. Fort de son expérience, il sait très bien compte tenu des coûts exponentiels, que pour équilibrer son budget, il devra vendre ses voitures à un prix compétitif, tout en dégageant un bénéfice.

Les exemples d'échecs ne manquent pas. En France Gordini, pour avoir produit des voitures sans commercialisation de série. Aux États-Unis, Cunningham, avec sa C3, vendue entre 1951 et 1954 environ 11 500$, pour un coût de fabrication estimé à 15 000$. Sans parler de Lance Reventlow, qui ne va pas tarder à « fondre les plombs », entre la F1 et ses Scarab de Sport. Heureusement, les réussites existent, Ferrari, Maserati, Mercedes, Porsche, Aston Martin, ou Jaguar, il faut simplement ne pas se tromper de cible.

Le rapport budget et qualité prix, détermine l'acheteur dans son choix. À titre d'exemple en 1962, une Ferrari 250 GT vaut 73.500 francs, contre 64.000 à 68. 000 pour une Maserati 3500. Une AC Greyhound avec un tarif à 77.000 francs, n'est pas placée par rapport à une Aston Martin DB4 qui s'achète entre 67.000 et 72.000 francs. 83 modèles seulement, seront produits par AC Cars de 1961 à 1963. En dessous, nous retrouvons la Mercedes 300SL à 50.000 francs à peine, la nouvelle Jaguar Type E au prix attractif de 40.000 francs, contre 45.000 F, pour une Porsche Carrera. AC Cars, avec sa Greyhound, produit le roadster et l'ACECA entre 31.000 et 35.000 francs, sous trois motorisations allant de 140 à 170 chevaux. Il est difficile de lutter, contre les 24.000 francs d'une Austin Healey MKIII, qui crache 138 chevaux, pour une vitesse de 175 km/heure (15km/h de plus qu'une AC).

Au milieu de ces offres, la nouvelle AC Cobra va trouver sa place à un prix de 43.000 francs, équipée de son Ford V8 260 développant 265 chevaux, pour une vitesse de pointe de 240 km/h, pile poil dans la norme des meilleures G.T du moment. De plus, avec 950 kg, son poids est inférieur à toutes les autres, la type E vient juste derrière avec 1220 kg.

Bien entendu, une production en série est impossible chez Dean Moon, il faut donc trouver des locaux et du personnel. La « Shelby Américan », aménage dans les anciens locaux Scarab en juin 1962, au 1042 Princeton Drive à Venice, une banlieue de Los Angeles. Autour de Carroll Shelby et de sa secrétaire, se monte rapidement, une petite équipe d'une dizaine de personnes. Pete Brock, dans un premier temps partage son temps entre l'école de conduite de Riverside et le nouvel atelier. Sur le plan administratif, Deke Houlgate s'occupe des relations publiques avec Dave Friedman, pour archiviste et photographe. À l'atelier nous retrouvons, Cecil Bowman, Alan Dowd, Gary Koike, spécialiste de la soudure et les transfuges de chez Scarab, Warren Olson et le génial Phil Remington. Phil, 41ans est une sorte de « Mac Gyver », capable de transformer une voiture quelconque en bête de compétition avec des bouts de ferraille. Enfin, est embauché le jeune John Morton, 20 ans, ancien élève de la SHPD, comme homme à tout faire, concierge, pilote et chauffeur.

Dave Evans dans l'étape suivante, met en contact Shelby avec Don Frey, ingénieur chargé du planning de Ford Division. Il s'agit d'une pointure, séduit par son projet, qui va lui fournir des moteurs à un prix compétitif et chose importante, lui accorder un crédit jusqu'aux premières ventes. Charles Hurdock apprenant, les conditions de Ford, s'aligne au niveau du crédit, pour la fourniture des châssis.

Pour gagner du temps, les premiers modèles, sont expédiés de Londres par avion sans moteur ni boîte, mais équipés et câblés, avec une finition peinture sur la carrosserie. Pour des raisons de coût, les livraisons sont ensuite effectuées par bateaux, via le port de New York. Le montage, commence officiellement à Venice le 19 juillet 1962. Un premier modèle course (châssis CSX 2002), sort de l'atelier, équipé d'un arceau de sécurité et d'un saute vent demi-bulle, à la place du pare-brise le 24 juillet. Comme tout nouveau modèle, il s'agit de le faire homologuer.

Pour un classement en Grand Tourisme, une production de 100 voitures au minimum est nécessaire. Les modifications apportées sans cesse, retardent la production. Début août, seulement 7 Cobra standard sont produites, plus un modèle course. Dave Friedman, superpose des photos des voitures existantes, repeintes dans des couleurs différentes, pour faire croire à une production plus importante. La FIA, va fermer les yeux pour son homologation. Il est vrai qu'à l'époque, tout le monde trichait plus ou moins, à commencer par… Ferrari !

Plus cocasse, la version suivante équipée du V8 289 de 4,7 litres, homologuée le 30 novembre 1962, n'a vu le jour … qu'en janvier 1963 ! Bien entendu, la quantité nécessaire, fut largement dépassée par la suite, avec plus de 600 exemplaires construits, entre les sites de Thames Ditton et de Venice. À la fin de 1962, le carnet de commandes comprenait 75 à 80 voitures, avec des délais de livraison s'étalant sur deux mois. Au milieu de l'année 1963, les commandes débordaient, AC Cars, faisait son maximum pour produire des châssis. Néanmoins, il devenait évident que le 1042 Princeton Drive, ne pourrait pas suffire très longtemps à préparer les voitures de compétition et assurer en même temps la production.

Un plan marketing, se met soigneusement en place. Photos publicitaires, et catalogues sont à la base ; un album des cobra de course va bientôt suivre. Pete Brock retrouve son talent de créateur dessinateur, en remplaçant rapidement le sigle de capot « Shelby AC Cobra » de la 260, par le « Cobra gonflé » (*voir en couverture*) pour la 289. Il va mettre en place une série de gadgets, créant des inscriptions pour les tee-shirts et les chemises.

Billy Krause, débute sur le seul exemplaire course construit (CSX 2002), le 13 octobre 1962, pour les 3 heures de Riverside. L'endroit n'est pas choisi au hasard, il est toujours plus facile « de courir à la maison », sur son circuit d'entraînement. L'épreuve, se dispute en lever de rideau du prestigieux G.P du « Los Angeles Times » remporté deux ans auparavant par ce même Bill Krause sur une « Birdcage ».

Chevrolet, en profite pour engager sa nouvelle Corvette Z06 avec des pilotes aussi prestigieux que Dave MacDonald, Bob Bondurant, Jerry Grant, ou Doug Hooper. Les essais sont compliqués à la fois, pour les Corvette et pour la Cobra. Jack Breskovich, décroche la pole position sur Austin Healey MKIII, devant la Mercedes 300SL de John Masterson. Les Corvette « Sting Ray » de Bondurant, MacDonald et Grant, sont respectivement 9$^e$, 10$^e$ et 11$^e$ temps, devant Krause 12$^e$.

Le départ de la course, est prévu à 14 heures. Phil Remington a aménagé des ouïes supplémentaires, sur le capot moteur, après les essais, en vue d'un meilleur refroidissement. La Cobra, prend un excellent départ, Krause sur les premiers passages échangeant constamment, la position de leader avec MacDonald. Puis Billy, parvient à se détacher au 9$^e$ tour, jusqu'au 14$^e$, où le porte moyeu de la roue arrière gauche de la Cobra, cède sous les accélérations répétées. Phil Remington ne tarde pas à résoudre le problème, il dessine lui-même un nouveau porte moyeu, pour le faire réaliser chez AC Cars. Ce problème sera définitivement réglé pour la suite. Les nouvelles « Sting Ray », souffrent également de problèmes de jeunesse et Doug Hooper, l'emporte finalement sur la seule Chevrolet encore valide.

Le « Nassau Speed Week », est toujours un endroit très prisé par les pilotes en fin d'année. C'est l'occasion de courir, mais aussi et surtout peut être, de faire la fête entre copains, pendant une semaine au Bahamas. L'édition 1962, se dispute du 2 au 7 décembre. Petit événement (*on n'est pas dans le gros et encore moins dans le lourd)*, la Cobra se retrouve pour la première fois « face au cheval cabré ».

Trois AC 260, débarquent sur le quai du port de Nassau. Nous retrouvons la voiture confiée à Bill Krause à Riverside, ainsi qu'un modèle vendu à Holman Moody pour Augie Pabst et un autre pour un client privé John Everly. Les deux courses principales, le Tourist Trophy du 2 décembre, et le Trophée du Gouverneur du 7, sont précédées par deux mini-épreuves appelées « Preliminary ».

Le 2 décembre, les Cobra s'opposent principalement à quatre Ferrari 250 GTO privées, pour Roger Penske, Ines Ireland, Lorenzo Bandini et Bob Grossman. Dans le Preliminary, prévu sur 5 tours, tout se passe bien pour Krause dans les 4 premiers passages, quand sa direction à vis casse. Là encore Remington, va prendre une mesure radicale, en faisant monter désormais, une direction à crémaillère sur toutes les voitures. Penske, l'emporte devant Ireland, Everly termine 7$^e$.

Le Nassau Tourist Trophy compte 25 tours. Le plateau est copieusement garni par 37 voitures. Bill Krause, fait une démonstration remarquable en devançant toutes les Ferrari jusqu'au 17$^e$ tour, où il tombe en panne d'essence sur le circuit. Penske, l'emporte encore devant Bandini et Ireland.

Dans le tour de chauffe du Preliminary du 7 décembre, la concurrence est plus musclée. Nous retrouvons quelques protos, au milieu des Grand Tourisme. La formule sur 5 tours, est toujours d'actualité. Une étrange Dailu MK1 à moteur Chevrolet, pilotée par John Cannon, l'emporte devant la Ferrari 330LM de Masten Gregory. Billy Krause, 4$^e$, remporte la catégorie G.T. C'est la première victoire d'une AC Cobra, acquise devant la Ferrari 250 GTO de Lorenzo Bandini 5$^e$.

Le Trophée du Gouverneur se dispute sur 17 tours de 7,242 km. Malheureusement, la course de Billy Krause s'arrête dès la deuxième boucle, pour une raison inconnue. 4 voitures seulement finissent dans le même tour. Hap Sharp, l'emporte sur Cooper Monaco, devant la Porsche de Bob Holbert et la Ferrari 250 GTO de Charlie Hayes 3$^e$.

Il s'agit maintenant pour Carroll Shelby et son équipe, de préparer l'année 1963…

Chapitre 11

# DU RIFIFI À MARANELLO

Mais, restons encore un peu en 1962. Dans la catégorie Sport, les voitures de Grand Tourisme succèdent aux Prototypes dans le championnat Mondial des Constructeurs. La CIS, dans son ensemble, considère que la catégorie Prototype, est devenue obsolète en raison d'un manque de concurrence entre les marques. Sur le fond c'est exact, d'autant que les G.T n'ont cessé de monter en puissance depuis 1957. Toutefois la multiplication des catégories et la diversité des épreuves, se volatilisent dans une espèce « d'usine à gaz », le tout dans le but de susciter de nouvelles vocations.

Trois étages existent désormais. La division I pour les moteurs de moins de 1000cc, la division II, pour ceux compris entre 1000cc à 2000cc et la division III pour les plus de 2000cc. Pour les épreuves, pas moins de 14, sont inscrites au calendrier. À côté des classiques 12 heures de Sebring, Targa Florio, 1000 km du Nurbugring, 24 heures du Mans et Tourist Trophy, figurent toujours des épreuves de moindre intérêt, comme les 3 heures de Sebring, et la Coupe Enna, où seule la division I prend le départ. Dans ce contexte, naturellement le spectateur perd pied, ne s'y retrouve pas et se désintéresse du ou plutôt des championnats.

Ferrari fait feu de tout bois, avec une main mise sur les prototypes, proposant dans les différentes épreuves, 7 modèles différents, vrais protos, ou GT « maquillés ». En Grand Tourisme division III, Maranello sort sa 250 GTO, qui deviendra le Must et la légende du « Cavallino ». Sur 9 courses la GTO fera un sans-faute, remportant les 9 épreuves. La concurrence, se limite à la Jaguar type E et à l'Aston Martin DB4 Zagato.

En division I, Fiat-Abarth trustent les 6 épreuves disputées. Seule finalement la division II offre un semblant de suspens, Alfa Roméo remporte les 3 heures de Daytona, et Lotus avec son Élite le Tourist Trophy. Porsche, s'octroie, les 7 épreuves restantes. Bon, les protos faute de championnat, vont quand même animer « le Challenge Mondial de vitesse et d'endurance ».

À Maranello, une révolution couve. Laura Ferrari « l'œil d'Enzo », devient de plus en plus envahissante, parmi les collaborateurs de la Scuderia. Comme nous l'avons déjà dit, Enzo n'assiste pratiquement jamais à aucune course et attend les comptes-rendus de Romolo Tavoni, son directeur sportif et de Laura son épouse. Épouse qui se rend sur la plupart des courses, dans sa FIAT 1100, avec une valisette contenant sandwiches et thermos de café, uniquement par mesure d'économie. Elle a aussi sa chaise pliante, qu'elle installe sur le stand, se faisant le plus discrète possible, mais ne perdant rien des conversations, le regard aux aguets. Bien sûr au fil du temps, se faire épier à longueur de courses pour le staff, devient de plus en plus pesant pour les mécanos et les pilotes. D'autant qu'à l'usine Laura, épluche les comptes, essayant de gratter quelques lires, aux directeurs et aux ingénieurs, sur la mise en place des différents projets. Enzo laisse faire, partant du principe, qu'il vaut mieux diviser pour régner.

Pour Ferrari 63 ans, Girolamo Gardini 42 ans, son directeur administratif, prend trop d'importance et de pouvoir. Gardini a une vision trop moderne pour le vieux « Commendatore ». Présentant Pinin Farina pour le projet de la Ferrari 250 GT, il insiste auprès de « l'Ingegnere », pour faire un lancement de 100 véhicules, afin de rentabiliser l'outil de production.

Enzo Ferrari est horrifié, pensant qu'une telle quantité est invendable et que Gardini, le fait courir à sa perte. Finalement, 350 exemplaires du modèle seront vendus. Fort de son succès Girolamo, se voit déjà « César », il ne sait pas que son « Brutus », est déjà tapi dans l'ombre.

Laura Ferrari, trimbale toujours derrière elle, une vieille valise bourrée de papiers, dont elle se sert comme porte documents. Personne n'y prête attention, jusqu'au jour où courroucée, elle fait irruption dans le bureau d'Enzo en prétendant que Gardini, lui a dérobé sa précieuse valise. Girolamo, la regarde incrédule, se tournant le geste interrogatif, vers Enzo. S'en est trop pour Laura, qui décoche une gifle au malheureux Gardini. De plus pour rajouter à l'humiliation, Ermanno Della Casa, le Directeur Financier, assiste à toute la scène.

Cette fois la coupe est pleine, Gardini relate l'incident à Carlo Chiti (directeur technique), qui décide de faire une réunion avec le premier cercle de Ferrari. Sont convoqués, Ermanno Della Casa, Romolo Tavoni, Giotto Bizzarrini (directeur du développement), Federico Giberti (directeur des achats), Fausto Galazzi (directeur de la fonderie) et Enzo Selmi (Directeur du Personnel). *A ce propos, ça me rappelle une anecdote d'une ancienne boîte, dans laquelle j'avais travaillé. Je disais à une personne fraîchement embauchée, quand tu rencontres quelqu'un dans un couloir que tu ne connais pas dis-lui : « Bonjour Monsieur le Directeur ! » ...Tu as une chance sur deux, de ne pas te tromper !*

Toujours est-il, que les huit directeurs, demandent en même temps, une audience au Commendatore, le 6 novembre 1961. C'est une émeute ? Non sire, c'est une révolution ! Le résultat ne se fait pas attendre, pour toute réponse à leurs doléances, les huit conjurés, en dehors d'un tombereau de jurons du maître des lieux, reçoivent une lettre de licenciement, avec effet immédiat.

La colère est parfois mauvaise conseillère, pour protéger Laura, Enzo a décapité son équipe. Quant à la valise, elle n'avait pas quitté la chambre de Laura Ferrari !

Bien entendu, les ex-directeurs, n'en restèrent pas là. Ils firent appels à des avocats et Ferrari, pour éviter la mauvaise pub d'un procès, les dédommagea de manière substantielle. À partir de ce jour-là, Laura, n'utilisa plus son siège pliant dans les stands.

Pris de court, Ferrari engage Mauro Foghieri, un jeune ingénieur talentueux de 26 ans pour succéder à Carlo Chiti comme directeur technique. Il a la main moins heureuse, en débauchant de la scuderia « Sant'Ambreus », Eugénio Dragoni, comme directeur sportif, qui va s'avérer pire que son prédécesseur, Romolo Tavoni. C'est peu dire ! Quant aux dissidents, Tavoni, devient directeur de l'autodrome de Monza, Chiti retourne chez Alfa Roméo, Bizzarini fonde la société ATS et Gardini s'occupe d'un chantier naval. Le cas de Federico Giberti, est plus curieux. Entré chez Ferrari en 1934, il fait partie de la « charrette » comme les autres, sauf que sa disgrâce ne dure que 30 jours. Il finira sa carrière à la Scuderia en 1969, après 51 ans de service... moins un mois !

En attendant la course continue. Les pilotes rejoignent la Floride pour les 12 heures de Sebring du 24 mars 1962, premier rendez-vous d'importance de la saison. Pour l'occasion Ferrari, s'appuie sur ses écuries privées. Celle du NART de Luigi Chinetti naturellement, mais aussi sur la scuderia Serenissima du comte Volpi. Porsche doit se contenter à priori des classements annexes et l'opposition disparate n'a pas beaucoup d'atouts dans son jeu. Deux Chaparral MK1 à moteur Chevrolet de Jim Hall, constructeur et pilote, font leur entrée, dans le concert international. Autre nouveauté, deux Maserati T64 à moteur arrière pour Vaccarelle-Abate et Hangsten-Thompson. Ces dernières, ne vont faire qu'un brève apparition. La première ne boucle que 16 tours, avant que son levier de vitesses ne casse, la seconde une trentaine, avant que sa suspension arrière ne cède. L'un des « deux oiseaux texans » (Chaparral), renonce après la mi-course, sans frein et avec une direction faussée. Le second avec Sharp-Hissom et Hall, prend une encourageante 6e place, en remportant la classe prototype + de 4 litres.

La victoire à la distance, revient à Jo Bonnier et Lucien Bianchi, sur une Ferrari 250 TR61 un peu « rafraîchie ». La 2$^e$ place de P. Hill-Gendebien pour les débuts de la 250 GTO (1$^{ere}$ en Grand Tourisme, division III), en annonce bien d'autres. La Porsche de Wuestoff-Rand-Jennings, 3$^e$ à la distance, remporte la division II.

La Formule 1, entame son championnat tardivement le 20 mai à Zandvoort. L'avant saison hors championnat, s'en trouve copieusement garnie par neuf courses. Enzo Ferrari, ne cache pas son admiration et toute sa sympathie pour Stirling Moss. D'ailleurs qui ne pourrait ne pas avoir de sympathie pour l'anglais ? L'admiration, se justifie par les deux seules victoires en 1961 à Monaco et Nürbugring de Stirling, sur ses Dino 156 jugées imbattables, le reste de la saison, par n'importe quel pilote.

Moss, a toujours refusé les sollicitations du Commendatore à son égard, voyant comment ses congénères sont traités à la Scuderia. Enzo se met en quatre, prenant une décision qu'il n'a jamais prise dans sa vie, pour aucun autre pilote. Il prête gracieusement une de ses fameuses « Shak Nose » à l'écurie BRP dirigée par Alfred Moss (père du champion) et Ken Gregory (son manager), pour un essai aux couleurs anglaises, à condition naturellement que Stirling soit au volant. Un accord est trouvé et signé, pour « l'International Trophy » de Silverstone le 12 mai.

D'ici là Moss, poursuit ses engagements, au « Glover Trophy » de Goodwood, un de ses circuits fétiches le 23 avril. Dans toutes ces épreuves de préparation, il s'agit déjà de la 5$^e$, la Scuderia s'est abstenue, sauf à Bruxelles le 1$^{er}$ avril où elle l'a emporté avec Willy Mairesse. Les écuries anglaises, fourbissent leurs armes, BRM sort son nouveau V8 pour Graham Hill et Richie Ginther, qui a quitté Ferrari. Coventry Climax, est bientôt en mesure de fournir le sien, pour les écuries Cooper avec McLaren, Lotus pour Clark et Trevor Taylor, Lola Bowmaker Yeoman pour Surtees et Salvadori. Stirling Moss, a toujours le choix de courir pour Rob Walker ou pour BRP UDT Laystall. Pour cette course, il est au volant d'une Lotus 18/21 V8 Climax, préparée par Tony Robinson, pour le compte de la BRP.

En l'absence de la Scuderia et des Lotus d'usine, Moss n'a aucun mal à faire le meilleur temps des essais, en laissant Graham Hill à 2'' et McLaren à près de 3''. Stirling prend le contrôle de la course jusqu'à mi-parcours où, un problème de boîte de vitesses le fait revenir au stand. Il repart finalement 17$^e$, avec un tour de retard sur Graham Hill. N'ayant plus rien à perdre il bat, pour le plaisir, le record du tour, puis au 37$^e$ passage, a l'occasion de revenir dans le même tour que le leader. À St.Mary's Corner, sa voiture soudain déséquilibrée, à la suite d'une rupture de suspension ou de l'éclatement d'un pneu, entre en collision avec la butte en terre.

Il faut 45 minutes, pour le dégager de l'épave de la Lotus. Évacué sur l'hôpital Atkinson Morley de Londres, il reste 38 jours dans le coma. Ses blessures au visage, aux jambes sont multiples avec un côté partiellement paralysé. À sa sortie d'hôpital le 20 juillet 1962, une longue rééducation s'en suit. Un an plus tard, il tente de refaire un test sur le circuit de Goodwood à bord d'une Lotus 19. Ayant perdu une petite partie de ses réflexes et de sa concentration, il décide de mettre un terme à sa carrière à 33 ans. *Je fais partie de ceux qui l'on vu, par la suite, s'exprimer toujours avec talent, dans des courses de voitures de collection.*

Le contrat passé entre BRP et Ferrari, reste d'actualité pour « l'International Trophy ». Une Dino 156 rouge, avec une bande vert pistache et le nez recouvert d'un tartan écossais, ornent bien la « gueule du requin ». Ines Ireland, remercié de chez Lotus, (*avec « beaucoup d'élégance » !)*, après sa victoire au G.P des États-Unis par un Colin Chapman particulièrement courageux, s'installe dans le baquet laissé libre. Le week-end, s'avère mauvais, pour le couple italo- britannique. Le jeune ingénieur Foghieri et Ireland, ne trouvent pas les bons réglages. La voiture ne réalise que le 7$^e$ temps des essais, à près 3''de la pole position de Graham Hill. La piste est humide, le samedi au départ de la course. La « Shark Nose » se montre particulièrement instable, néanmoins Ines, réussit son lancement, en se plaçant en 3$^e$ position derrière Clark et Ginther. À la fin du 1$^{er}$ tour, la Ferrari passe Ginther, mais est déjà talonnée par G. Hill.

La pluie, recommence à tomber au 17ᵉ des 52 tours. Ireland est désormais 4ᵉ, derrière Clark, Hill et Surtees. Il va pouvoir défendre sa position jusqu'au bout, malgré les assauts de McLaren et Brabham. Après 40 tours, Jimmy Clark avec 19'' se contente de gérer. Mal renseigné par son stand Jimmy se voit talonner à 3'' dans le dernier tour par G. Hill. Avec prudence, il s'apprête à doubler Masten Gregory pour lui prendre un 2ᵉ tour. Graham surgit, lui grille la politesse, le temps de réagir et le drapeau à damiers se présente, la victoire lui échappe pour un 1/10 de seconde.

La course de Silverstone, bien que courue hors championnat, est un marqueur important, d'autant que le G.P de Hollande, placé une semaine plus tard annonce, une nouvelle révolution. Colin Chapman a vendu sa nouvelle Lotus 24 V8 Climax comme « la nouveauté 1962 » à Jack Brabham et aux écuries BRP et Rob Walker. À Zandvoort, il dévoile sa Lotus 25 équipée d'un châssis monocoque, pour remplacer le traditionnel châssis multitubulaires. Lorsque les acheteurs de la « 24 » furieux, lui font remarquer, il persiste et signe avec beaucoup de cynisme en disant que la « 24 » est bien le modèle 1962 et la « 25 »… le modèle 1963 ! Sacré Colin ! Autre nouveauté après une gestation de plus d'un an Porsche, présente sa 804, toujours refroidie par air, mais mieux profilée et équipée d'un flat 8 développant 185 chevaux accouplé d'une boîte 6 vitesses, pour Dan Gurney et Jo Bonnier. Mauro Foghieri, fait évoluer la Dino 156, avec des voies légèrement élargies, pour Phil Hill, Giancarlo Baghetti et Ricardo Rodriguez.

Aux essais, nous sommes loin de l'euphorie de l'an dernier, dans la Scuderia. P. Hill, le mieux placé occupe le 9ᵉ rang, ses coéquipiers Rodriguez et Baghetti sont 11ᵉ et 12ᵉ. John Surtees sur la nouvelle Lola, fait le meilleur chrono, devant Graham Hill à 1/10 et Jim Clark. Jack Brabham sur sa Lotus personnelle, occupe la 2ᵉ ligne, avec McLaren.

Clark, réalise le meilleur lancement en précédant au virage de Tarzan, G. Hill et Gurney, qui a bondi de la 3ᵉ ligne. Les premiers éliminés de marque, sont Brabham au 4ᵉ tour, à la suite d'une touchette avec Rodriguez et Surtees, sur une rupture de suspension au 9ᵉ passage.

En tête, les positions restent stables jusqu'au 10ᵉ tour où Gurney toujours 3ᵉ rentre au stand, avec un problème de levier de vitesses. Juste derrière, Jim Clark, fait un tour au paddock en délicatesse avec son embrayage. Les positions deviennent les suivantes : 1ᵉʳ G. Hill, 2ᵉ McLaren à 5", 3ᵉ P. Hill. Les écarts, ne font que s'accentuer par la suite, jusqu'au 22ᵉ tour, où McLaren, est éliminé sur rupture de boîte de vitesses. Phil Hill, se retrouve à seconde place à 31" de son homonyme Graham, précédant Ines Ireland (Lotus BRP) à 43", talonné à 1" par Trevor Taylor (lotus).

Au 40ᵉ tour, soit à mi-parcours, Ireland et Taylor ont inversé leurs positions. Rien ne change, jusqu'au 62ᵉ tour où Ireland sort de la piste à « Tarzan ». Peu de temps après, Trevor Taylor, qui fait une fin de course remarquable, s'empare de la 2ᵉ place. Graham Hill n'est plus inquiété et remporte sa première victoire en championnat. Faute d'être brillantes, les Ferrari, se sont montrées régulières, Phil Hill finit 3ᵉ devant Baghetti 4ᵉ.

Eugenio Dragoni, commence à préparer ses arrières, vis-à-vis du Commendatore. Il sent bien, que malgré les efforts de Foghieri, les Dino 156 sont surclassées en tenue de route par les BRM, Lotus, et autres Cooper. L'invincibilité des « Shark Nose » en 1961, n'était due qu'à une puissance moteur supérieure à leurs concurrentes, désormais gommée par les nouveaux V8 BRM et Climax. Comme il faut bien un responsable, il s'apprête à jouer les Cassandre, vis-à-vis, du Champion du Monde Phil Hill. Premier objectif, multiplier la concurrence pilotes, au sein de la Scuderia. Ainsi pour le G.P de Monaco du 2 juin, il engage quatre voitures pour P. Hill, Willy Mairesse, Ricardo Rodriguez et Lorenzo Bandini, sachant, qu'une voiture sera éliminée après les essais, pour la course. Porsche n'engage qu'une 804 pour Gurney. Conséquence Bonnier participe bien avec une Porsche, mais sur une ancienne 718 aux couleurs de la Serenissma. Chez UDT Laystall BRP, on varie les plaisirs en équipant la Lotus d'Ireland d'un V8 Climax et celle de Grégory d'un V8 BRM. 22 voitures participent aux essais, pour 16 places sur la grille de départ. Parmi « les recalés », figurent Grégory et la Ferrari de… Ricardo Rodriguez.

Jim Clark « Princier en Principauté », tourne 4/10 plus vite que G. Hill et une seconde pleine que McLaren. Derrière, piaffent les bouillants W. Mairesse et Dan Gurney.

Willy, garçon absolument charmant dans la vie, se transforme « en bête fauve » volant en main. Le départ, se déroule de manière chaotique. Clark, bafouille avec une bougie récalcitrante. Mairesse, se rabat sur lui sans vergogne et coupe sa trajectoire, pour prendre le pouvoir « au gazomètre ». Derrière, un chaos s'installe. Ginther accélérateur coincé, percute Trintignant avec Gurney, pris dans l'accident, trois voitures s'en trouvent éliminées et un commissaire de piste tué. La cavale de Mairesse, ne dure pas longtemps. Il fait un tête à queue au virage de la gare, cédant le commandement à McLaren, qui boucle le 1$^{er}$ tour devant Graham Hill, Phil Hill et Jo Bonnier.

Clark, se présente comme l'héritier de Moss. Malgré un embrayage récalcitrant, il se lance dans une remontée impossible. G. Hill passe McLaren, puis Clark fait de même peu avant la mi-course. À force de passer « les vitesses à l'oreille », la boîte finit par coincer et Jimmy renonce au 56$^e$ des 100 tours. Alors que Graham, semble filer vers un deuxième succès, un joint de son distributeur en décide autrement. Au 92$^e$ passage. Phil Hill a beau faire le forcing jusqu'au bout, McLaren le bouchonne et il doit se contenter de la 2$^e$ place à 1''3 du néo-zélandais, devant Bandini bon 3$^e$.

La Scuderia grimace en F1 et sourit en endurance. Le 6 mai, Mairesse, Ricardo Rodriguez et Gendebien remportent en association, la Targa Florio sur une Dino 246SP. Puis, elle s'impose aux 1000 km du Nürbrugring le 27 mai, en GT classe 3 avec la 250 GTO de Mairesse-Parkes (2$^e$) et à la distance toujours avec une Dino 246SP de « son équipage vedette » Phil Hill-Olivier Gendebien. De quoi énerver Eugenio Dragoni, qui cherche à discréditer l'américain auprès d'Enzo Ferrari. D'un autre côté, le Commendatore supporte de moins en moins l'indépendance du belge. Il va falloir trouver rapidement une parade, en vue des 24 du Mans des 23 et 24 juin prochain.

Pour l'instant il est temps de préparer le G.P de Belgique à Spa, avec 4 Dino 156, pour Hill, Mairesse, Ricardo Rodriguez et Baghetti, qui fait un roulement avec Bandini. Porsche déclare forfait, programmant son retour pour le G.P de l'ACF, le temps d'une transformation de ses 804, pour l'instant peu compétitives. Aux essais, Clark casse sa distribution. Son V8 Climax, va faire un aller et retour à Coventry, pour être réparé à temps au départ de la course. Conséquence, il ne part qu'en 5$^e$ ligne avec le 13$^e$ temps. G. Hill, réalise le meilleur chrono, devant McLaren et Trevor Taylor. Phil Hill et Ireland sont en 2$^e$ ligne.

Graham Hill, justifie sa pôle, en prenant le meilleur au baisser du drapeau, devant Taylor et McLaren. À la fin de la première boucle de 14 km, Jim Clark, est déjà revenu en 4$^e$ position. G. Hill perturbé par sa pompe à essence, cède la première place à Taylor, dans le 2$^e$ tour. Clark, prend à la suite la 2$^e$ place, talonné par la Ferrari de Mairesse, déchaîné devant son public. Jimmy, revenu dans le sillage de son coéquipier Trevor, s'efface pour laisser passer l'écossais. Clark, se détache pendant que Mairesse « klaxonne » derrière Taylor. Willy, réussit à prendre le dessus, pour peu de temps, l'anglais le passe à nouveau.

La course tourne au tragique au 26$^e$ tour. Taylor commence à avoir des problèmes de boîte et fait un écart à Blanchimont. Mairesse, qui le colle de trop près, touche la Lotus et dans le choc, les deux pilotes sont éjectés. Par miracle, Taylor s'en tire avec quelques égratignures. Par contre, la Ferrari s'embrase et Mairesse, est brûlé au deuxième degré. Après toutes ces péripéties, Graham Hill prend une inespérée 2$^e$ place à 44'' de Clark, qui remporte le premier Grand Prix en championnat de sa carrière. Phil Hill et Ricardo Rodriguez, terminent roues dans roues, mais loin à 2'6''du vainqueur.

Dans son rapport à Enzo Ferrari, Eugenio Dragoni, en profite pour fustiger Phil Hill. Il encense Willy Mairesse, qui a laissé « un champion du Monde », incapable de le suivre à plus d'une minute, avant son accident. À noter toutefois, qu'après 3 Grands Prix, Phil Hill occupe la 2$^e$ place du championnat avec 14 points, derrière Graham Hill, qui en compte 16.

L'heure des règlements de compte sonne pour les 24 heures du Mans. Sefac Ferrari, autrement dit l'usine, engage quatre modèles « Expérimental » (prototypes) : Une 330 GTO pour Bandini-Parkes, en fait une Grand Tourisme déguisée, sur une caisse de 250 GTO avec un moteur de 4 litres, une 268 SP de 3 litres à moteur central, pour Baghetti-Scarfiotti, une 246 SP de 2,5 litres à moteur central pour les frères Rodriguez, enfin une 330LM de 4 litres à moteur avant pour « les vedettes » Hill-Gendebien. Rien de condamnable, sur le papier, sauf que le 330 LM est un « véritable piège », avec un moteur disproportionné, par rapport à son freinage, une transmission inadaptée et une boîte de vitesses fragile. Bref si la N°6 roule 2 heures sans casser, ça tiendra du miracle ! Dragoni le sait, il veut une victoire avec n'importe quelle Ferrari, sauf celle d'Olivier et de Phil !

Sacrifier une voiture sur quatre, peut paraître parfaitement stupide. Sauf que le machiavélique Eugenio, peut aussi compter, sur la 250 TR/61 du NART, la 250TRI de la Serenissima avec Bonnier-Gurney, sans parler de la demi-douzaine de Grand Tourisme d'écuries privées. En gros la Scuderia, avant la course n'a jamais été aussi près d'une 6ᵉ victoire.

Il faut une sacrée dose d'optimisme, pour croire dans les chances des 3 nouveaux coupés Maserati T151 4 litres, partagés par les écuries Maserati France et Cunningham. L'usine Aston Martin aligne un coupé DP212 4 litres, tout neuf, pour G. Hill-Ginther, présentant un air de famille avec les deux DB4 Zagato 3,7 litres privées. Si vous rajoutez, éventuellement les 3 Jaguar type E 3,8 litre, nous avons fait le tour des prétendants.

L'Aston Martin, montre son potentiel d'entrée, en prenant la tête sous la passerelle Dunlop avec G. Hill au volant et en bouclant le 1ᵉʳ tour toujours devant. Derrière la 330LM de Gendebien s'installe en 2ᵉ position à 150m de la « verte anglaise ». Olivier et Phil ont bien compris dès les essais, que la Ferrari a besoin d'être ménagée. Ignorant les consignes de Dragoni, l'histoire ne dit pas si Eugenio en a données à l'équipage américano-belge ? Toujours est-il que le duo, décide d'un commun accord, de rouler sans à-coup, le plus régulièrement possible, sans répondre aux attaques, tout en économisant, freins, pneus et transmission.

Après une heure de course, la Ferrari de Gendebien, occupe la 1ère place devant l'Aston à 30" suivent dans l'ordre la Maserati N°3 Cunningham de Thompson et la Maserati N°4 Écurie France de Trintignant. Dans la 2e heure, l'Aston va reprendre brièvement le commandement. Les premiers ravitaillements arrivent, avec les changements de pilotes qui vont avec. Pedro succède à Riccardo Rodriguez sur la Ferrari N°28 et prend bientôt la tête à la satisfaction du public et au soulagement de... Dragoni ! McLaren sur la Maserati N°5 (Cunningham) occupe la 2e place devant Phil Hill. L'Aston de G.Hill-Ginther a rétrogradé en 4e position suite à un problème d'alternateur.

À 20 heures Gendebien-Hill, sont de nouveau au commandement, talonnés par les frères Rodriguez, la mécanique de la N°6, tient toujours. Au crépuscule, les premiers abandons se font significatifs, la Ferrari de Bonnier-Gurney, rupture de transmission, la type E de Charles-Coundley, casse moteur, Parkes ensable la 330 GT à Mulsanne et Thompson-Kimberley, abandonnent sur sortie de route.

Après 22 heures, l'Aston Martin d'Hill-Ginther reste définitivement au stand. Graham en voulant rattraper le retard, a fait un surrégime moteur, une soupape est tordue. La nuit tombée, le duel Gendebien-P. Hill contre les frères Rodriguez, prend toute son ampleur. Les deux mexicains, sont pointés en tête à 23 heures, à 1 heure du matin, puis de 3 heures à la mi-course. Gendebien-P.Hill, respectent leur plan de marche à la lettre. Quand la N°6 n'est pas devant, elle est toujours 2e dans le même tour que la N°28 des frères Rodriguez.

À 4h45, la course bascule, Pedro reste au stand, boîte bloquée. La N°28 de Baghetti-Scarfiotti, s'installe à la 2e place jusqu'à 8 heures du matin, puis recule d'un rang avec des problèmes de boîte, au profit de la 250 GTO de Guichet Noblet. À 10 heures, c'est terminé. Il ne reste plus que le seul proto de P.Hill-Gendebien, roulant le plus lentement possible, tout en gardant à bonne distance, la GTO des 2 français qui terminent finalement à 5 tours. La GTO belge de Beurlys-Eldé finit 3e à 17 tours, devant la type E de Cunningham-Salvadori 4e à 21 tours.

Olivier Gendebien remporte ainsi sa 4$^e$ victoire au Mans. Comblé et lassé, sans doute par « les salades » de la Scuderia, il décide de mettre un terme à sa carrière pendant la course. Quant à Phil Hill, dont c'est la 3$^e$ victoire, il sait d'ores et déjà, qu'il lui faut changer d'air à la fin de la saison.

Le forfait de Ferrari le 1$^{er}$ juillet à Reims, pour un G.P hors championnat, mais plus sérieusement à Rouen, le 8 juillet pour le G.P de l'ACF n'est pas fait pour lui redonner le moral. Encore une fois, l'Italie se trouve paralysée par des grèves. Porsche, par contre, fait sa rentrée avec deux 804 relookées, dotées de nouvelles suspensions avant et d'une position de pilotage plus basse, pour Bonnier et Gurney. Les écuries britanniques ont la main mise sur le championnat, Clark (Lotus 25), G.Hill (BRM) et McLaren (Cooper) se partagent le première ligne, suite aux essais.

La course, donne un tout autre résultat. Au départ G. Hill se montre le plus vif devant Clark. Ritchie Ginther, dont le câble de démarreur se déconnecte sur la grille, s'élance des stands avec pratiquement un tour de retard. Jim Clark, qui éprouve, des difficultés se fait doubler par Surtees. La Lola, ne reste que peu de temps à la seconde place, John doit faire vérifier son allumage. À mi-parcours, Graham, caracole en tête avec 23'' d'avance sur Clark et attaque Jack Lewis, au virage de la scierie pour lui prendre un tour. Les deux voitures s'accrochent et se retrouvent dans l'échappatoire. Lewis, abandonne radiateur crevé, Hill repart 2$^e$ à 7'' de Clark. Jimmy se bat toujours avec sa voiture, il s'arrête à son stand au 34$^e$ des 54 tours. Les mécanos découvrent… que la suspension de sa voiture neuve, a été mal montée !

Graham Hill se retrouve de nouveau leader, jusqu'au 42$^e$ tour, où il stoppe à l'épingle du « Nouveau Monde », avec un problème d'injection déréglée. Dan Gurney, après une course très sage prend le commandement devant Surtees, une nouvelle fois perturbé par des problèmes mécaniques. Gurney, donne ainsi sa 1$^{ere}$ et unique victoire à Porsche, en championnat de F1. Tony Maggs sur Cooper termine 2$^e$ à un tour et Ritchie Ginther (BRM), profitant des ennuis des uns et des autres, finit 3$^e$ à deux tours.

Pour le G.P de Grande Bretagne du 21 juillet, la formule 1, retrouve une dernière fois, l'environnement du champ de course d'Aintree. Ferrari fait son retour avec une seule monture, équipée d'une nouvelle boîte 6 vitesses pour P. Hill. La tête de grille, donne lieu à beaucoup de diversité après les essais. Clark (Lotus d'usine) meilleur temps, Surtees (Lola) et de manière plus étonnante Ireland (Lotus UDT Laytall), sont en première ligne. Derrière, nous retrouvons McLaren (Cooper) et G. Hill (BRM). En 3e ligne, se placent les deux Porsche de Gurney et Bonnier, ainsi la BRM de Ginther. La Scuderia, ne s'améliore pas, avec le 12e temps de P. Hill.

La course lasse rapidement le spectateur. Clark fait un départ à la « Moss » et Surtees ne garde son contact, que peu de temps, privé de 2e rapport de boîte de vitesses. Ireland, n'a pas profité de sa position sur la grille, après avoir calé son moteur. D. Gurney, 3e en début de course tente bien d'animer, mais son embrayage en décide autrement et il finit à une anonyme 9e place. Sur les 21 voitures, on ne relève que peu d'abandon, 5 au total, dont la Ferrari de P. Hill sur un problème d'allumage. Néanmoins, la plupart des concurrents, ont des soucis avec leur voiture. Clark vainqueur facile, malgré une carburation défectueuse, Surtees 2e en délicatesse avec sa boîte, et G. Hill finalement 4e dans son duel avec McLaren, à du ménager ses pneus sur la fin. À mi-championnat, le titre ne semble plus concerner que trois pilotes. Graham Hill en tête avec 19 points, Jim Clark, un point derrière puis B. McLaren à 3 points. Certes P. Hill avec 14 points, n'est pas définitivement vaincu, toutefois le moral n'y est plus et la Scuderia prépare déjà la saison suivante. Foghieri, présente une profonde évolution de la Ferrari 156, finie « la gueule de requin », l'entrée d'air de radiateur se veut plus large, les suspensions sont inspirées des voitures anglaises et la position de conduite abaissée. L. Bandini, se voit confier la nouveauté, avec à ses côtés P. Hill, Baghetti et R. Rodriguez. Porsche, confirme ses progrès, après avoir dominé le 15 juillet les Lotus, sur le circuit de la Solitude, près de Stuttgart. Dan Gurney l'emporte devant son coéquipier Jo Bonnier.

La confiance de Porsche, s'accentue pour le G.P d'Allemagne du 5 août. Sur les 23 km de la boucle nord du Nürbugring, Gurney fait le meilleur temps des essais avec 8'47"2. G.Hill à 3", Clark à 4" et Surtees à 4"3 sont en première ligne. La situation, ne s'améliore pas chez Ferrari, Ricardo Rodrigues avec le 10ᵉ temps à 27" de la pôle, est le mieux placé.

Le week-end est particulièrement pluvieux sur les monts de l'Eifel. La pluie s'est arrêtée au moment du départ, néanmoins le chaussée est humide et reste très glissante. 15 tours sont à boucler, Gurney s'empare du commandement, devant G. Hill et Surtees, pendant que Clark reste planté sur la grille. Pendant la procédure de départ, Jimmy a tout simplement oublié, d'enclencher le bouton de la pompe à essence électrique. Il part 12" derrière le peloton. Devant, la lutte est chaude entre les 3 voitures de tête. Gurney, garde l'avantage dans les 3 premiers tours, sans pouvoir distancer ses deux rivaux. Dans la 4ᵉ boucle, un bruit sourd à l'avant de la Porsche, inquiète Dan. L'américain lève le pied pensant à un bris de suspension. Graham en profite pour prendre la tête, Gurney ne sentant pas de problème de tenue de route, repart de plus belle. Pendant le reste de la course, l'écart toujours aussi serré entre les trois machines, ne varie pas.

À deux tours de la fin Surtees parvient à doubler Gurney. Graham Hill, l'emporte devant John Surtees à 2"5 et Dan Gurney 3e à 4"4. Après la course les mécanos inspectent la Porsche et s'aperçoivent que la fixation de la batterie s'est rompue. Un détail insignifiant, expliquant le martèlement contre la carrosserie, mais qui a sans doute coûté la victoire, à Gurney et à la marque allemande.

En Allemagne Phil Hill a pu se mêler à la lutte pendant les 2 premiers tours, puis a été éliminé au 9ᵉ sur rupture d'amortisseur. Ricardo Rodrigues a apporté le petit point de la 6ᵉ place. Insuffisant pour les Tifosi au moment où la Scuderia, reçoit dans son « antre de Monza » le 16 septembre. Ferrari ne lésine pas, aux 4 voitures du précédent G.P, une 5ᵉ se rajoute, aux mains de Willy Mairesse, de retour après son accident de Spa.

Chez Porsche avec un moteur toujours juste à bas régime, on travaille sur l'aérodynamique des suspensions et en rajoutant des flasques, sur les jantes. Clark, empoche les 100.000 lires offertes au meilleur temps des essais en devançant G. Hill de 3/100 de seconde. Les Ferrari sont loin, Mairesse avec le 10$^e$ temps et R. Rodriguez avec le 11$^e$.

Chez Chapman, on a dû changer la boîte de la Lotus de Clark en dernière minute. L'écossais, s'envole tout de même au drapeau, mais Graham Hill le double à la fin de la première boucle. Le bricolage de la lotus ne tient pas. Clark s'arrête une première, puis une seconde fois pour un court-circuit. Derrière Graham, Ginther et Surtees, s'empoignent jusqu'à la mi-course, où un piston passe au travers du moteur de la Lola. Les BRM font le doublé Graham devant Ritchie, McLaren prend la 3$^e$ place « au métier » à Willy Mairesse. Dans l'ensemble, les Ferrari ont déçu. Les 4$^e$ et 5$^e$ place de Mairesse et Baghetti ont été facilitées par les abandons d'Ireland et Gurney, qui tour à tour occupaient un podium virtuel.

Enzo Ferrari, qui n'a plus envie de voir ses voitures faire de la figuration jusqu'à la fin de la saison, ne participe pas aux 2 derniers G.P, des États-Unis et d'Afrique du Sud. Phil Hill a fait sa dernière course pour la Scuderia à Monza. Pour son G.P national, il participe aux essais sur la Porsche de Bonnier. À Watkins Glen Clark, garde une chance pour le titre en l'emportant devant Graham Hill.

Tout se joue à East London le 29 décembre. Jim Clark fait le meilleur temps des essais devant G. Hill. Une victoire de l'Écossais est indispensable, mais suffisante pour coiffer la couronne. Jimmy prend la tête d'entrée, jusqu'au 63$^e$ des 82 tours, avant qu'un panache blanc ne sorte de son moteur. Un bouchon du carter mal serré lors de la dernière révision chez Climax s'est envolé avec les vibrations répandant le lubrifiant sur la piste. Graham l'emporte devant McLaren et Maggs.

Ricardo Rodriguez s'est tué le 4 novembre lors du G.P du Mexique hors championnat. Avec le départ de Phil Hill et de Giancarlo Baghetti chez ATS, Ferrari, n'a plus qu'à reconstituer, une équipe de pilotes...

## Chapitre 12 : **TOTAL PERFORMANCE**

« Start up » avant l'heure, la Shelby Company, prend son envol début 1963. D'une dizaine de personnes il y a un an, l'effectif passe bientôt à une cinquantaine. Carroll Shelby, a l'art de savoir s'entourer. Faute d'être payé correctement, Billy Krause, quitte à regret le volant de la Cobra, pour les dollars de Général Motors. Carroll, trouve un nouveau pilote d'essais de 26 ans Dave Mc Donald. Malgré son jeune âge, ce californien a déjà 6 ans d'expérience derrière lui.

Autre trouvaille, qui va bouleverser la Company, Ken Miles. Né en Angleterre, près de Birmingham, naturalisé américain en 1959, Ken est non seulement un excellent pilote metteur au point, mais aussi un bricoleur de talent, se rapprochant de Phil Remington, pour transformer une voiture. En 1957, il part d'une mécanique Porsche qu'il adapte sur un châssis Cooper. Malgré un manque de moyens financiers, il s'illustre avec son hybride, pendant deux saisons sur la côte ouest, dans la classe F du SCCA. Âgé de 44ans, il devient le doyen de la Company. Les techniciens de talent recrutés ne manquent pas, avec les frères Charlie et Kenny Agapiou, d'origine Grecque mais nés en Angleterre, Ole Olsen ou encore « Wally » Peat.

Le 1042 Princeton Drive, devient rapidement trop étroit. En milieu d'année, un 2ᵉ atelier est inauguré toujours à Venice, à quelques encablures du premier, au 3221 Carter Street. Celui-ci se voit confier la fabrication des roadsters de série, ainsi que les bureaux réservés à l'administration. Princeton Drive, se concentre désormais sur la fabrication et l'entretien des modèles de compétition.

Les 2 et 3 février 1963, sur son circuit fétiche à Riverside, dans deux épreuves de SCAA, les Cobra frappent fort. Dave Mc Donald donne les premières et uniques victoires à la Cobra 260. Il l'emporte à chaque fois sur Ken Miles avec un modèle identique, devant une armée de Chevrolet Corvette. La 260 4,2 litres, laisse la place à la 289 4,7 litres, dont la production, a commencé le 15 janvier dernier. La nouvelle Cobra reçoit des améliorations sensibles. Les suspensions, sont équipées d'amortisseurs Koni réglables et les roues fils Borani, remplacées par des jantes Halibrand en alliage de magnésium, plus légères et plus rigides.

En Grand Tourisme, la saison commence à l'international, le 17 février avec la « Daytona Continental ». Pour épauler Dave Mc Donald qui étrenne la nouvelle 289, Dan Gurney et Skip Hudson sont au volant de la 260. Afin de se dégager de la direction sportive en course, Carroll Shelby, embauche Al Dowd, un ancien garde côte, sans aucune expérience de la compétition automobile, comme Team Manager. Le pari est pour le moins osé, mais encore une fois Shelby voit juste. Les Cobra, donnent du fil à retordre aux Ferrari. Gurney s'adapte vite à sa nouvelle monture, mais un problème d'allumage, l'élimine au 2/3 tiers du parcours. La 250 GTO du NART de Pedro Rodriguez, l'emporte devant celle de John Mecom pilotée par Roger Penske, dans un duel serré. La Chevrolet Corvette de Dick Thompson termine, 3ᵉ à 3 tours, devant la Cobra de Mc Donald 4ᵉ à 4 tours. Celle-ci, retardée par des ennuis mineurs, remporte néanmoins la classe G.T 5 litres. Skip Hudson est également classé, au 23ᵉ rang à 27 tours, malgré une sortie de route due à un problème mécanique. En début de course, il fit jeu égal avec Rodriguez pour la première place.

La Cobra 289, ne tarde pas à s'imposer pour sa deuxième sortie, les 2 et 3 mars au Dodger Stadium de Los Angeles. Comme un mois plus tôt Mc Donald, s'impose devant son coéquipier Miles dans les deux courses.

Les 12 heures de Sebring des 22 et 23 mars, première manche du Challenge Mondial de vitesse et d'endurance, permettent aux Grand Tourisme de se frotter aux Sport Prototype avant les trois épreuves de la Targa Florio, des 24 heures du Mans et des 1000 km du Nurburgring. Ford regarde de plus en plus d'un bon œil, les prouesses de Shelby, soutient financièrement l'engagement des Cobra. Quatre voitures type 289, appuyées par deux modèles privés, sont au départ avec pas moins de 23 personnes, pour assurer l'assistance des véhicules. Côté équipage Dan Gurney est bien entendu conservé avec à ses côtés Phil Hill sur la numéro 15, pour faire un beau pied de nez à Ferrari. Sur la 14, Mc Donald fait équipe avec Glenn Roberts (spécialiste de Stock-cars production), sur la 16 Ken Miles est secondé par Lew Spencer. Parmi les privés la 11 d'Holman Moody, semble la plus affûtée.

Pour être impressionnante, l'écurie Shelby, fait figure de Petit Poucet par rapport à Ferrari. L'usine se concentre sur les Sport Prototype avec deux nouvelles 250 P et l'ancienne 330 LM vainqueur au Mans l'an dernier. Le NART, annexe de la Scuderia, présente une 330TRI et surtout deux 250 GTO pour contrer les Cobra. La 250 GTO reine de la catégorie GT, est aussi présente à travers les écuries Mecom, Centro Sud, Rosebud, et David Piper, soit 6 voitures de ce type au départ. Parmi les autres marques, peu semblent capables de jouer un rôle. Porsche vise uniquement la catégorie GT 2 litres, avec 3 coupés 356B Abarth. En sport proto Chevrolet soutient Chaparral qui engage deux MK1 et prend le départ en GT avec six Chevrolet Corvette Sting Ray. La catégorie GT couvre largement le plateau avec 3 Jaguar type E « lightweight » de l'écurie Cunnigham.

Chez Ferrari après le décès de Ricardo Rodriguez, l'arrêt d'Olivier Gendebien, les départs de Phil Hill et de Giancarlo Baghetti, les équipages sont largement rajeunis.

Priorité est donné aux pilotes italiens, avec Lorenzo Bandini, Lodovico Scarfiotti, et Nino Vacarella, mais la Scuderia a su conserver le belge Willy Mairesse, l'anglais Mike Parkes, et surtout engager une première lame avec John Surtees.

Le soleil et la chaleur, sont écrasants sur la Floride au moment du départ. Phil Hill fait le spectacle sur les deux premiers tours, en prenant la tête devant les meilleurs prototypes, puis logiquement il rentre dans le rang. Les Cobra, se mobilisent pour tenir tête aux 250 GTO et autres Sting Ray. La 14 de Dave Mac Donald est la première éliminée suite à une rupture de différentiel. Ken Miles, le suit de peu, des problèmes de direction et finalement de moteur viennent à bout de la numéro 16. Les différents équipages des Cobra, sont inscrits comme pilotes de réserve sur les quatre machines engagées. De ce fait, ils passent d'une voiture à l'autre sans problème. Pour être rapides les Cobra 289 sont encore trop tendres pour une course aussi longue et difficile que les 12 heures de Sebring. Gurney mène la catégorie GT devant la GTO de Penske, puis différents problèmes moteur la retarde et elle termine à la 29e place à 42 tours des vainqueurs.

Le succès de Ferrari, est total avec la victoire de Surtees-Scarfiotti devant Mairesse-Vacarella-Bandini à un tour, tous sur 250 P. La Ferrari 330TRI du NART de Rodriguez-Graham Hill, complète le podium à 2 tours. La 250 GTO du Mecom Racing de Penske-Pabst 4e à la distance, remporte la classe G.T. Les Ferrari occupent les 6 premières places, la Jaguar de Leslie-Morill finit 7e, pendant que la Cobra de Miles-Spencer, prend la 11e place, en remportant la classe GT + de 4 litres.

De retour sur les différents Championnats US, la Cobra continue sa marche en avant. Les victoires, s'enchaînent sur circuits des plus prestigieux à Laguna Seca en juin avec Bob Holbert ou sur la Road América avec Bob Johnson, dans le « United States Road Racing Championship » (USRRC) et le « Sports Car Club of América » (SCCA). À la fin de la saison, la Cobra remporte les deux championnats.

La Corvette, ne va faire chuter qu'une seule fois la Cobra à Del Mar, dans le Championnat USRRC.

Un Conseil d'Administration se déroule début avril à Deaborn, siège de la Ford Company. La gamme, souffre d'une image vieillotte pour « père de famille de plus de 50 ans ». La Falcon Futura avec son moteur 289 commence à donner de bons résultats en Nascar, de plus ce modèle pourtant inadapté au rallye, a frisé la victoire au Monte Carlo. Les performances des Cobra sont encourageantes, une version aluminium est en cours de développement. Chapman, vient de passer un accord pour équiper sa Lotus 29 de ce moteur en vue d'une victoire aux 500 miles d'Indianapolis (*Jim Clark va finir 2<sup>e</sup> en 1963*). L'objectif d'Henry Ford II, 45ans, est bien entendu de contrer son principal adversaire Général Motors, qui avec différentes versions de sa Chevrolet Corvette, donne une image jeune à la marque depuis une dizaine d'années.

Son programme « Total Performance » est validé. Pour contrer la Corvette, le concept « Mustang 1 » entraperçu à Watkins Glenn le 7 octobre 1962, va être développé en vue d'une commercialisation en 1964. Si l'image de Ford, commence à évoluer dans le bon sens aux États-Unis, il est nécessaire de transformer l'essai, sur les autres continents et en particulier sur le marché européen. La compétition, en dehors des 500 miles d'Indianapolis, ne rencontre que peu d'écho sur le vieux continent. La formule 1 et l'endurance sont les deux principaux vecteurs. En F1 avec une motorisation limitée à 1500cc, Ford et « ses gros moulins », n'est pas équipé pour s'attaquer à ce secteur. Restent, les « sports prototype » avec en point de mire les 24 heures du Mans.

Il est bien entendu que partir d'une page blanche, sans expérience, même avec des moyens financiers considérables, demande du temps. La réussite, passe d'abord souvent par des échecs. Henry Ford, n'est pas du genre patient et il supporte encore moins les échecs. Il va falloir trouver un autre fabricant, soit pour l'absorber, soit pour trouver un accord majoritaire, mettant Ford en exergue.

Le timing semble favorable à la firme de Deaborn. Enzo Ferrari à près de 65 ans est au sommet de sa gloire, néanmoins la compétition a un coût exponentiel. Sa mégalomanie, le pousse toujours plus loin, à se battre en parallèle entre Formule 1 et endurance. Il devient urgent, de trouver un partenaire financier pour pouvoir poursuivre dans cette voie.

Un accord plutôt bien ficelé entre Deaborn et Maranello, est élaboré. L'arrangement financier, porte sur 16 millions de dollars et comprend deux sociétés. La première concerne les voitures de production Ford-Ferrari, avec une répartition de 90% pour l'américain et de 10% pour l'italien. La seconde est bâtie pour la compétition, avec un partenariat de 90/10 en faveur de Ferrari. L'accord financier met définitivement Enzo à l'abri, toutefois si le Commendatore reste maître dans la conception des voitures, Deaborn, a un droit de regard sur les programmes courses.

Un rendez-vous est pris le 21 mai 1963, à Maranello pour sceller les contrats. Lee Iacocca, 48 ans d'origine italienne, N°2 de la Ford Motor Company, a élaboré le projet et est accompagné pour finaliser de Don Frey, considéré comme le bras droit du Président. Enzo comme à son habitude dans ce genre de situation, est en mode « parrain ». Lorsque son interlocuteur l'appelle « Commendatore », il le recadre sèchement, en lui demandant de l'appeler « Ingegnere ». La négociation coince sur les choix sportifs. Enzo, sait bien que Ford risque de donner priorité à Indianapolis et à l'endurance, au détriment de la formule 1. Les émissaires de Deaborn, restent intransigeants sur le sujet et veulent pouvoir maîtriser le budget. La discussion, tourne court et les négociations sont rompues.

À posteriori, il s'avère qu'Enzo Ferrari n'a jamais voulu entrer dans le jeu de Ford. Il a simplement voulu faire pression sur le gouvernement italien pour trouver un accord de partenariat avec la FIAT, qui lui soit favorable. Le stratagème, a parfaitement fonctionné. Inutile de dire qu'Henri Ford goûte peu le procédé, qui consiste à lui faire jouer le rôle faire valoir. De « Total Performance » nous allons passer à « la Guerre Totale », avec le constructeur italien.

Pour Ford c'est un retour à la case départ. Il n'y a aucune structure de compétition, le Championnat Nascar est confié à Holman Moody et les sport G.T à Shelby. Après concertation avec Lee Iacocca, Ford décide de se tourner vers sa structure anglaise. Pour cela il donne à Roy Lunn 43 ans, carte blanche, pour concevoir un véhicule capable de l'emporter au Mans. Lunn est d'origine anglaise, après avoir fait ses classes chez AC cars puis chez Aston Martin, il rejoint la Ford Motors Company en 1953. En 1958 il est promu à Dearborn, puis devient citoyen américain en 1962. Homme de confiance, il a parfaitement le profil, pour mener à bien sa mission.

Pendant ce temps la course continue. Porsche sur un terrain qui lui convient parfaitement bien, terrasse Ferrari à la Targa le 5 mai. La 718 GTR de la scuderia Serenissima de Bonnier-Abate, s'impose devant la Dino 196 SP d'usine de Bandini-Scarfiotti-Mairesse. La Porsche 2000 GS d'usine de Barth-Linge finit à la 3ᵉ place.

Le Cavalino, prend sa revanche en terre germanique au 1000 km du Nurburgring le 19 mai. Les Ferrari occupent tout le podium, avec la victoire de la 250P de Surtees-Mairesse, devant la 250 GTO privée de Guichet-Noblet et la 3ᵉ place d'Abate-Maglioli. La première Porsche 2000 GS de Walter-Barth-Linge finit 4ᵉ, devant quatre autres Ferrari Grand Tourisme.

Il faut bien se rendre à l'évidence Ferrari, va vers son 7ᵉ succès au Mans, les 15 et 16 juin prochain. Comme d'habitude, la Scuderia, possède l'avantage du nombre, avec 11 machines des tous types. SEFAC Ferrari, aligne ses 250P pour Surtees-Mairesse, Parkes-Maglioli et Scarfiotti-Bandini. Une fausse GT la 330LM est aux mains de Noblet-Guichet et « une vraie » 250 GTO pour Tavano-Abate sous les couleurs de Maranello. Son annexe anglaise, Maranello Concessionnaires, présente une 330 LM pour Sears-Salmon. Le NART est bien sûr de la partie, avec une 330 LM pour Gurney-Hall, une 330 TR pour Rodriguez-Penske et une 250 GTO pour Gregory-Piper.

L'écurie Nationale Belge, complète avec une 250 GTO pour Beurlys-Langlois et une autre pour Eldé-Dumay. Faute d'une opposition sérieuse, le public sarthois, peut compter sur deux originalités. Une Rover-BRM expérimentale à turbine, pour G.Hill-Ginther qui court hors compétition avec le numéro 00, et une Lola MK6 propulsée par un moteur Ford 289, que Roy Lunn va suivre avec intérêt. Au rayon des prototypes, Aston Martin y va de « ses fausses GT » avec trois DP 214/215 épaulée par une DB4 Zagato privée. Maserati France, se contente d'une 151/3 pour Simon-Casner, dont la puissance est passée à 430 cv avec un moteur de 4,9 litres au lieu de 3,9 litres. Lister fait un retour inattendu, avec un coupé carrossé par Costin et propulsé naturellement, d'un moteur Jaguar.

Jaguar justement, semble le seul en catégorie G.T à pouvoir s'opposer à l'hégémonie des 250 GTO. Trois Type E « lightweight », sont sous les couleurs américaines de Brigs Cunningham. Cobra est venu « en éclaireur ». Shelby, dans un premier temps pensait en engager une sous ses couleurs, mais finalement c'est Ed Hugus qui s'aligne avec Peter Jop pour co-pilote. AC Cars présente la deuxième pour Bolton-Sanderson avec… Stirling Moss en personne, comme team manager !

Conscient du médiocre aérodynamisme de son roadster, Shelby a fait transformer sa Cobra chez AC Cars en coupé, lui faisant rajouter un hard-top avec arrière plongeant. La ligne, est ainsi différente du coupé à toit fixe, ACECA Bristol la produit jusqu'en 1962. Les deux voitures sont équipées de pneus et de jantes Dunlop en aluminium. « L'anglaise » châssis CS 2131 (le « X » dans la nomenclature, est réservé aux CS montées à Venice) et d'une conduite à droite, pendant que « l'américaine » CSX 2142, a un volant monté à gauche.

Pour la première fois l'ACO, tient compte du temps des essais, dans la composition de la grille de départ. Depuis toujours, les voitures étaient alignées dans l'ordre décroissant des cylindrées. Les positions de départ, sont faites désormais en fonction des chronos, découlant d'une certaine logique et d'une meilleure justice.

La Ferrari N°10 de P. Rodriguez réalise le meilleur temps, devant la N°21 de Scarfiotti-Bandini, et la N°22 de Parkes-Maglioli. L'Aston Martin 18 de Phil Hill-Lucien Bianchi, prend le 4$^e$ devant la Maserati N°2 d'André Simon, qui reste la voiture la plus puissante du plateau.

Le temps est chaud, le samedi à 16 heures au départ de la course. Les Aston prennent d'entrée le commandement, la 18 de Phil Hill, devant 8 de Bruce McLaren et la Ferrari de Rodriguez. André Simon retardé par une portière récalcitrante, est déjà en tête à Maison Blanche, avant le fin du premier passage. La René Bonnet de Roger Masson, s'est retournée, sans dommage pour le pilote. Pendant 14 tours, il tient les Ferrari en respect. Surtees, prend ensuite le dessus, pendant que Rodriguez établit le record du tour en 3'57"3, puis sur la 15$^e$ boucle Surtees réalise 3'56"7. André Simon peut aller plus vite, mais il préfère ménager sa mécanique.

Après une heure de course la Maserati, passe de nouveau en tête devant les Ferrari de Surtees, Rodriguez, Parkes et Scarfiotti dans cet ordre. A 17h53 Simon, s'arrête pour le premier ravitaillement. L'arrêt dure 2', Casner reprend le volant, il est toujours devant à 18 h00. L'ordre est presque identique Parkes-Maglioli ont simplement gagné deux places au changement de pilote, sur les autres Ferrari. Peu avant 19 heures Casner s'arrête à son stand, la transmission de la Maserati a cédé. À ce moment de la course les Ferrari occupent les six premières places, avec Parkes-Maglioli aux commandes. Derrière, l'Aston Martin d'Ireland-MacLaren, la mieux placée, pointe déjà à plus d'un tour.

Qui peut faire tomber Ferrari ? Plus grand monde, à 20 heures Surtees-Mairesse, sont devant Parkes-Maglioli, outre l'abandon de la Maserati l'Aston de P. Hill-Bianchi s'est retiré, sur rupture de transmission et la Lister sur bris de moteur. Peu avant 21h00, l'autre Aston pilotée par McLaren, explose son moteur au bout des Hunaudières. L'huile répandue sur la piste provoque un accident impliquant la Jaguar de Roy Salvadori qui se retourne et prend feu, l'Aston de Kerguen, la René Bonnet de Manzon, coupée en deux, et l'Alpine de Bino Heintz qui s'encastre dans un poteau, s'embrase, tuant le malheureux pilote brésilien.

À la tombée du jour, il n'y a plus que l'Aston Martin de Schlesser-Kimberley en 5ᵉ position, pour menacer la 250 GTO de Tavano-Abate, 3ᵉ dans la catégorie Grand Tourisme. Peu avant minuit, Carlo Abate sort de la piste à Maison-Blanche, l'Aston grimpe 4ᵉ et première des G.T.

Elle gagne encore une place quand la 330 LM de Gurney-Hall 3ᵉ abandonne à 2 heures du matin sur rupture de transmission. Les efforts de l'équipage Franco-Américain ne sont pas récompensés, quand l'Aston se retire une heure plus tard, sur casse moteur.

À mi-course, les Ferrari occupent les six premières places, Surtees-Mairesse, possèdent deux tours d'avance sur Scarfiotti-Bandini. La 250 GTO de Gregory-Piper 3ᵉ, mène la catégorie Grand Tourisme. Cette dernière est retardée à l'aurore par une touchette, puis par un problème de dynamo, qui la fait rétrograder à la 10ᵉ place à 8 heures du matin. La 250 GTO d'Eldé-Dumay prend sa place. La course semble jouée, Surtees s'arrête vers 10 heures pour un ravitaillement de routine, Willy Mairesse prend sa place. Le belge, n'a pas bouclé un tour que la Ferrari s'embrase. Willy s'arrête, saute et se blesse au bras, alors que le feu se propage rapidement. Le préposé au carburant a laissé couler, par inadvertance, du liquide sur les échappements provoquant le désastre.

Dès cet instant, Scarfiotti-Bandini ne sont plus inquiétés pour la victoire, et l'emportent devant la 250 GTO de Beurlys-Langlois (1ᵉʳ GT) à 13 tours, talonnée par la 250 P de Parkes-Maglioli, et la 250 GTO d'Eldé-Dumay 4ᵉ à 14 tours. Ford, a la satisfaction d'être « la première des non-Ferrari » grâce à la Cobra de Sanderson-Bolton 7ᵉ, dans une progression régulière, après avoir pointé en 18ᵉ position, à la fin de la première heure. Celle d'Hugus-Jopp, s'est retirée à 2 heures du matin, après avoir occupé la 11ᵉ place à 21 heures, puis d'être retardée par une fuite d'huile. La Lola Ford d'Attwood-Hobbs, fait également des débuts intéressants, 13ᵉ après une heure de course, elle retombe au 22ᵉ rang, à la suite d'un problème de courroie de ventilateur. Elle remonte en 8ᵉ position à minuit, puis un ennui de boîte la fait tomber à la 15ᵉ place à 6 heures du matin. Peu avant 7 heures, David Hobbs, avec une boîte toujours récalcitrante, finit par expédier la Lola dans les fascines au Tertre Rouge.

Peu importe, Roy Lunn est définitivement convaincu que la Lola MK 6, représente le laboratoire de la future Ford prototype. Avec Don Frey, il s'attelle à en élaborer l'étude technique, pour confier l'élaboration à Éric Broadley (concepteur de la Lola). Le contrat d'exclusivité, porte sur deux ans à compter du 1er août 1963.

Dans le même temps la Shelby American, ne reste pas inactive. Le roadster toujours compétitif, montre tout de même ses limites. Comme pour l'AC Cobra, l'idée est de partir d'un châssis existant, type spider ou barquette, de lui intégrer le moteur Ford 489, avec les modifications qui vont avec. Deux modèles entrent dans ces critères, la Lotus 19 et la Cooper Monaco Type 61. Ce dernier modèle, plus bas et mieux profilé est finalement retenu. Shelby, réceptionne le premier châssis début août. Carroll, contrairement à Enzo, délègue largement sans aucune hiérarchie. Wally Peat et Ole Olsen, se chargent de l'étude en collaboration avec Dave Mac Donald, pilote d'essai, pour faire évoluer le modèle. Les transformations, portent sur le positionnement du radiateur incliné sur l'avant, pour un meilleur refroidissement. Un échappement type dragster, à la verticale, sort avec un tube pour chacun des 8 cylindres. Le pare-brise est également surbaissé pour gagner en aérodynamisme.

La « King Cobra », est prête pour son baptême, avec Dave Mac Donald naturellement au volant, sur la piste de Riverside début septembre. Si la première sortie s'avère encourageante, néanmoins, Dave constate que la tenue de route se dégrade au fil des tours. Après examen, il s'avère qu'une partie des tubes du châssis sont dessoudés. La voiture élaborée, pour recevoir un quatre cylindres de 2 litres type Climax, n'est pas adaptée pour encaisser les accélérations d'un V8 de 4,7 litres de cylindrée. Malgré plusieurs renforts, il faudra par la suite, ressouder les tubes, systématiquement après chaque course.

La voiture, se présente dans la foulée brute de carrosserie, sans peinture, pour une course à Kent, dans l'état de Washington. Mac Donald mène la course, bat le record du tour, mais doit se retirer pour une surchauffe du moteur.

Le 8 septembre à Elkhart Lake (Wiconsin), se dispute la Road América 500. La Cobra 289 de Bob Holbet-Ken Miles l'emporte, pendant que celle de Bondurant-Mac Donald termine 4e à 2 tours. Pour la petite histoire, la Cobra de Lew Spencer s'arrête au stand avec la roue avant gauche arrachée. Carroll Shelby, met la main à la pâte en soulevant le véhicule avec l'aide de mécaniciens, pendant que Phil Remington bricole pour permettre à la voiture de repartir. Spencer et Johnson finiront finalement à la 6e place à 4 tours.

Le 14 septembre se dispute la 15e et dernière épreuve du Championnat du Monde des Constructeurs catégorie Grand Tourisme. Pour ces 500 km de Bridgehampton (Long Island), Ferrari titre acquis depuis longtemps, ne délègue aucune voiture. La Cavallino est néanmoins représentée, par trois 250 GTO privées. Les Corvette, sont les plus nombreuses du plateau, encadrées par deux Jaguar Type E lightweight de l'écurie Cunnigham, ainsi que de deux AC Cobra 289 pour Dan Gurney (CSX 2137) et pour Ken Miles (CSX 2129). Les Cobra, marquent d'entrée leur territoire, Miles réalise le meilleur temps des essais devant Gurney. La course est presque une formalité, Dan l'emporte devant Ken, les Type E de Walt Hangsten et Paul Richards sont respectivement 3e et 4e à 1 et 3 tours. Il s'agit d'une première victoire en FIA (Fédération Internationale Automobile) pour la Shelby Cobra.

Les King Cobra, participent au très important G.P du Los Angeles Time, disputé à la maison le 13 octobre, sur le circuit de Riverside. Pour la première fois, les voitures sont habillées d'une splendide livrée « Bleu Nordique » métallisée, couleur de l'écurie Shelby América. D. Mac Donald et Bob Holbert sont au volant, appuyé par l'AC Cobra (CSX 2137) de Bob Bondurant. Les organisateurs présentent un plateau très bien fourni en qualité avec outre la Chaparral 2A de J. Hall, les nouvelles Lotus 23 B pour J. Clark et G. Hill, des Genie MK8 à moteur Chevrolet conçu par Joe Huffaker, pour D. Gurney et Pedro Rodriguez, une Ferrari 250P pour J. Surtees et une Zerex Spécial à Moteur Climax pour R. Penske. Aux essais la Chaparral devance d'un souffle, les deux King Cobra, les trois voitures se partageant la première ligne.

Il fait 32° au départ de la course. En préambule, dans une course d'endurance de 3 heures, Bob Bondurant impose sa Cobra, devant une autre Cobra conduite par Allen Grant. Pour le Grand Prix, la Chaparral, démarre la première devant Mac Donald, Penske et Holbert. La démonstration de « l'oiseau texan », ne dure que peu de temps, Hall est éliminé sur le circuit par un problème électrique dès le 4e tour. À partir de cet instant, la King Cobra de Mac Donald, devient intouchable. Dave, tout en partant dans des glissades impressionnantes, laisse son principal adversaire Roger Penske 2e à un tour. Holbert en lutte pour la seconde place, est éliminé sur problème mécanique au 26e tour. Rodriguez finit 3e à 2 tours devant Surtees 4e, pendant que Bondurant s'inscrit 8e à 4 tours.

L'écurie Shelby American, termine sa saison le 20 octobre à Laguna Seca au G.P du Pacifique. Le plateau est pratiquement identique à la semaine précédente à Riverside, avec comme attraction le roadster Cobra 289 d'Allen Grant, peint en jaune et décoré magnifiquement par Georges Lucas, le futur réalisateur de… Stars Wars !

Les essais sont mouvementés. Le vendredi le moteur de Mac Donald casse et Dave doit se contenter du 13e temps. Puis le dimanche lors du « warm-up, » la King Cobra sort de la piste au virage N°2, le châssis est plié. Wally Peat et son équipe le redressent, en utilisant les rampes de remorque, pour le remettre en ligne. La voiture est opérationnelle quelques minutes avant le départ. Bob Holbert en réalisant la pôle, devant Jim Clark (Lotus) occupe le première ligne. En deuxième ligne, s'alignent la Lotus de Lloyd Ruby et la Chaparral de Jim Hall.

Au baisser du drapeau, la King Cobra d'Holbert prend la tête, devant Ruby, la Maserati de Walt Hangsten et Clark. Mac Donald suite à un saut de boîte n'est que 18e. Holbert domine jusqu'au 21e tour, quand il s'accroche avec la Porsche Elva de Gregory, en lui prenant un tour. La voiture, repart néanmoins rapidement en 2e position, après un bref passage au stand, Jim Clark se retrouve en tête. Au 28e tour, Mac Donald, qui fait le forcing depuis le départ prend la 4e place à Ruby. Au 32e passage, Clark à la suite d'une touchette, explose son carter d'huile, Holbert est de nouveau aux commandes.

Dans la 42$^e$ boucle, Mac Donald suit son coéquipier avant de se retrouver devant au 52$^e$ tour. Holbert, revient au même moment au stand, la réparation sur son radiateur n'ayant pas tenu. Dave Mac Donald, réalise alors un véritable exploit, pilotant tout en maintenant son levier de vitesses, pour éviter que les rapports ne sautent.

Au 100$^e$ tour, le drapeau à damiers libère enfin Dave, qui termine épuisé, les mains boursouflées, mais grand vainqueur, devant la Scarab d'A.J Foyt. Jim Hall et sa Chaparral sont 3$^e$ à 3 tours. L'équipe va faire la fiesta toute la nuit. Après le buffet organisé pour la remise des récompenses, les mécanos, ont dérobé plusieurs bouteilles de champagne. La fête continue, dans les chambres du Motel, ou les membres de l'équipe s'exercent à lancer des verres dans la piscine. Le jeu consiste à les faire tenir debout au fond de l'eau.

Au matin, Carroll Shelby débarque dans la chambre de Wally Peat et s'exclame : « Toi et tes gangsters, sortez tout de suite et nettoyez-moi votre fichu bazar ! » *(Extrait de Shelby Cobra par Dave Friedman).* L'expression va rester pour la postérité, « la bande de gangsters de Wally ».

Saison terminée, le travail continue pour l'équipe technique Shelby American, comme à Dearnbord, chez Ford, afin de préparer 1964. Les moyens mis en œuvre sont naturellement différents. Roy Lunn, s'attèle sur ordinateur avec un programme de CAO (Conception Assistée par Ordinateur) particulièrement révolutionnaire pour l'époque, pendant que Pete Brock ressort ses crayons et sa table à dessin.

Outre l'élaboration du futur prototype Ford, une nouvelle usine est en construction à Slough près de l'aéroport d'Heathrow, sous la responsabilité d'Éric Broadley pour la production des voitures de compétition.

Chez Shelby, on se contente de l'atelier de Princeton Drive. Après le bricolage, qui a consisté de transformer le roadster en coupé pour le Mans, l'idée est de concevoir un vrai coupé, tout en gardant le châssis ACE de base.

Pour ce faire, Pete Brock s'adjoint Ken Miles, le jeune mécano John Olsen et Dave Mac Donald pour les essais. Phil Remington, de son côté ne croit absolument pas au projet, s'en émeut auprès de Shelby, et refuse d'y être associé. Bâtir le concept en 90 jours tient de la gageure, avec le peu de moyens financiers et humains à disposition.

Les quatre hommes, vont travailler dessus 20 heures par jour à partir du mois d'octobre. La première étape consiste à mettre en forme une maquette de la carrosserie. Il faut partir grandeur nature, d'un châssis nu, équipé d'un moteur, de ses quatre roues, du siège pilote et de sa direction. Ken Miles, s'installe au volant, pendant que Mac Donald et Brock, calculent à l'aide d'une réglette, la hauteur de toit minimale nécessaire !

À partir du dessin de Pete Brock, un squelette de mannequin en contre-plaqué voit le jour adapté sur le châssis. Une fois l'opération réussie, le tout est convoyé chez California Metal Shaping, un carrossier spécialisé, qui va façonner les tôles d'aluminium sur le squelette.

Le travail n'est toutefois pas fini. Ensuite rigidifier le châssis, réadapter la suspension, est le boulot de Ken Miles. Point positif, le nouveau modèle, accuse un poids de 1100 kg sur la bascule, soit sensiblement le même que les coupés présentés dans la Sarthe en juin dernier. Phil Remington, voyant finalement que le projet va aboutir, délègue une partie de son équipe pour travailler sur le moteur. Il reste néanmoins quelques sceptiques. Benny Howard, un aérodynamicien spécialisé dans l'aviation, ayant pignon sur rue, assure auprès de Carroll Shelby, que cette carrosserie ne peut pas fonctionner.

1er février 1964, l'heure de vérité, sonne sur le circuit de Riverside. Dave Mac Donald fait taire les sceptiques, en gagnant 24 km/h en vitesse de pointe et 25% de moins en consommation de carburant. Pete Brock a gagné son incroyable pari, la voiture va pouvoir être présentée pour la première épreuve FIA de la saison, les 2000 km de Daytona du 16 février.

Chapitre 13

# LA COBRA CRACHE SON VENIN

Comme il faut bien trouver un nom à la nouvelle Cobra (CSX 2287) et que l'on manque peut-être un peu d'imagination, le nom de « Daytona », lieu de sa première course, est retenu. Ferrari, compte toujours sur sa 250 GTO pour conserver la domination qu'elle exerce depuis deux ans dans la catégorie Grand Tourisme division III. Néanmoins à Maranello on a travaillé sur un nouveau dessin de carrosserie, plus bas et mieux profilé intitulé 250 GTO/64. La Scuderia, pour éviter un déplacement long et coûteux, en a confié un premier exemplaire au NART piloté par P. Rodriguez et P.Hill et engage également une GTO classique pour Hangsten et Grossman.

Chez Shelby Américan la « Daytona » est pilotée par Mac Donald et Holbert, pendant que trois roadsters 289 sont aux mains de Gurney-Johnson, Schlessser-Guichet et Hitchcock-Tchkotoua. Sur les 43 équipages engagés avec les privés, nous retrouvons la parité de 8 Cobra, face à 8 Ferrari GT. Celle de l'écurie Piper, a été bricolée avec un toit surbaissé pour améliorer l'aérodynamisme. Le reste du plateau est meublé par 4 Chevrolet Corvette, 7 Porsche et une Aston Martin DP 214 entre autres.

La Cobra Daytona confirme les essais de Riverside, en dominant l'épreuve pendant 1500 des 2000 km. Lors d'un ravitaillement de routine, le préposé Tom Greatox, commet une maladresse et un incendie provoqué par un problème électrique, vite maîtrisé, endommage la voiture. Le coupé a 4 tours d'avance et semble encore en état de repartir, mais Carroll Shelby préfère le retirer par précaution. La GTO/64 de Rodriguez-P.Hill, l'emporte avec 4 tours d'avance sur la GTO de Piper-Bianchi et 8 tours sur la GTO d'Hangsten-Grossman 3$^e$. Dan Gurney et Bob Johnson sur le roadster 289, sont 4$^e$ à 16 tours handicapés par un moteur tournant sur 7 cylindres.

Au mois de décembre dernier, Ken Miles, dans l'atelier, était tombé sur une palette, avec dessus un moteur type Nascar Ford 427 de 7 litres. Histoire d'occuper ses fêtes de fin d'année, Ken décide de faire l'expérience de le monter dans un châssis de Cobra 289 (CSX 2196). Le « moulin » étant un peu plus volumineux, il faut modifier le berceau moteur, en agrandissant le porte-à-faux sur l'avant. « L'hybride », est fin prêt début janvier, pour un essai à Riverside. Bob Bondurant, s'y colle et se fait quelques frayeurs. Le surplus de puissance, fait décoller les roues avant et les rayons de la jante manquent d'être arrachés. Par la suite la suspension est revue et les roues sont équipées de jantes Halibrandt en alliage, beaucoup plus résistantes.

Les 12 heures de Sebring du 21 mars 1964, réunissent pour la première fois de l'année prototype et Grand Tourisme en championnat. Pour Maranello, il n'est pas question de négliger ce rendez-vous en vue d'une préparation aux 24 heures du Mans. Les prototypes sont prioritaires, avec différentes motorisations 4 litres pour l'équipage vedette Surtees-Bandini sur 330P et pour G. Hill-Bonnier, ou 3,3 litres pour les 275 P de Parkes-Maglioli et de Scarfiotti-Vacarella. En Grand Tourisme, deux 250 GTO/64 sont engagées par l'usine et le NART, mais Ferrari pense pouvoir compter sur trois autres GTO privées, pour mettre en échec les Cobra.

Shelby Américan n'a rien négligé. Outre le coupé Daytona toujours pour Holbert et Mac Donald, « l'hybride » Cobra 427 est en test avec John Morton et Ken Miles. À leurs côtés trois 289 pour Gurney-Johnson (CSX 2259), pour Bondurant-Spencer (CSX 2311) et Schlesser-P.Hill (CSX 2260), ainsi que trois autres modèles privés. Si chacun retient son souffle dans le duel Cobra /Ferrari en GT division III, la Scuderia est à l'abri en prototype, avec pour seule opposition, la Lola MK6 de Pasbt-Hangsten.

Les essais confirment les impressions, les protos du Cavalino décrochent les cinq meilleurs temps, devant le coupé Daytona 6$^e$. Ken Miles heurte un arbre pendant les entraînements et le roadster subit de gros dégâts. Les mécanos y compris Miles et Morton, travaillent une grande partie de la nuit, pour pouvoir le présenter sur la grille le lendemain.

Au baisser du drapeau, la Cobra Daytona, se mêle à la lutte au milieu des protos. Le stand ne l'entend pas de cette oreille, et voulant ménager le coupé, passe à Mac Donald le panneau « Slow Down ». De leurs côtés Gurney sur la N°11 et Morton sur la N°1, qui n'ont pas de consigne foncent. Les premiers abandons de marque arrivent au début de la 3$^e$ heure. Rodriguez-Fulp sur la 330P du NART cassent leur moteur, comme la Lola d'Hangsten. Deux heures plus tard, le jeune Morton et Ken Miles, ont remarquablement poussé « l'hybride » jusqu'au bout de ses possibilités. Les freins sont limites et le moteur finit par lâcher. La voiture a du potentiel, mais il y a un gros travail à faire dessus. Les Cobra restantes, laminent toutes les GTO et les Corvette Sting Ray. La Ferrari de Surtees-Bandini mène devant celle de G. Hill-Bonnier, mais cette dernière renonce en fin d'après-midi avec un problème de boîte.

À partir de là, Gurney-Johnson occupent la 4$^e$ place avec un « Dan » des grands jours. Mac Donald-Holbert, qui suivent strictement les consignes du stand, sont 5$^e$. Pour la Ferrari de Surtees-Bandini, les ennuis de freins commencent, deux passages au stand sont nécessaires, la voiture recule en 3$^e$ position. Parkes-Maglioli prennent le pouvoir devant Scarfiotti-Vacarella.

La nuit est tombée depuis un petit moment, le trio de Ferrari se dirige vers la victoire et derrière, les Cobra cumulent les premières places en Grand Tourisme. Il reste 30' de course, une catastrophe se prépare, qui aurait pu se terminer en véritable drame.

Bob Johnson a relayé Gurney, il passe devant la tribune à plus de 200 km/h, quand l'Alfa Roméo Giulia TZ de Sanesi, se présente devant lui en panne de lumière. Le choc à vitesse inouïe, explose littéralement l'Alfa, pendant que la Cobra se retourne et poursuit sa course sur plus d'une centaine de mètres. Le châssis est coupé en trois morceaux, les cloches des carburateurs Weber, ont été complètement meulées, dans la glissade de la voiture. Il n'y a pas une chance sur 100 que les pilotes s'en sortent vivants. Bob rentre au stand, avec un œil au beurre noir et le nez fracturé, et Consalvo Sanesi 53ans, quitte vivant et définitivement, une carrière commencée en 1939.

Derrière les Ferrari la Cobra Daytona de Mac Donald-Holbert, 4e à 5 tours remporte la catégorie Grand Tourisme. Les Cobra 289 de Bondurant-Hill et Schlesser-Spencer sont 5e et 6e, devant la meilleure GTO de Piper-Rodriguez 7e. Fort de ce succès éblouissant, Carroll Shelby, décide le 25 mars 1964 dans une conférence de presse tenue à l'hôtel Ambassador de Los Angeles, d'aller défier Ferrari en Europe, pour s'approprier le titre mondial G.T division III.

Le mois d'avril s'avère particulièrement chargé. Le 17, Ford présente à New-York devant un parterre de journalistes, sa nouvelle Mustang, élégant coupé symbole de la renaissance sportive de la marque. Dans la conférence de presse, il est également fait état, du nouveau prototype, qui doit débuter les 18 et 19 avril, lors des essais préliminaires des 24 heures du Mans. Le coupé baptisé GT 40, tire son nom de la hauteur de sa garde au sol jusqu'au sommet du toit, représentant 40 pouces (environ 1 mètre). Le châssis semi-monocoque très moderne, composé en tôles d'aluminium est habillé d'une carrosserie en fibre de verre. Le moteur V8, dérivé du Ford Fairlane 255 en aluminium de 4,2 litres, délivre 355 chevaux est accolé à une boîte Colotti 4 rapports.

L'ensemble ne pèse que 875 kg à vide. En comparaison, une Ferrari 275 P développe 320 chevaux pour 940 kg et une 330 P, 370 chevaux pour 980 kg.

Ce week-end d'essais préliminaires dans la Sarthe, proposé par l'ACO depuis 1959 n'a jamais suscité autant d'intérêt de la part de la presse et des passionnés d'automobile. En dehors de ce premier rendez-vous entre Ford et Ferrari, le plateau ne manque pas d'intérêt. Une Maserati version Tipo 151/3 avec son moteur de 4,9 litres d'une puissance de 410 chevaux au look massif et inquiétant, attire tous les regards. L'Iso Rivolta encore plus grosse avec un moteur Chevrolet de 5,4 litres pour 350ch, subjugue les passionnés.

Côté Grand Tourisme, une polémique est en train de naître. Conscient de la menace Cobra, Ferrari veut faire homologuer sa nouvelle 250 LM apparue à Sebring dans cette catégorie. La FIA rappelle que pour être homologué en GT division III (*comme pour les autres divisions*), un véhicule doit être fabriqué à 50 exemplaires minimum. La Fédération Internationale Automobile est lassée des « magouilles » des uns et des autres. La GTO, ne sera finalement construite qu'à 36 exemplaires et la 250 LM à 32. Le règlement stipule que des modifications de carrosserie peuvent être apportées. Shelby ne manque pas d'interpréter la règle à sa manière. La Daytona construite au total à 6 exemplaires, utilise le même châssis que l'AC Cobra 289 et le même moteur, mais pour le reste... « L'Ingenere » est pour le moins fâché. Enzo, qui n'est pas du style à se laisser contrarier, commence un bras de fer avec la fédération, qui va se terminer sur un épilogue, pour le moins inattendu, en fin de saison !

Pour en revenir au plateau G.T, A.C Cars y va de son propre coupé Cobra A98. Le modèle moins massif et mieux profilé que le « Daytona » est dû au crayon d'Alan Turner et carrossé en Angleterre par Maurice Gomm. La voiture accuse une vingtaine de kilos supplémentaires par rapport à sa cousine américaine. Le deuxième coupé Daytona (CSX 2299), effectue ses premiers tours de roues.

Seul Gurney et Grant sont à l'arrivée. Dan a même occupé la 3ᵉ place à la fin du premier tour, mais la suspension donnant des signes de fatigue, a fait reculer la N°146 à la 8ᵉ place. La meilleure GTO de Taramazzo-Ferlaino finit 5ᵉ.

Tout en étant moins prestigieux, les 500 km de Spa du 17 mai, comptent néanmoins pour le championnat G.T. Shelby Américan sur un circuit rapide plus dans ses cordes, délègue le coupé Daytona pour Phil Hill, trois roadsters, pour Bob Bondurant, Ines Ireland et Jo Schlesser. Ferrari continue d'être représenté par ses clients avec deux GTO/64 de l'écurie suisse Filipinetti, une de l'écurie Francorchamps pour Lucien Bianchi, une pour sa filiale Maranello Concessionnaire avec GTO/64 Mike Parkes. Et puis, on trouve les GTO classiques de David Piper à pavillon surbaissé, et cinq autres plus anciennes. Sur la grille Phil Hill réalise le 2ᵉ chrono à 2/10 de Mike Parkes, devant une autre GTO/64 pilotée par Jean Guichet à 3".

Phil Hill, confirme, en prenant les commandes, que le coupé Daytona, sur ce type de circuit, est supérieur à toutes les GTO. Malheureusement des problèmes mécaniques le font tomber dans le fond du classement. Mikes Parkes l'emporte en laissant Jean Guichet à 9" et Lorenzo Bandini 3ᵉ à 15". Avec la 4ᵉ place de Piper, Ferrari s'offre un quadruplé. Barth sur Porsche 904, 5ᵉ à un tour remporte la division II. Accablé par les problèmes, les Cobra finissent 9ᵉ avec Bondurant et 11ᵉ avec Schlesser.

Dernier réglage avant les 24 heures du Mans, les 1000 km du Nurburgring sont bien mieux que ça, un véritable juge de paix, pour toutes les mécaniques, compte tenu de la difficulté du circuit de l'Eifel. Après le désastre d'avril, c'est l'occasion pour Ford de refaire le point avec ses GT 40. Entre temps, le châssis 102, est passé pour un essai entre les mains de Bruce McLaren. Un becquet arrière, a été monté pour améliorer la stabilité, une découpe élargie a été faite sur le capot avant, afin d'améliorer le refroidissement. Pour la course en Allemagne, Bruce partage le volant avec Phil Hill. Shelby American, préfère laisser la Daytona au chaud et engage seulement deux roadsters 289, pour Bondurant-Neerpasch et Schlesser-Attwood.

Deux autres portent les couleurs rouge et blanc de l'écurie britannique Willment, sans oublier celle de Tommy Hitchcock qu'il partage avec Thiel. Pas moins de 11 Porsche 904 GTS d'usine et privées sont engagées, avec la 904 8 cylindres entrevue à la Targa.

Ferrari, n'est pas en reste avec 11 voitures, dont trois 275 P d'usine, deux 250 LM privées et six 250 GTO ou GT SW. Les essais sont dramatiques. L'Aston Martin DP 214 de Brian Hetreed sort de la piste tape un talus et fait plusieurs tonneaux, le pilote décède pendant son transport à l'hôpital. Puis la Porsche 904 de Rudolf Moser, heurte un autre véhicule et le pilote meurt sur le coup. John Surtees, sur une 275 P est le seul à descendre sous les 9' (8'57"9) au tour. Néanmoins, McLaren sur la Ford en 9'04"7 avec le 2$^e$ temps, précède les Ferrari de Scarfiotti (3$^e$) et Graham Hill (5$^e$). Ritchie Ginther démontre avec le 4$^e$ temps le potentiel de la Porsche 904/8.

La course débute le dimanche 31 mai par temps sec, avant que la pluie, ne fasse son apparition. Surtees, confirme sa pole position en prenant le meilleur temps au départ devant Graham Hill. McLaren sur la Ford GT 40, se tient en 4$^e$ position et cherche surtout à tenir la distance. La voiture en décide autrement dans le 15$^e$ tour, quand une attache de suspension se brise. La Ferrari de G.Hill-Ireland se maintient en 2$^e$ position jusqu'à la mi-course, avant de tomber en panne d'essence sur le circuit. Graham, se débrouille alors pour se dépanner avec un bidon, puis repart, mais la voiture est disqualifiée pour ravitaillement illicite. Surtees-Bandini semblent s'envoler vers la victoire, quant à 12 tours de la fin, « big John » déconcentré, fait une sortie de route. La 275 P de Scarfiotti-Vacarella, l'emporte devant la 250 GTO/64, de Parkes-Guichet (1$^{ere}$ en G.T) à 1 tour. La Porsche 904 GTS de Koch-Pon, prend une remarquable 3$^e$ place, en remportant la classe GT division II. Peu à l'aise, la meilleure Cobra de Schlesser-Attwood, n'est que 23$^e$ à 5 tours, pendant que l'équipage Bondurant-Neerpasch a renoncé au 12$^e$ tour sur bris de moteur.

De retour à Slough, la Ford GT 40 est inspectée sous toutes les coutures. Les mécanos, s'aperçoivent que d'autres soudures donnent des signes de faiblesse. Les trois châssis en préparation, sont immédiatement renforcés. trois semaines avant le rendez-vous le plus important de l'année des 24 heures du Mans.

Certains choix pris par Roy Lunn et John Wyer ne manquent pas de surprendre, si l'on se réfère aux Cobra. Ils n'ont pas tenu compte, des enseignements tirés par Shelby. Ainsi le moteur Ford 255 de 4,2 litres en alu, privilégié par rapport au 289 de 4,7 litres en fonte soi-disant pour une question de poids, les 875 kg annoncés à la presse se transforment 1 050 kg soit à peine 50 kg de moins que le coupé Daytona. Les roues fils Borrani, ne sont pas plus légères que des Halibrand en alliage, au contraire et ne refroidissent pas mieux les freins. Quant à la boîte Colotti, sa fiabilité reste à prouver par rapport à la Borg Warner de la Cobra.

Ford Motor Company, engage trois GT 40 blanches capot marine. À l'habituel châssis 102 aux mains de Phil Hill et McLaren, se joignent le 103 pour Ginther-Gregory et le 104 pour Schlesser-Attwood. Compte tenu des premiers résultats, Henri Ford, a misé sur Leo Beebe, son homme de confiance, à la place de Zimmerman, pour gérer les « véhicules spéciaux ». Par rapport à la configuration du Nurburgring, un spoiler plus large a été rajouté sur le bas de caisse avant, toujours dans l'esprit d'améliorer la tenue de cap et un volet pour dévier l'air figure devant l'essuie-glace. Dans un premier temps Shelby pensait pouvoir disposer de quatre coupés Daytona. Des retards dans la préparation, réduisent son engagement aux châssis CSX 2287 désormais équipé d'un becquet pour Chris-Amon et Jochen Neerpash, ainsi que le CSX 2299 pour Gurney-Bondurant. Dan n'a pas choisi cette deuxième voiture au hasard, les 2,5 cm supplémentaires de garde au toit, lui permettent de loger sa grande carcasse plus facilement ! Chardonnet importateur des Cobra en France, aligne pour Fraissinet-de Mortemart, une AC Cobra 289 modifiée, avec un hard-top, un réservoir de plus grande capacité et des écopes de refroidissement pour les freins. Enfin le coupé AC Cars A 98, vu aux essais d'avril, est piloté par Sears et Bolton.

En dehors de Ferrari la concurrence italienne est présente avec l'Iso-Griffo à moteur Chevrolet de 5,4 litres, engagée par Veuillet et pilotée par Noblet et Bernet. Mais surtout la Maserati 151/3, 4,9 litres, du Colonel John Simone avec Maurice Trintignant et André Simon au volant, n'a pas fini de faire parler d'elle.

La Scuderia suit tout ça avec beaucoup de sérénité. Certes la presse et l'opinion publique ne parlent que du duel Ford-Ferrari. Cependant la firme américaine n'a encore rien prouvé, Maranello a remporté les quatre dernières éditions des 24 heures et ses prototypes à moteur central, sont invaincus depuis deux ans. Le danger, risque de venir en Grand Tourisme. Pour s'opposer aux Cobra Daytona, Ferrari aligne quatre 250 GTO/64 toutes sponsorisés par des écuries privées, mais avec l'assistance de l'usine. En prototype, trois 330 P côtoient trois 275 P et deux 250 LM, l'avantage du nombre peut faire la différence.

Pour pouvoir satisfaire « au pesage », Ford a dû revoir à la baisse la capacité de ses réservoirs, passant de 160 à 140 litres. Ritchie Ginther marque l'opinion pendant les essais du jeudi, dans une voiture qu'il ne connaît pas en signant le meilleur temps. Pour répondre à la guerre des communiqués, Eugenio Dragoni renvoie Surtees en piste en fin de séance, pour récupérer la pôle. McLaren se plaint de perdre 300 tours dans les Hunaudières, pour un problème d'alimentation. Comme l'ingénieur Roy Lunn semble dubitatif, Bruce le fait monter dans la GT 40, pour rentrer à l'Hôtel situé à la Chartre sur Loir, à 45 km du circuit. Poussant le bolide à 270 km/h dans la campagne sarthoise, il s'exclame à l'arrivée devant un Roy Lunn terrorisé : « Vous voyez bien, qu'elle ne prend pas les tours ! »

Surtees Ferrari N°19 réalise donc le meilleur temps en 3'42" devant la Ford N°11 de Ginther (3'45"3), la Ferrari N°15 de P. Rodriguez (3'45"5), la Ford N°10 de P. Hill-McLaren (3'45"9), et la Ferrari N°14 de G.Hill (3'47"2). 3 Ferrari et 2 Ford dans les cinq premières, le duel est déjà bien en place avant la course.

Le samedi à 16 heures, le ciel est dégagé et la température estivale, au moment du départ. Graham Hill embraye le premier devant Pedro Rodriguez, alors qu'un petit trou est fait avec l'Aston DP 211 de Mark Salmon qui passe $3^e$ à Indianapolis, devant la Ferrari de Surtees. La Maserati de Trintignant, avec un problème de portière, part attardée. Phil Hill démarre également en queue de peloton victime de ses carburateurs.

Giancarlo Baghetti sur la Ferrari N° 22 perd toute chance d'entrée, en faisant chauffer son embrayage. Dès la fin du premier tour la Ford N°10, s'arrête pour une vérification au stand. C'est plus sérieux pour la Ferrari 250 LM de David Piper, bien partie, le carter d'huile a été trop rempli et la pression a fait éclater la cloche du filtre, répandant le liquide dans l'habitacle. Ginther sur la Ford N°11, désigné comme lièvre, dépasse au $2^e$ tour Rodriguez dans les Hunaudières pour prendre la tête. Phil Hill reparti, gagne 30 places en trois tours, puis s'arrête de nouveau, pour faire déboucher un gicleur de carburateur encrassé.

Après une heure de course, Ritchie Ginther passe avec 40'' sur un trio de Ferrari qui se suit dans l'ordre, à savoir la N°19 de Surtees, la 15 de Rodriguez puis la 14 de Graham Hill. Gurney sur la première Cobra pointe $6^e$, devant l'AC Cars de Sears $7^e$. La $2^e$ GT 40 N°12, prévue en réserve pilotée par Attwood, figure à la $8^e$ place. Maurice Trintignant, sur la Maserati, dernier au départ, est remonté à la $17^e$ place, pendant que la $3^e$ Ford de Phil Hill, navigue en $44^e$ position, à 3 tours.

À17h45, Premier ravitaillement pour Ginther. Le stand Ford est moins bien organisé que celui de Ferrari, 2'7'' d'arrêt contre 1'. Du coup Masten Gregory reprend le volant de la 11 en $2^e$ position derrière Bandini, qui a relayé Surtees sur la 15. Jean Guichet, lui, a repris le volant de Nino Vacarella sur la Ferrari N°20, passant de la $5^e$ à la $3^e$ place à 18 heures. Au contraire de Skip Hudson moins efficace que Rodriguez qui fait tomber la 15 au $5^e$ rang. Bondurant en relayant Gurney a perdu une place au profit de l'Aston DP214 de Salmon-Sutcliffe $6^e$.

19h00, la situation reste relativement stable Surtees-Bandini, sont toujours devant avec un tour d'avance sur Ginther-Gregory, puis suivent 3$^e$ et 4$^e$ les Ferrari de Vacaralla-Guichet et de G. Hill-Bonnier. La Maserati de Trintignant-Simon fait un joli retour en occupant la 7$^e$ place à deux tours, juste derrière la Ford d'Attwood-Schlesser 6$^e$. La Cobra Daytona de Gurney-Bondurant mène confortablement la classe Grand Tourisme en pointant au 8$^e$ rang, devant l'autre Daytona d'Amon-Neerpasch 9$^e$.

La physionomie change peu après 20 heures, quand la Ford N°12 pilotée par Attwood toujours 6$^e$, s'embrase à la sortie de Mulsanne. Une rupture de canalisation d'essence cause l'incendie. Dick Attwood réussit à s'extraire de la voiture, sans dommage corporel. À 20h30, la Ferrari de Rodriguez-Hudson 5$^e$, reste définitivement au stand, pour rupture de joint de culasse. André Simon fait le spectacle, premier pilote à passer la barre des 300 km/h, dans les Hunaudières avec sa Maserati. 307 km/h très exactement, du coup la franco-italienne remonte à la 3$^e$ place à 2 tours des leaders.

Le crépuscule va de pair avec les Ford. L'aiguille vient d'indiquer 21 heures à l'horloge, Ginther-Gregory ont repris la tête 30' pendant l'heure précédente, mais ont dû la céder, encore une fois à cause du ravitaillement. Cette fois Masten, s'arrête pour tout autre chose, il ne peut plus enclencher ni la 2$^e$ ni la 4$^e$. Les mécanos démontent le cul de la boîte Colotti, mais constatent rapidement que le mal est irréparable. Dernier espoir pour Ford, la N°10 de P. Hill-McLaren qui est revenue en 13$^e$ position, mais avec 6 tours à combler.

Ford en difficulté, le public s'enflamme pour la Maserati « du petit Simon ». À 22 heures c'est le commencement de la fin, la voiture stoppe avec un alternateur défaillant et des freins fatigués. La réparation dure plus de 30' et Trintignant repart en 24$^e$ position, alors que la Tipo 152 occupait la 3$^e$ place à 2 tours de Surtees-Bonnier et à un tour de Vacarella-Guichet. L'AC Cars est éliminée par l'éclatement d'un pneu entre Arnage et Maison Blanche.

Bolton au volant cherche à éviter la Ferrari de Baghetti sort de la piste et fauche trois jeunes spectateurs qui se tenaient en zone interdite. 6$^e$ dans la première heure, « la Cobra anglaise » était tombée en 27$^e$ position, après des problèmes d'alimentation, avant de regagner 4 places avant le drame.

À minuit, Surtees-Bandini sont toujours confortablement en tête, suivis par les 2 autres Ferrari de Vacarella-Guichet et G. Hill-Bonnier. Les Cobra d'Amon-Neerpash et Gurney-Bondurant sont 4$^e$ et 5$^e$ à 6 tours, devant la dernier Ford GT40, 6$^e$ à 7 tours.

Peu après la Daytona d'Amon-Neerpash, brillante depuis le départ et en tête du classement G.T, rentre avec un souci d'alternateur. Pour éviter un changement de batterie interdit, le stand pense trouver la parade en déchargeant une batterie neuve dans l'ancienne. Mais finalement, les commissaires considèrent, que l'interprétation de la règle n'est pas dans l'esprit et disqualifient la Cobra N°6 deux heures plus tard.

Peu avant 4 heures du matin, soit la mi-course, Surtees-Bandini sont retardés par des problèmes d'alimentation et cèdent le commandement à Vaccarella-Guichet. Phil Hill fait le forcing, il passe la Cobra de Gurney-Bondurant pour la 4$^e$ place, une heure plus tard et à 5h20, il bat le record du tour dans le brouillard, en 3'49''2 à 211,429 km/ de moyenne. Puis il profite d'ennuis mineurs de Bonnier-G. Hill, pour grimper à la 3$^e$ place. C'est le chant du cygne, au moment où l'aurore pointe, Phil rentre au stand. La boîte Colotti, n'a pas résisté au couple du Ford V8.

Ferrari ne peut plus être inquiété pour la victoire. Nino Vaccarella-Jean Guichet l'emportent en ayant bouclé 4695 km310 à la moyenne de 195,638 km/h devant Jo Bonnier-Graham Hill à 5 tours. Malgré des problèmes d'embrayage et de température d'eau, Surtees-Bandini parviennent à préserver leur 3$^e$ place à 12 tours. La Cobra de Gurney-Bondurant, retardée par un problème de radiateur d'huile, finit 4$^e$ à 15 tours et remporte la catégorie Grand Tourisme. Les Ferrari n'ont jamais été vraiment menaçantes en G.T, même si la 250 GTO/64 de Bianchi-Beurlys 5$^e$, ne termine qu'à un tour derrière la Cobra.

---

Objectif atteint pour Ferrari, avec cette 8ᵉ victoire mancelle, mais aussi pour Shelby, qui continue sa marche en avant en G.T. Le staff de Ford, fait passer la pilule à Dearborn en argumentant sur le potentiel de la voiture, qui s'est montrée la plus rapide en course. John Wyer n'est pas dupe, il sait très bien que la réussite demande du temps, et du temps il n'en n'a pas. Leo Beebe, lui demande d'être présent pour les 12 heures de Reims, revanche des 24 heures du Mans, dans moins de trois semaines. Compte tenu de la proximité de l'épreuve aucun changement en profondeur n'est envisageable. Un châssis neuf (105) est engagé pour remplacer le 104 détruit, équipé du Ford 289 4,7 litres à la place du 4,2 litres.

Comme au Mans, il y'aura trois GT 40 à Reims, les équipages restant les mêmes. Chez Shelby Américan nous retrouvons les deux Daytona, où Ines Ireland seconde Neerpasch, à la place d'Amon. Sur la voiture que Gurney partage avec Bondurant les mécanos ont peint sur l'arrière gauche : « Dan Gurney for Président », pour symboliser la popularité, dont jouit le pilote californien dans l'équipe.

Protestant manifestement toujours, la Scuderia ne se trouve représentée que par le NART, avec Surtees-Bandini et G. Hill-Bonnier ainsi que par l'écurie Francorchamps avec Langlois-Beurlys. Histoire de bien marquer leur désaccord les trois machines sont de type 250 LM 3 litres, les voitures refusées en G.T par la FIA. Les Grand Tourisme ne sont toutefois pas absentes, avec pas moins de six 250 GTO. L'explication des essais se solde par un « mano-mano » Ferrari Ford. Surtees fait le meilleur temps en 2'19"6 avec Ginther à 4/10, Phil Hill à 7/10 et G. Hill à 2"4. Dan Gurney 5ᵉ temps en 2'23"9, place la Cobra comme meilleure G.T.

À minuit, Toto Roche libère les 37 concurrents. À la fin de la première boucle, G.Hill (Ferrari) mène devant Ginther (Ford) et Gurney (Cobra). Au 3ᵉ passage Ritchie Ginther passe en tête. Sur les 10 premiers tours, les positions changent constamment. Fin de la première heure, on y voit déjà un peu plus clair. Premier, Ginther-Gregory ont bouclé 25 tours, Surtees-Bandini sont 2ᵉ dans l'échappement de la Ford, 3ᵉ G. Hill-Bonnier à 1', 4ᵉ P. Hill-McLaren à 1'35, 5ᵉ Attwood-Schlesser à 1'58".

La première GT est 6ᵉ à un tour, il s'agit de la 250 GTO/64 de Parkes-Scarfiotti. La GTO de Parkes-Scarfiotti perd ¾ d'heure pour changer une canalisation de frein, pendant que Gurney-Bondurant sont stoppés 15' pour un echange de pompe à eau. La réparation s'avère inutile, Dan ne repart que deux tours, la boîte de vitesses est hors d'usage. Puis au 28ᵉ tour le leader Ritchie Ginther, est éliminé également sur rupture de boîte. À la fin de la 2ᵉ heure, Surtees-Bandini mènent avec 13" d'avance sur G. Hill-Bonnier et 38"sur Attwood-Schlesser, les autres sont à un tour et plus.

Seule modification après 3 heures de course, la Cobra de Neerpasch-Ireland est maintenant 4ᵉ et première G.T à 2 tours. 4 heures du matin, Attwood-Schlesser toujours 3ᵉ, accusent maintenant un tour de retard sur les deux Ferrari et la Cobra 4ᵉ est à 3 tours. Le retard de la Ford s'explique par un problème de transmission, qui s'avère définitif une heure après. 6 heures, nous sommes à la mi-course, la Cobra doit s'arrêter 40' avec un problème de collecteur d'échappement. Elle ne repart que pour 7 tours, comme pour la voiture sœur, avec la boîte qui lâche. Phil Hill-McLaren, ne sont plus dans course à cause de cette maudite transmission.

L'épreuve n'a plus d'intérêt que pour le duel que se livrent les deux Ferrari de tête. G.Hill-Bonnier menacés par Surtees-Bandini. Une crevaison de John Surtees dans la dernière heure, le relègue à un tour. La 250 GTO de Parkes-Scarfiotti 3ᵉ, remporte la catégorie Grand Tourisme. Pour Shelby, il s'agit d'un simple coup d'arrêt. Pour Ford, les craintes de John Wyer étaient bien fondées, la boîte et la transmission Colotti sont inadaptées à la Ford GT 40, il va falloir se tourner vers un autre fabriquant.

Afin d'éviter une nouvelle humiliation, Ford s'abstient de participer au Tourist Trophy à Goodwood le 29 août. Ford absent, Ferrari se retrouve confronté sur ce type de circuit à des barquettes de voiture de sport propulsées parfois par …des moteurs Ford ! C'est le cas de la nouvelle Lotus 30 de Jim Clark, équipée du 289 de la Cobra.

La Zerex Spécial de Bruce McLaren est propulsée par un V8 Olsmobile et les Brabham BT8 de Denis Hulme et Hugh Bibley par un V8 BRM et un 2,7 litres Conventry Climax. Les GT sont naturellement les plus nombreuses en dehors des deux Daytona de Dan Gurney et Phil Hill, nous retrouvons les roadsters Cobra de l'écurie Willment pour Jack Sear et Bob Olthoff, cette dernière est équipée d'un hard-top. Chez Ferrari, on s'appuie sur sa filiale anglaise de Maranello Concessionnaires, avec le proto 330 P pour Graham Hill et une 250 GTO/64 pour Ines Ireland. Le NART, est aussi de la partie, avec une GTO/64 pour John Surtees. En dehors de deux autres GTO classiques, David Piper est au volant de sa 250 LM personnelle.

Aux essais, les barquettes de sport se montrent les plus performantes. Bruce McLaren, est en pole position 1'23"2, devant Jim Clark à 6/10 et Graham Hill à 1"4. Clark et McLaren prennent le contrôle de la course d'entrée. Au 8e tour, Surtees s'accroche avec l'Elva de Tony Lanfranchi, les deux voitures sont éliminées. Au 18e tour McLaren renonce pour un problème d'embrayage. Clark, toujours devant à mi-course, est retardé par des problèmes de freins, il va finir 12e à 17 tours. La voie est libre pour Graham Hill, qui l'emporte avec un tour d'avance sur la Ferrari verte de Piper. Les Cobra font un joli tir groupé, Gurney 3e remporte la catégorie G.T devant les voitures de l'écurie Willment, Sear 4e et Olthoff 5e. La première GTO, d'Ireland n'est que 6e à 5 tours.

La lutte en GT est toujours aussi indécise pour le titre. Ferrari enfonce le clou au Tour de France auto le 29 septembre la 250 GTO de Bianchi-Berger l'emporte devant l'autre GTO de Guichet-de Bourbon Parme. Les trois Cobra Daytona, sont éliminées pour des problèmes mécaniques dès la 2e étape. Mais la Shelby Company, rétablit l'équilibre le même jour à Bridgehampton. Walt Hangsten crée la surprise en imposant pour la dernière fois une Scarab à moteur Chevrolet. Rodriguez est 2e sur une Ferrari 275P devant la 250 LM de Grossman. Ken Miles AC Cobra 289 4e à 3 tours remporte la catégorie GT, les autres Cobra de Bucknum 6e et Johnson 7e complètent le succès.

Ferrari a 3 points d'avance sur les Cobra Shelby, et une ultime épreuve doit se disputer à Monza. Sur un circuit aussi rapide, les Cobra Daytona, sauf incident, ne devraient faire qu'une bouchée des Ferrari 250 GTO. Enzo, menace à grands coups de renfort de presse, de ne pas engager ses voitures si la 250 LM, n'est pas retenue en Grand Tourisme. La Fédération Internationale Automobile, qui n'a cure des gesticulations du Commendatore, sur le même sujet depuis le début de la saison, fait la sourde oreille. Enzo Ferrari est pris à son propre piège, en pensant que la F.I.A va céder à son odieux chantage. Pourtant toujours aussi machiavélique, il lui reste encore une carte à abattre…

Bien que les relations entre Romolo Tavoni son ex directeur sportif et « l'Ingenere » ne soient pas toujours au beau fixe, loin sans faut, Tavoni connaît bien l'intérêt d'être toujours dans les petits papiers du « Maitre de Maranello ». De ce fait, Enzo « s'invite » à Monza pour rencontrer Romolo devenu l'administrateur du circuit. Il va lui faire *une proposition qu'il ne va pas pouvoir refuser !* « Annuler la course de Championnat à Monza, en prétextant que le forfait des Ferrari, ne permet pas de présenter un plateau suffisant ! » On ne connaîtra jamais la contrepartie du deal, néanmoins Tavoni va s'exécuter.

Ferrari, conserve ainsi son titre de Champion du Monde des Voitures de Sport Division III. En apprenant la nouvelle Carroll Shelby s'est exclamé : « Old rascal, appointement in 1965 ! » *(Vieux bandit, rendez-vous en 1965).*

Chapitre 14

# À L'OUEST DU NOUVEAU

Le problème du championnat des voitures de sport « réglé à sa manière »,
Enzo, est confronté à un autre problème beaucoup plus musclé. Inutile de
dire que la F.I.A goûte la plaisanterie de Monza très moyennement, même
si aucune preuve ne peut être retenue d'une éventuelle pression de Ferrari,
sur l'organisateur italien. Dans le cas contraire, la Scuderia l'aurait payé
très cher autant sportivement, que pénalement.

Le Championnat du Monde de Formule 1 va bientôt se terminer et à deux
Grand Prix de la fin, Ferrari est bien placé pour le titre. Pour bien
comprendre la situation, souvenons-nous : Après une année 1962
catastrophique, 1963 fut l'année de la renaissance. Certes le trio Jim
Clark, Chapman et Lotus 25 ont écrasé la saison de F1 comme jamais,
remportant 7 G.P sur les 10 inscrits au Championnat. Pour les 3 autres
Clark a dû abandonner à Monaco alors qu'il était en tête (victoire de G.
Hill), il a été précédé par G.Hill et R. Ginther aux États-Unis, pour un
stupide incident de pompe à essence déconnectée. Enfin, John Surtees
(Ferrari) l'a battu en profitant d'un fil de bougie débranché, l'écossais
terminant 2$^e$ au Nurburgring. Toujours est-il, que le châssis semi-
monocoque « Aero » conçu par Mauro Forghieri, et le moteur V6 revisité
par l'ingénieur suisse Michael May avec une injection Bosch, a redonné
un sérieux coup de jeune à la F 156.

Outre sa victoire au G.P d'Allemagne « Big John » Surtees a fini 2<sup>e</sup> en Grande Bretagne et 3<sup>e</sup> en Hollande pour prendre la 4<sup>e</sup> place du championnat.

En 1964, la physionomie est totalement différente. Quatre pilotes, dominent la saison. Dan Gurney est le plus malchanceux, victorieux du G.P de l'ACF, en tête à Monaco et en Autriche, dans le coup pour la victoire en Grande Bretagne et en Italie, sa Brabham le trahit mécaniquement. Le pire arrive au G.P Belgique, où il a course gagnée, quand il tombe en panne d'essence à quelques centaines de mètres de l'arrivée et Clark profite de l'aubaine. Jimmy justement est loin de planer sur le championnat, comme il l'a fait l'année précédente. Outre sa victoire chanceuse à Spa, il s'impose en Hollande et en Grande Bretagne. Graham Hill continue « à régner » en principauté, pendant que Surtees « fait galoper le Cavallino » en Allemagne et en Italie. Ferrari est donc placé pour le titre pilote, mais également pour le titre constructeur, avec la victoire de Lorenzo Bandini en Autriche.

Après 8 Grands Prix, Graham Hill mène avec 32pts, devant Clark 30pts et Surtees 28pts. 18 points sont à prendre au maximum, entre les trois pilotes, tous les scenarii sont encore possibles. Comment Enzo Ferrari, va-t-il pouvoir justifier de la présence de ses voitures le 4 octobre à Watkins Glenn, alors qu'il déclare forfait en même temps à Monza ? « Combinazione », il se fait représenter par le National American Racing Team, le NART de Luigi Chinetti ! Pour faire « plus vrai », les modèles passent du rouge Ferrari au « blanc à bandes bleus », les couleurs américaines.

Les essais, confortent la tendance du début de saison. Clark (Lotus 25) arrache la pôle en 1'12"65, devant la Ferrari de Surtees (1'12"78) et occupe la première ligne. Derrière, sont présentes la Brabham de Gurney (1'12"90) et la BRM de G. Hill (1'12"92) en deuxième ligne. Le G.P avec 407 km (110 tours de 3,7km) est le plus long de la saison derrière ceux de Spa et Monza qui en comportent 450.

John Surtees surprend tout le monde au départ, et plus encore Mike Spence parti de la 3ᵉ ligne avec la nouvelle lotus 33, qui pointe au 2ᵉ rang à la fin de la première boucle. Les positions évoluent rapidement, Spence rétrograde, Clark devient leader devant Surtees et Gurney. Jimmy mène en tête jusqu'au 43ᵉ tour où son moteur bafouillant, un retour au stand s'avère nécessaire, pour un filtre à essence se dessoudant. Surtees est de nouveau aux commandes un court instant puis il est débordé par Hill et Gurney. Dan 2ᵉ, est encore frappé par le mauvais sort, son moteur casse au 59ᵉ tour. Graham Hill, l'emporte devant John Surtees à 40'' et Jo Siffert sur la Brabham de l'écurie Rob Walker, 3ᵉ à un tour.

Rendez-vous à Mexico City le 25 octobre pour l'ultime étape d'un championnat passionnant. Graham Hill après sa victoire de Watkins Glenn est plus que jamais devant avec 39 points. Toutefois sa régularité tout au long de la saison lui coûte deux points, les 6 meilleurs résultats seulement, sont pris en compte sur les 10 courses. Surtees avec 34 points est passé devant Clark qui en compte 30. Autrement dit pour Jimmy les chances de conserver son titre sont très minces. Il doit absolument l'emporter sans que Surtees soit 2ᵉ et G. Hill 3ᵉ. Pour Surtees une 2ᵉ place peut suffire, si G. Hill est au-delà de la 3ᵉ place et sans une victoire de Clark, bien sûr.

Avec 3 voitures, Enzo Ferrari, toujours représenté par les « blanches et bleues » du NART, ne fait pas les choses à moitié. John Surtees court sur sa 158 V8 du début de saison, Lorenzo Bandini sur une nouvelle 512 V12 et Pedro Rodriguez, sur une ancienne 156 V6. Lorenzo et Pedro ont pour seule mission de mettre John dans la meilleure situation possible. Le classement constructeur est tout aussi indécis. Ferrari totalise 43 points devant BRM 42 et Lotus 37 ! Aux essais, Clark décide de partir sur la nouvelle Lotus 33 et réalise le meilleur temps en 1'57''24. Gurney est à ses côtés avec un chrono d'1'58''10. Sur la 2ᵉ ligne, nous apercevons les deux Ferrari de Bandini (1'58''60) et de Surtees (1'58''70). Enfin en 3ᵉ ligne, Spence sur la lotus 25B et Graham Hill avec le 6ᵉ temps.

G. Hill après avoir cassé son moteur aux essais, se trouve pénalisé au départ de la course par une courroie de masque de lunette défectueuse et se retrouve au milieu du peloton. Surtees, est aussi handicapé par un moteur qui toussote, mais à la fin du premier tour il prend enfin les régimes. Clark s'envole avec Gurney dans ses échappements. 10ᵉ et 13ᵉ à la première boucle Hill et Surtees se lancent dans une poursuite folle. Après 5 tours, ils sont remontés aux 6ᵉ et 7ᵉ rang, puis Hill devient 3ᵉ au 11ᵉ passage, position qui lui assure virtuellement le titre.

Jimmy s'est détaché de Dan, Bandini vire 4ᵉ pendant que Surtees, passe 5ᵉ, à la fin du 18ᵉ des 65 tours. Le premier coup de théâtre intervient au 30ᵉ tour. Surtees qui vient de recoller Bandini au tour précédent et s'impatiente, lui reprochant poing levé, de ne pas attaquer G.Hill juste devant. Sous pression Lorenzo, s'exécute à l'épingle d'Herpin, loupe son freinage et vient éperonner les échappements de la BRM. Les 2 voitures, partent en tête à queue et Surtees en profite pour s'emparer de la 3ᵉ place.

La Ferrari n'est pas endommagée, par contre la BRM, doit passer deux fois par son stand, ôtant toute chance à Graham Hill pour le titre. Bandini, tire un maximum de son V12 pour repasser son chef de file. La messe est dite, Clark caracole en tête avec Gurney toujours en deuxième position., l'écossais va conserver son titre. À 10 tours de la fin, une traînée d'huile se répand sur la piste, au même moment Jimmy constate une baisse de pression sur son manomètre. Pas de doute, au tour suivant Clark change de trajectoire, l'huile répandue provient bien de sa Lotus. À 2 tours de la fin, Dan Gurney se retrouve en tête et Graham Hill virtuel champion du monde. Oui, sauf que Clark n'est plus en mesure de terminer. Il sera finalement classé 5ᵉ à un tour. Dragoni, a le bon réflexe de demander en panneautant à Bandini, de laisser passer Surtees. Celui-ci, s'exécute dans le dernier tour et « big John », précède de moins d'une seconde, son coéquipier sur la ligne, pour un titre devenu improbable. Coup double pour la Scuderia, John Surtees, est champion du Monde et Ferrari remporte le titre constructeur, avec 3 points d'avance sur BRM. Ferrari en cette année 1964 a tout gagné en endurance et F1, avec un peu de réussite et surtout beaucoup de malice !

Chez Shelby American, la production ne s'arrête pas, 376 roadsters Cobra 289, sortent d'usine en cours d'année et au mois d'avril. En même temps que la Mustang chez Ford, Carroll Shelby présente le prototype de la Sumbeam Tiger. Fidèle à sa réussite avec la Cobra, il part du cabriolet Sumbeam Alpine, qu'il fait équiper du Ford 260, avec un remplacement de la direction à bille par une crémaillère et une modification de la suspension arrière. Entre 1964 et 1967, la voiture est produite à 6495 exemplaires chez Jensen Motors, à West Bromwich en Angleterre.

Sur le plan sportif, la lutte sur le front européen, se poursuit en parallèle du front américain, avec pour objectif de conserver les titres USRRC et SCCA en production série A. Le mois de mai est tristement endeuillé par la grave blessure de Bob Holbert, aux essais d'une épreuve à Kent et surtout par la perte de Dave Mac Donald, qui se tue à Indianapolis, au volant de la voiture de Mickey Thompson. Bob Johnson et Ed Leslie sont engagés pour soutenir Ken Miles, Augie Pabst et Ed Leslie, qui se consacrent essentiellement aux King Cobra.

Sans rentrer trop dans le détail, la Shelby Company collectionne les succès. Ainsi Ken Miles et Ed Leslie font le doublé à Riverside le 26 avril sur leurs Cobra 289, puis encore à Kent le 10 mai et le 28 juin à Watkins Glenn. Le 9 août à Meadowdale Miles remporte une quatrième victoire, cette fois devant son autre équipier Bob Johnson. Puis arrivent les « courses dites majeures ». La Player's 200 du 6 juin à Mosport au Canada, dans la première course la King Cobra Augie Pabst doit se contenter de la 3e place derrière la Zerex de McLaren et la Chaparral 2A de Penske. Dans la 2e course Pabst, finit second derrière McLaren. Puis dans la Road America 500 à Elkhart Lake du 13 septembre, Shelby engage 3 équipages. Johnson fait équipe avec Leslie et renonce au tiers de la distance, sur casse moteur ; même souci pour Miles-Bucknun. Finalement Ken, reprend le volant de Morton et Scott, pour aller chercher la 2e place, derrière la Ferrari 250 LM de John Mecom, pilotée par Hangsten-Pabst, et remporter la catégorie Grand Tourisme.

Retour sur les circuits avec la King Cobra de Parnelli Jones, qui remporte les 200 miles de Riverside, dans le cadre du G.P du Los Angeles Times, le 11 octobre, devant les « pointures » Jim Hall (Chaparral 2A) 2$^e$ et Jim Clark (Lotus 30) 3$^e$. Bob Bondurant sur l'autre King Cobra, prend la 5$^e$ place, dans cette épreuve, la plus prestigieuse et la plus richement dotée du moment.

La King Cobra, termine sa brillante carrière, une semaine plus tard, le 18 octobre 1964 à Laguna Seca, pour le G.P de Monterrey. Aux essais, Roger Penske sur la Chaparral 2A, se montre le plus convaincant, devant la Lotus 19B de Dan Gurney. Bob Bondurant, partage la 2$^e$ ligne avec la Lotus 19 Chevrolet de Jerry Grant. Incontestablement, la Chaparral a pris le pas sur la King Cobra. Parnelli Jones, privé de freins en la poursuivant, est accidenté. La lutte pour la deuxième place, oppose Bondurant à Gurney. Les deux pilotes, échangent leurs positions pendant la course, mais Dan finit par avoir le dessus sur Bob, pendant que Ronnie Bucknum sur la 3$^e$ King Cobra prend la 4$^e$ place.

En septembre John Wyer « est invité » à se rendre à Dearborn pour un compte rendu de la saison sportive. Outre Henry Ford qui le reçoit courtoisement, Leo Beebe et Roy Lunn assistent à l'entretien. John, vu les résultats, a une mine encore plus sombre qu'à son habitude et n'a pas beaucoup d'arguments à présenter, après les abandons des GT40 au Nuburgring, au Mans et à Reims. Il explique que pour réussir, il faut du temps et que l'unique source d'abandon, provient de la transmission et de la boîte Colotti, problèmes qu'il compte régler prochainement. Le staff de Ford, ne manque de revenir sur les victoires des Cobra en GT et en Nascar avec la Ford Galaxie, équipée du moteur 427 de 7 litres. Ils estiment, que le groupe moteur pourrait être appliqué à la GT 40. Wyer ne partage pas cette opinion, l'actuel GT 40, a pour lui une puissance suffisante et relancer une étude pour un nouveau véhicule, à trois mois de l'année 1965, lui parait trop risqué. Ford, Beebe et Lunn, prennent acte du point de vue de Wyer, le remercient pour son déplacement et lui disent qu'ils lui feront part de leurs décisions dans les jours à venir.

Concrètement, le sort de John Wyer est déjà scellé. La discussion continue entre les trois hommes. Henri Ford, demande son sentiment à son homme de confiance Léo Beebe. Pour lui, il est nécessaire de rapatrier la direction sportive et le développement des véhicules d'Angleterre aux États-Unis. Pour ce faire, il propose de remplacer John Wyer par Carroll Shelby. La décision est prise dans l'heure.

Henry Ford a tout de même le bon goût de ne pas virer John Wyer, il lui confie le développement de la « version civile » de la GT 40 dans l'entreprise de ce dernier, Ford Advanced Vehicles.

Pour Carroll Shelby, il s'agit d'une formidable opportunité, il se voit offrir un contrat de 5 ans avec Ford, pour développer une version « Pony car » de la Ford Mustang en plus de l'exploitation sportive et technique de la GT 40. Opportunité, mais aussi pari un fou, réussir où John Wyer a échoué !

Bien entendu, les locaux de Princeton Drive et de Carter Street, ne sont plus dimensionnés pour accueillir les nouveaux projets à mettre en œuvre. À partir du 1er mars 1965, le déménagement se fait au 6501 West Imperia Hwy dans deux anciens hangars d'aviation jumelés, bordant l'aéroport de Los Angeles. Il faudra plusieurs mois pour vider, à regret pour beaucoup, les anciennes installations qui ont forgé la légende des Cobra. L'effectif de la Shelby Company va grossir au cours de l'année 1965 de 100 à 200 personnes.

Comme si Carroll n'était pas assez occupé, il accepte peu de temps avant, de donner un coup de main à la fois financier et technique, à son ami Dan Gurney, pour fonder l'All American Racer, dont il en devient le vice-président. L'objectif du « grand Dan » à l'image de Jack Brabham, est de fabriquer à court ou moyen terme une formule 1. Après « Black Jack » en 1962 et en même temps que Bruce McLaren, il devient ainsi le deuxième pilote constructeur. L'A.A.R, est basé à Santa Ana en Californie, à moins de 50km de Los Angeles. Pour l'instant, la société se contente de monter un moteur Ford 289 façon Cobra, dans un châssis Lotus 19B réactualisé au niveau de la suspension.

Avant de commencer 1965, il faut déjà terminer l'année 1964. Le Nassau Speed Week est un rendez-vous incontournable. Toujours à l'affût d'une trouvaille, Ken Miles avec l'accord de Shelby, se lance dans un nouveau projet baptisé « Turd », du nom de l'atelier où il est produit. Il s'agit de partir d'un Ford V8 390 expérimental tout alu, prévu pour être monté dans un coupé Daytona en juin dernier, mais qui finalement est resté à l'atelier. Une caisse originale en tôle d'aluminium fine, est ajustée sur un châssis AC (CSX 2196) avec suspension spéciale à double triangulation, sorte de laboratoire, en vue de la future AC Cobra 427. Le « Turd » une fois terminé, développe la bagatelle de 500 chevaux, refroidis sur le capot par une large ouverture, complétée par un système de persiennes.

Les épreuves aux Bahamas, sont prévues du 29 novembre au 6 décembre. Après les 12 heures de Reims, l'usine de Slough n'est pas restée inactive. Le nez de la GT 40 a été retravaillé, l'entrée d'air du radiateur d'eau a été élargie, et deux autres mini-radiateurs ont été ajoutés, afin de refroidir les freins. Le châssis 102 a été détruit par John Whitmore lors d'un essai sur l'autodrome de Monza. John Wyer, débarque donc à Nassau avec les châssis 103 et 104 restants. Les deux GT 40, sont désormais équipées du Ford 289 4,7 litres.

La première épreuve baptisée « Premilinary » ressemble à un long sprint de 5 tours de 7km242. La GT40 de McLaren, ne tient même pas la distance, la suspension se brise dès le 3$^e$ tour. Le « Turd » de Ken Miles part comme une fusée, mais son moteur explose à une centaine de mètres de l'arrivée. Du coup Ken, doit se contenter de la 2$^e$ place, laissant la victoire à la Chevrolet Corvette Grand Sport de Roger Penske, Phil Hill sur l'autre GT40 terminant 3$^e$. Pour le Tourist Trophy, la Ford de McLaren n'est pas réparée et le néo-zélandais, doit déclarer forfait. Par contre un nouveau moteur 427, pour remplacer le 390 est monté dans le « Turd ». Miles encore une fois n'a pas d'adversaire jusqu'au 18$^e$ des 23 tours où son moteur explose de nouveau. Phil Hill n'est pas plus heureux, sa suspension lâche au 17$^e$ passage. Penske remporte une 2$^e$ victoire, pendant que les deux Cobra 289 de Johnson et Payne 4$^e$ et 5$^e$ font le doublé en G.T.

La course majeure, le Nassau Trophy se dispute le 6 décembre, sur 56 tours, soit 405km500. Les deux GT 40 restent « sous bâche », pendant qu'un troisième moteur est monté sur le « Turd ». La course est particulièrement décevante pour Shelby American, des problèmes de suspension et de moteur éliminent le Turd et la Cobra 289 d'usine de Bob Johnson. La Chaparral 2A de Sharp-Penske l'emporte avec 1'18" d'avance sur la nouvelle McLaren Elva Oldsmobile, pilotée par son constructeur, Bruce en personne.

Cobra et Ford sont rapatriés sur Venice, plus que deux mois et demi pour préparer la nouvelle saison. Les deux GT 40, sont littéralement désossées en arrivant à l'atelier. Phil Remington, est naturellement à la manœuvre épaulé par Frank Lance et John Ohlsen pour la partie châssis. Jack Hoare et Cecil Bowman ont en charge les moteurs, un jeune motoriste de talent, âgé de 21 ans, vient d'être embauché. Son look, semble un compromis entre « Clint Eastwood » et « Ricky Nelson », il s'appelle Gordon Chance.

L'examen des véhicules révèle que des « pailles » dans le métal des épures de suspension, ont causé les abandons à Nassau. Shelby Company, décide dorénavant, de choisir lui-même les sous-traitants. L'option du moteur Ford 289 en fonte, est définitivement adopté par rapport au 260 en alu. Il est certes plus lourd, mais plus puissant et surtout, offre un meilleur couple à bas régime. Conséquence la partie arrière de la GT40, s'en trouve remodelée, pour accueillir deux radiateurs d'huile montés en porte à faux. Le réservoir d'huile, placé à l'avant est supprimé, permettant ainsi d'augmenter la surface frontale, toujours dans l'optique de mieux refroidir le moteur, dont le flux interne est entièrement repensé. Les étriers de freins Girling, sont associés à de nouveaux disques ventilés Kelsey-Hayes. Enfin un gros travail porte sur le groupe boite transmission Colotti, qui a causé les trois quart des abandons en 1964. Des pignons hélicoïdaux d'origine Ford, dans un acier plus résistant, côtoient des joints métalliques Dana, en remplacement des joints caoutchouc Metalastik.

La Ford GT40 « version Shelby », est prête pour une série de tests sur le circuit de Riverside, début janvier 1965. Ken Miles, en qualité de pilote essayeur, est naturellement au volant et les premiers essais, portent sur la modification des suspensions. La voiture, apparaît dans une nouvelle livrée, bleu nuit avec deux bandes blanches, remplaçant le blanc bleu de Ford. Les Cobra Shelby, vont également abandonner le bleu nordique, pour courir sous les mêmes couleurs.

Ken donne ses premières impressions : « It's Bloody awfull » (*c'est terriblement saignant !*) se montrant sceptique sur les modifications. Bob Bondurant le relaye. Il confirme un sous virage excessif et des réactions de suspensions terribles. Les pneus Dunlop R6 jugés trop étroits, vont bientôt être remplacés par des Goodyear 8 pouces à l'avant et 9,5 pouces à l'arrière. Après quelques modifications, l'équipe est de nouveau présente à Riverside la semaine suivante. Les essais, se poursuivent en la présence de Carroll Smith, le nouveau team manager embauché par Shelby. Smith à 32 ans, a couru un peu en Angleterre au volant d'une Cooper Junior, il va s'occuper des Ford GT40 pendant qu'Al Dowd, se voit confier la gestion sportive des Cobra.

La séance, porte essentiellement sur l'aérodynamisme de la GT40. Des fils de laine collés, courent le long de la carrosserie pour tester le flux d'air. Il s'agit « de vérifier à l'ancienne », la mise en pratique des théories d'Aeronutronics, une filiale de Ford, spécialisée dans l'aérospatial qui prête son concours, comme elle l'a déjà fait, dans la conception du coupé Daytona. La Ford GT 40, est-elle enfin opérationnelle pour un résultat ?

Réponse, le 28 février 1965 à Daytona !

Chapitre 15

# LA MOITIE DU CHEMIN RESTE À PARCOURIR

Depuis l'an dernier « la course de la côte Est » s'est calquée sensiblement sur les 12 heures de Sebring. Créée à l'origine sur 3 heures, la « Daytona Beach » se court désormais, depuis l'an dernier sur 2000 km, soit sensiblement une durée de 12 heures de course. Elle est la première épreuve d'une saison, qui compte 11 organisations en championnat, pour G.T et Sport Prototype. Ferrari vise le championnat prototype, sachant sa 250 GTO dépassée, condamnée en Grand Tourisme. N'ayant pas obtenu satisfaction dans l'homologation de sa 250 LM, la Scuderia se voit mal rivaliser avec sa nouvelle 275 GTB, bien trop sage pour contrer le coupé Cobra Daytona.

Une fois n'est pas coutume, Ferrari est minoritaire au départ. Les 3 protos une 275 P pour Grossman, une 330 P pour Hangsten-Piper et la nouvelle 330 P2 de Surtees-Rodriguez, sont engagés sous les couleurs du NART. Une seule 250 GTO privée, figure dans la start-liste. Shelby Company, au contraire, mobilise toute son énergie avec les deux GT 40 pour Bondurant-Ginther (châssis 104) et Miles-Ruby (châssis 103), soutenues par quatre Cobra Daytona. Les Ford sont désormais équipées de roues Halibrand en alliage, comme celles des Cobra, ces dernières ont reçu les disques ventilés Kelsey-Hayes des GT40. Dernière attraction, la Lotus 19 B relookée est équipée d'un nouveau moteur Ford 5370 cc, de l'All American Racers où Dan Gurney, fait équipe avec Jerry Grant.

Comme dans l'épisode de « Michel Vaillant le 13 est au départ », la Cobra Schlesser-Keck porte ce numéro *(en général celui-ci n'est jamais attribué, pour des raisons de superstition)*. Dommage que Ken Miles ne soit pas à son volant, il est le sosie de « Bob Cramer », le personnage imaginé par Jean Graton dans la BD.

La nouvelle Ferrari 330 P2 avec Surtees au volant, fait forte impression aux essais, en bouclant le meilleur tour en 2'00''6. Derrière, figurent les deux GT40, avec Ginther en 2'01''8 et Miles en 2'03''. Les Cobra Daytona, font un tir groupé de la 5e à la 8e place. Le départ de la course est donné « façon Indianapolis », sur l'anneau de vitesse, lancé avec un « Pace Car » ouvrant la voie. Ginther, « le couteau entre les dents », fait un petit écart d'entrée, en prenant le meilleur sur Surtees, Hangsten, Miles et Gurney 5e. La lotus, qui a connu quelques problèmes de réglage aux essais, ne réalisant que le 10e chrono, se retrouve en 2e position, avec un Dan Gurney particulièrement agressif dès le 2e passage. Le californien se détache progressivement, Surtees-Rodriguez lutte alors avec les Ford pour la deuxième place. Au quart de la distance, la Ferrari s'arrête avec ses pneus Dunlop en lambeaux. L'explication vient de la suspension qui s'est affaissée, la voiture est retirée de la course. Peu après la 275 P de Grossman-Piper renonce, en panne d'embrayage. L'autre 330 P d'Hangsten-Piper a abandonné dès le 18e tour avec un problème de transmission. Il n'y a plus de Ferrari, Jerry Grant qui a relayé Gurney, compte 5 tours d'avance au moment où le jour décline. La Lotus, retourne au stand pour un arrêt imprévu. Après un long examen du moteur, le diagnostic tombe sans appel, un piston est percé.

Dès cet instant les « Shelby boys » n'ont plus d'adversaire. Cinq voitures, sont devant avec pour leader la GT 40 de Bondurant-Ginther. Bondurant est soudain retardé par une crevaison. De nuit, perturbé, il oublie que les stands à Daytona, sont à gauche et non à droite. Conséquence, il donne un violent coup de volant, dépasse son stand dans la zone de décélération et recule. La voiture, est immédiatement pénalisée par « un pit stop » prolongé dans le stand. Elle repart en 6e position, Ginther, parvient à remonter 3 places pour finir 3e à 9 tours.

Finalement l'autre GT40 de Miles Ruby, l'emporte avec 5 tours d'avance sur la Cobra N°13 de Schlesser-Keck-Johnson, 2e et vainqueur en G.T. Les deux Cobra Daytona de Muther-Timanus 4e et de Leslie-Grant 6e complètent le succès de la Shelby Company. La Porsche 904 GTS de Kolb-Heftler 5e à 14 tours, gagne la Classe Grand Tourisme division II.

Si la réussite du tandem Ford Shelby, ne se discute pas et qu'il s'agit d'un premier avertissement pour Ferrari, la saison ne fait que commencer. Le matériel, rentre à Venice pour une révision complète avec pour prochain objectif les 12 heures de Sebring du 27 mars. Chez Ferrari, la nouvelle 330 P2 retourne à Maranello, pour une meilleure préparation, en attendant les épreuves européennes.

La Scuderia, ne délègue même pas le NART. Paradoxalement, il y' a 7 protos Ferrari engagés, de types 330 P, 275 P, et 250 LM par des écuries privées. Les plus représentatives sont la 330 P du Mecom Racing Team de Pedro Rodriguez et Graham Hill, ainsi que la 250 LM de l'écurie Piper pour Piper-Maggs.

Chez Shelby, on ne change pas une équipe qui gagne. Les deux GT40, viennent de recevoir la nouvelle boîte ZF 5 rapports, en remplacement de la Colotti 4 vitesses, McLaren succède à Ruby pour épauler Miles et Phil Hill prend la place de Bondurant aux côtés de Ginther. Les quatre Cobra Daytona sont toujours là, avec Bondurant pour co-pilote de Schlesser. En dehors de la Lotus de Gurney-Grant, toujours présente pour jouer le trouble-fête, les deux Chaparral 2A de Hall-Sharp et Hissom-Jennings s'annoncent comme de sérieux prétendants.

Les Chaparral 5,4 litres Chevrolet, engagées en Sport et non en Prototype réalisent les deux meilleurs temps des essais. Les écarts sont plutôt conséquents, Jim Hall réalise 2'57"6 devant Bruce Jennings 3'00, les deux Ford de Miles et Ginther, 3e et 4e chronos, accusent un retard de plus de 10". La presse et le public s'attendent à un duel Ford Chaparral, éventuellement arbitré par la Lotus de Gurney-Grant (5e temps), où pour une fois les Ferrari, ne pourront jouer un rôle qu'en cas de casse des favoris.

Le départ du « type Le Mans », se fait sur piste sèche, mais le temps est orageux. Richie Ginther, se montre le plus vif, devant la Lola T70 de John Cannon et la Ferrari de Rodriguez. Deux des favoris succombent à la fin de la 2$^e$ heure. D'abord la Ford de Ginther-P. Hill, pour un problème de suspension, puis la Lotus de Gurney-Grant sur rupture de pompe à huile. La Chaparral de Hall-Sharp s'installe au commandement au début de la 3$^e$ heure, puis l'orage éclate. Des trombes d'eau s'abattent sur le circuit, noyant la piste et les stands. La course qui devient une épreuve pour « hors-bord », avec des gerbes d'eau projetées par les voitures, se poursuit à la limite du praticable. Dans ce spectacle d'apocalypse, les véhicules roulent phares allumés, dans une semi-obscurité.

La meilleure des Ferrari, celle de Rodriguez-G. Hill, renonce dans la 7$^e$ heure victime de son embrayage. La nuit tombe, la pluie cesse. Les positions sont désormais figées, la Chaparral 2A de Hall-Sharp, décroche un premier succès de dimension mondiale. La Ford GT 40 de Miles-McLaren 2$^e$ à 4 tours, remporte un précieux succès dans la catégorie prototype, devant la Ferrari 250 LM de Piper-Maggs 3$^e$ à 6 tours. Le coupé Cobra Daytona de Bondurant-Schlesser, 4$^e$ à 9 tours, s'adjuge la victoire en Grand Tourisme.

Le déménagement, n'a pas encore commencé près de l'aéroport de Los Angelès, que projet et production se poursuivent sans interruption dans les ateliers de Venice. Le développement de la Mustang, suivant le plan déjà établi pour l'AC Cobra voit son aboutissement en Février 1965. Les voitures, sur une base de coupé Fastback 2+2, arrivent de l'usine Ford de San José, livrées sans moteur. Elles sont ensuite équipées par les mécanos de Shelby, du Ford 289 « Hi-Po » de 306 chevaux et la boîte Ford d'origine est remplacée par une Borg-Warner 4 rapports. Les modifications, portent sur la grille de calandre simplifiée, le capot avant reçoit une prise d'air, pour alimenter le carburateur Holley quadruple corps. Un carter d'huile de plus grande capacité, en aluminium, plus léger, est installé et le train avant surbaissé par un abaissement des triangles de suspension. Des freins à disques ventilés Kelsey-Hayes sont montés à l'avant, ainsi que des amortisseurs Koni réglables.

La nouvelle Mustang, prend l'appellation de GT 350. Il existe une version plus poussée développant 350 chevaux, avec un arbre à cames spécifique et un échappement libre. Mise au point par Ken Miles et Bob Bondurant, elle est dépouillée du superflu. La direction plus directe perd son assistance. Un arceau renforce l'habitacle, habillé par des sièges baquets équipés de harnais de sécurité. Une jupe avant spécifique en polyester, reçoit un radiateur d'eau de plus grande capacité. Les places arrière sont supprimées, pour pouvoir loger un réservoir de carburant de grande capacité, contenant 120 litres.

La GT 350 R (*R pour Racing*), remporte un vif succès dès sa première sortie, le 14 février 1965 à Green Valley au Texas, pilotée par Ken Miles. Jerry Titus à son volant, va emporter le titre SCCA en 1965, 1966 et 1967.

Autre projet abouti, l'AC Cobra MK II. Attaqué sur la base du « Turd » fin 1964, le nouveau roadster, s'il reprend la ligne générale du modèle MK 1 lui-même dérivé de l'AC Bristol, est plus ramassé avec une longueur de 3m96 au lieu de 4m24, pour un empattement identique de 2m29. Par contre la largeur passe de 1m55 à 1m79, avec des voies également plus poussées à 1m42 aux lieu des 1m35/1m36 d'origine. Les ailes « boursouflées », permettent d'accueillir des roues Halibrand de 7,5 pouces à l'avant et 9,5 à l'arrière, contre les 7,35 de l'ancien modèle. Les châssis, n'ont plus vraiment de points communs. Les suspensions sont à double triangulation et des amortisseurs Koni, sont adaptés dessus. Mais c'est bien sûr le moteur, qui aiguise toutes les convoitises. Du « Small block » 260 4,2 litres 270 chevaux, puis du 289 4,7 l. 370 ch. nous passons au « big block » 427 7 litres, qui produit 425 ch. en version « civilisée » et 490 ch. en version compétition. Pas besoin de préciser, que ce n'est pas le genre de modèle à mettre entre toutes les mains. Le modèle (CSX 3001) peint en rouge, intérieur noir, est présenté à la presse début février, pendant qu'une vingtaine de châssis sortent de fabrication courant janvier chez AC Cars. La production de la MK 1, est arrêtée, alors que celle de MK 2, débute en mars dans les locaux de West Imperia Hwy. En 1965, 172 cobra 427, 522 Mustang GT 350 et 40 GT 350R, sont produites de mars à décembre.

La promotion de la Shelby Company, passe également par des coups de pub, dans des épreuves « drag racing » (*épreuves d'accélération disputées en duo*). Pour ce faire, deux roadsters sont élaborés sur une base de Cobra 289 transformé en coupé, avec un moteur surgonflé Hi-Performance Motors, retravaillé à l'atelier pour un meilleur couple. Baptisé « Dragonsnake », leurs décorations sont à l'image des deux monstres. L'une sort au printemps 1964, en bleu viking métallisé, l'autre plus tard dans l'année, dans une livrée noire. Il faut un parachute pour pouvoir stopper la machine ! Jere Kirkpatrick, Tony Stoer et Randy Shaw, vont collectionner trophées et records sur piste, en 1964 et 1965.

« Les ricains », débarquent en Europe pour les essais préliminaires du Mans des 10 et 11 avril. Shelby, juge inutile de déplacer ses Cobra, pour se concentrer sur quatre GT40. Aux habituels châssis 103, 104, s'ajoutent un 105 tout neuf, ainsi qu'un roadster (Châssis 111), ces deux derniers sont préparés par FAV de John Wyer et peints aux couleurs de l'année précédente, blanche et bleue. À noter que les voiture de Wyer, sont toujours équipées de roues Borrani. Shelby cherche plus les bons réglages que la performance. Ainsi deux types de pneus, les Firestone et les nouveaux Dunlop R7, sont comparés aux Goodyear. Un nouveau capot plus long, préfigurant la future GT40 MK2, est testé par Bob Bondurant sur le 104. De son côté Ferrari, travaille sur une 275 P2, une 330 P2, et une nouvelle 365 P2 4,4 litres, à quatre arbres à cames en tête, pour contrer le surplus de puissance des Ford.

Parmi les autres protagonistes, la Maserati Tipo 151/4 qui s'est illustrée l'an dernier, en dépassant les 300km/h, dans les Hunaudières avec André Simon est très regardée. Engagée par Maserati France et John Simone, Masten Gregory et Lucky Casner se relaient tour à tour. Le samedi, le temps est humide, les réglages difficiles à trouver. Après un temps très quelconque de 4'26"4, Casner, reprend le volant avec pour ambition, de descendre sous les 4'. À l'entrée de Mulsanne, la voiture zigzague, dérape, quitte la piste, percute un arbre, avant de faire deux tonneaux. Lucky est éjecté, dans un état désespéré, il décède peu après son transfert à la clinique, d'une fracture du crâne.

La chance vient d'abandonner à 36 ans, Lloyd « Lucky » Casner, le magnifique, « l'escroc au grand cœur ». Sans surprise à la fin du week-end, la Ferrari 330 P2 de Surtees fait le meilleur temps (3'35"10) devant la 365 P2 de Muller (3'40"10). Les Ford de Richard Attwood (105) en 3'40"90 et de Bob Bondurant en 3'42"90, font les 3e et 4e chrono. Le roadster GT40 piloté par John Whitmore déçoit avec le 6e temps en 3'50". Élaboré en vue de la Targa Florio, son manque de rigidité par rapport au coupé, dégrade sa tenue de route.

Le championnat Sport Prototype, reprend à Monza le 25 avril avec les 1000 km. Pour éviter de diviser ses forces, Shelby confie ses Cobra Daytona, à Alan Mann Racing, une division course de Ford Grande Bretagne, basée à Byfleet. Par contre Carroll Smith, est bien là pour driver les deux Ford GT40. La Scuderia, qui ne peut plus se permettre de lâcher du lest à domicile, en vue du titre mondial, aligne deux 330 P2 pour Surtees-Scarfiotti et pour Bandini-Vaccarella, ainsi qu'une 275 P2 pour Parkes-Guichet. De plus, elle peut compter sur sa filiale anglaise de Maranello Concessionnaires, avec une ancienne 330 P pour Bonnier-Piper et une 250 LM. L'écurie Francorchamps, présente deux 250 LM. Le dernier proto, la 365 P 2 4,4 litres expérimentale, vue au Mans deux semaines plus tôt, qui fait partie de l'écurie suisse Filipinetti, est conduite par Muller-Spychiger.

Les Ferrari trustent les meilleurs temps aux essais. Parkes avec une voiture moins puissante, précède Surtees d'un dixième (2'46"9). En deuxième ligne, nous rencontrons les Ferrari de Bandini et de Bonnier. La meilleure GT40 de McLaren-Miles n'a que le 5e temps à 6"6 de la pôle. La firme de Maranello, perd deux voitures dès le 9e tour, Bonnier-Piper, pour une fuite au réservoir d'essence et Bandini-Vacarella sur rupture de suspension. Un nouveau drame endeuille la course. Au 33e tour, Tommy Spychiger a relayé Muller sur la 365 P2, en abordant la parabolique, la voiture sort du « Banking » en pleine vitesse, est pulvérisée en contrebas, s'embrase et le pilote tué sur le coup. Une question se pose, le Suisse, habitué à piloter des petites cylindrées, pouvait il maîtriser une voiture de 410 chevaux ?

---

Parkes-Guichet s'emparent de la victoire devant Surtees-Scarfiotti 2$^e$ à 1'52", alors que McLaren-Miles finissent 3$^e$ à 4 tours. L'autre GT 40 d'Amon-Maglioli a abandonné, aux deux tiers du parcours, sur rupture de suspension. Les deux Cobra Daytona de Bondurant-Grant et Sears-Whitmore 8$^e$ et 9$^e$ obtiennent la catégorie GT division III, mais sont précédées par la Porsche 904 GTS de Ben Pon-Slotemeker 4$^e$ et vainqueur de la division II.

Ferrari semble avoir repris la main, d'autant que la Targa Florio du 9 mai, laisse la porte ouverte aux voitures les plus agiles. Shelby n'est pas dupe, il déclare forfait, laissant seul le roadster GT 40 de Ford Advance Véhicule de John Wyer, s'expliquer avec les Porsche et les Ferrari. La marque allemande, vainqueur des deux dernières éditions, fait figure de favorite. Stuttgart délègue, 4 modèles différents une classique 904 GTS, une 904 6 cylindres, un 904 8 cylindres et cerise sur le gâteau un spider 904/8 Bergspyder, qui fait ses preuves en montagne, pour Davis-Mitter. En dehors de 250 GTO ou LM privés, la Scuderia, mise sur trois 275 P2 pour Vaccarella-Bandini, Scarfiotti-Parkes et Guichet-Baghetti.

La 275 P2 est loin d'être le véhicule le plus adapté à l'épreuve. Scarfiotti-Parkes sont éliminés au 2$^e$ tour sur un accident provoqué par une rupture de suspension et Guichet-Baghetti, sur un court-circuit dans la 6$^e$ boucle. Mais Nino Vaccarella l'idole de toute la Sicile connaît chaque recoin du « giro di Circuito dello Madonie » long de 72 km. Son nom est écrit à la craie, ou à l'encre sur de nombreuses maisons siciliennes. Porté par la foule, avec l'aide de Bandini, il boucle les 10 tours à 102,563 km/h de moyenne, laissant le spider Porsche de Davis-Mitter 2$^e$ à 4'22". La firme de Stuttgart, fait un joli tir groupé en s'inscrivant aux 3$^e$, 4$^e$ et 5$^e$ place. Pucci-Klass 5$^e$, remportent la classe GT division II. En l'absence des Cobra, il faut remonter à la 12$^e$ place, pour trouver le vainqueur de la division III, avec la 250/GTO 64 de Ravetto-Starraba. Quant au roadster GT40 de Bondurant-Whitmore, peint pour la circonstance, dans un étrange vert clair, « genre Aston Martin », après plusieurs têtes à queues, il finit par sortir de la route définitivement dans le 9$^e$ tour, alors qu'il occupait la 3$^e$ place.

La dernière répétition importante avant les 24 heures du Mans, passe par les 1000 km du Nurbugring du 26 mai. 10 jours plus tôt, les 500 km de Spa, n'ont pas soulevé un enthousiasme particulier. Les 275 LM de Mairesse et de Piper, ont fait le doublé devant la surprenante Porsche 904 GTS de Ben Pon 3ᵉ et première en GT division II. La 250 GTO « rectifiée » ex Piper de Sutcliffe 4ᵉ, précède la Cobra Daytona de Bondurant 5ᵉ, pour la victoire en division III.

Du côté de chez Ford, Slough et Venice, se mobilisent pour le grand rendez-vous sarthois. Chez Ferrari pas d'inquiétude particulière, depuis le retour en Europe, le Cavallino a repris « les brides du championnat ». De sorte que peu de grandes nouveautés sont proposées sur le « Ring ». Dearborn, via sa filiale Ford France, présente un nouveau châssis GT 40 P 1003 avec un avant redessiné qui va devenir définitif. Le roadster GT40 châssis 112, vu en Sicile est à ses côtés. Shelby fait dans le classique avec les deux GT40 103 et 104 du début de saison. Les trois coupés Cobra Daytona engagés sont confiés à Alan Mann et Ford France. Maranello n'a pas reconstruit la 365 P2 détruite à Monza, trois prototypes différents sont engagés. Un 330 P2 pour Surtees-Scarfiotti, un 275 P2 pour Parkes-Guichet, un deuxième sous les couleurs de Maranello Concessionnaires pour G. Hill-Stewart, ainsi qu'un petit 2 litres 166P, pour Bandini-Vaccarella, qui peut tirer son épingle du jeu, sur ce circuit tortueux.

Surtees et G. Hill sont les seuls à descendre sous les 9' au tour pendant les essais, 8'53"1 pour le premier 8'58"8 pour le second. Parkes a le 3ᵉ temps, devant la GT 40 de Phil Hill-McLaren 4ᵉ (9'00"2), celle d'Amon-Bucknum, et le roadster d'Attwood-Whitmore 6ᵉ. Au départ de la course Hill-Mc Laren, les seuls à être équipés du Ford 325 de 5,3 litres, donnent du fil à retordre aux Ferrari. La réplique ne dure que sur 6 des 44 tours, avant qu'un arbre de roue ne cède. Pour Amon, c'est une stupide panne d'essence qui retarde la progression de l'autre GT 40 Shelby alors qu'elle évoluait dans le top 4. Le néo-zélandais réussit néanmoins à pousser sa voiture jusqu'à son box. Il va finir 8ᵉ à un tour. Pour la GT 40 Ford France de Trintignant-Ligier, c'est le support moteur qui cède au 22ᵉ tour.

Enfin, la même maladie touche le roadster de Whitmore-Attwood., qui n'a pas résisté au chaotique tracé de l'Eifel. Chez Ferrari seule la 275 P2 d'Hill-Stewart est éliminée pour un problème électrique. Surtees-Scarfiotti l'emportent avec 40'' d'avance sur Parkes-Guichet. La petite Dino 166 de Bandini-Vacarella clôture 4$^e$ à un tour. Mais Porsche confirme sa montée en puissance en terminant 3$^e$, 5$^e$ et 6$^e$ avec ses 904. Les Cobra Daytona de Bondurant-Neerpash 7$^e$, Sear-Gartner 10$^e$ et Schlesser-Simon 12$^e$ font le triplé en G.T division III.

Peu partisan d'un excédent de puissance pour la Ford GT40, John Wyer n'est pas suivi. À la fin de l'été 1964, Roy Lunn se lance dans le projet MK2, qui est confié pour sa réalisation à Edward Hull et Robert Negstad, chez Kar Kraft. Le principe est simple, il part du moteur 427 de 7 litres, qui a fait ses preuves en Nascar, dégonfle un peu les 525 chevaux qu'il délivre, pour le ramener à 485 chevaux afin de gagner en résistance. La consommation étant essentielle dans une course de 24 heures, le traditionnel « Weber », est remplacé par un Holley quadruple corps, afin de limiter les passages aux stands et respecter ainsi la réglementation de l'ACO. Reste « l'accessoirisation », le carter et le radiateur grand volume logé à l'avant, bénéficient d'un nez plus long, sur la base du modèle testé aux essais d'avril. Les disques ventilés Kelsey-Hayes, sont adaptés au surplus de puissance, ainsi que des pneus Goodyear plus larges.

Comme d'habitude, une lutte contre la montre se livre, pour pouvoir être prêt dans les délais. Tom Payne prend possession de la MK2 « pour un premier roulage » à Dearborn début Mai, avant que Ken Miles, ne se livre à la mise au point sur l'anneau de Romeo, dans le Michigan. Ken pousse le nouveau modèle à 340 km/h. Un deuxième essai s'effectue sur la piste de Riverside, plus en adéquation avec la piste mancelle. Comme pour la MK1 à ses débuts, Miles note une difficulté à tenir le cap à plein régime. Deux modèles sont engagés pour le Mans, par Shelby sous les couleurs blanche et marine de Ford. Elles sont accompagnées par trois GT 40 MK1 dont deux préparées par Shelby, la troisième et le roadster GT40, l'ont été par John Wyer. « L'aventure américaine » se complète de cinq Cobra Daytona.

Comme Shelby American, n'a pas les moyens humains d'assister la totalité des 11 voitures engagées, un savant dosage est trouvé avec différentes écuries. En résumé, Shelby s'occupe des deux MKII et de deux Daytona. Une MK1 est sous la coupe de FAV et le roadster sous la direction de Ford France. Ces deux voitures conservent des roues Borrani. Une MK1 s'habille en livrée bleu marine à bande blanche de l'écurie Rob Walker. Enfin comme tous les coups sont permis, Ford débauche la Scuderia Filipinetti, habituel client de Ferrari. En rouge et blanc l'écurie Suisse, se voit offrir la dernière MK1 et un coupé Daytona. Les deux dernières Daytona sont drivées par AC Cars et Ford France.

Les onze américaines vont faire face à douze italiennes Ferrari. Malgré la perte partielle de Georges Filipinetti, Maranello, ne manque de ressource. Ainsi l'écurie belge Francorchamps, aligne « ses jaunes », deux 250 LM et une 275 GTB. L'incontournable NART et Maranello Concessionnaires, s'engagent chacun avec une 365 P2 et une 250 LM. SEFAC Ferrari, l'usine fournit naturellement l'essentiel du plateau avec deux 330 P2, une 275 P2 et une Dino 166 de deux litres. Comme Enzo goûte peu le débauchage de Ford, il insiste auprès de son client Filipinetti, pour lui confier la dernière 275 LM.

Presse et opinion publique, ne parlent naturellement que du duel italo-américain, néanmoins quelques électrons libres peuvent brouiller les cartes. Ainsi l'Iso Griffo à moteur Chevrolet 5,3 litres de Frayssinet-de Mortemart, Maserati qui a réussi en moins de deux mois à reconstruire une barquette T65 pour Siffert-Neerpasch et enfin Rover-BRM de retour avec son moteur à turbine. Avec un coupé pour G.Hill-Stewart, Porsche n'est pas non plus quantité négligeable. La firme de Stuttgart, présente aussi trois protos 904 6 à moteur 8 cylindres, ainsi que trois 904 GTS visant la victoire en GT division II.

Chose impensable, pour cause de tempête, la première séance d'essais du mercredi est annulée, une première dans la Sarthe ! Le jeudi, les Ford sont perturbées, par les plombs d'équilibrage des roues qui s'arrachent. Les plombs transformés en projectiles, perforent même les cloisons pare-feu, pour pénétrer dans l'habitacle.

Les MK2 sont soumises à un traitement de choc spécial. Les craintes de Ken Miles se confirment, la voiture, à pleine charge, flotte dans les Hunaudières. Phil Remington et son équipe, font preuve d'un trésor d'imagination pour gommer le défaut. Spoiler à l'avant, moustaches sur les ailes au niveau des phares, becquet et « double aileron de requin » à l'arrière, ornent la carrosserie. Le jeudi sur la GT40 MK1 Rob Walker, Bob Bondurant réalise le 2$^e$ temps à 5/10 de la Ferrari de Surtees. Celle de Muller pour Filipinetti prend le 3$^e$ chrono. Les deux voitures équipées du Ford 325 5,3 litres de 400 chevaux, font l'objet d'un changement de moteur dans la nuit, pour un souci de surchauffe, et reviennent à un 289 4,7 litre plus classique. Dans la deuxième séance du vendredi, la MK2 « rhabillée » de Phil Hill boucle la pole position en 3'33'' et laisse la 330 P2 de Surtees à 5''1. Bondurant est 3$^e$ devant la 2$^e$ MK2 de Miles-McLaren 4$^e$. Si Ford prend un petit ascendant psychologique, chacun sait qu'endurance et fiabilité comptent bien plus que la vitesse.

Le samedi, le beau temps est de la partie « pour un duel au soleil »., le scénario va faire pschitt. Le staff de Ford, sait très bien que les MK2 équipées d'un 7 litres, sans expérience sur 24 heures, n'ont que peu de chances de voir le drapeau à damiers. La stratégie consiste alors de les envoyer en éclaireur comme, lièvre, afin que les MK1 en réserve, puissent finir le travail.

À 16 heures, Maurice Herzog, ministre des sports, abaisse le drapeau. Bondurant est le plus prompt devant Miles et la GT 40 de John Whitmore. Jo Siffert sur la Maserati 17$^e$ temps, surprend par une 4$^e$ place au Tertre Rouge. Ce n'est qu'un feu de paille la T65, construite à la va vite sur un châssis de « Birdcage », sort de la piste dès le 2$^e$ tour, radiateur enfoncé, c'est le premier abandon de la course. Autre problème pour la Ford N°6 de Ronnie Buckmun, l'américain a mal fermé sa portière et celle-ci s'est envolée dans les Hunaudières, dès le premier tour. Un passage au stand est nécessaire pour la rafistoler avec du fil de fer. McLaren sur la Ford N°1, bat le record du tour dès le deuxième passage, Chris Amon sur la deuxième MK2 N°2, qu'il partage avec Phil Hill suit en 2$^e$ position.

John Surtees essaye de s'accrocher aux Ford, mais voyant qu'il risque de mettre la Ferrari « dans le rouge » préfère lever le pied, laissant la 3e place à ses coéquipiers Guichet-Parkes. La situation est identique à la fin de la première heure.

17h05, après 17 tours McLaren, toujours leader choisit de s'arrêter tôt. La MK2, la plus lourde du plateau avec 1200kg, consomme plus que de raison. McLaren, reprend le volant et met 30' pour reprendre les commandes, à 18 heures il a 22'' d'avance sur Surtees-Scarfiotti. De son côté Amon, reste un long moment à son stand à colmater une fuite d'huile. Phil Hill reprend le volant en 35e position avec 12 tours de retard. Ce n'est pas mieux du côté des MK1, Trintignant abandonne sur le roadster avant 18 heures sans que Ligier ne prenne le volant, pour un problème de boîte. 18h15, le joint de culasse de Muller-Bucknum, met un terme à l'aventure de la GT 40 de l'écurie Filipinetti. Enfin Bondurant-Bucknum brillant 5e au terme de la première heure, rétrograde à la 17e place à 18 heures pour surchauffe moteur, ce qui entraîne bientôt une rupture du joint de culasse. En moins de 3 heures, trois MK1 sur quatre, censées tenir la distance sont éliminées. Seule celle de Whitmore-Ireland, résiste encore et navigue prudemment en 9e position.

Chez Ferrari, l'élimination de la Dino 166 2 litres au 5e tour de Baghetti-Casoni, pour un surrégime du premier nommé, tient presque de l'anecdote. Quant à la 250 LM du NART pilotée par Gregory-Rindt, elle perd 30' au stand pour un problème de démarreur et le changement d'un condensateur. 7e à 19 heures, elle tombe à la 13e place. En même temps Masten a fait son double relais et doit passer le volant à Jochen Rindt. Le jeune autrichien, estimant que la course est perdue n'est même pas en tenue de pilote. Luigi Chinetti, furieux, lui passe un savon et le renvoie en piste Après 3 heures de courses, 10 voitures sur les 51 au départ, sont déjà sous bâche. Le cauchemar continue pour Ford, la MK2 de tête rentre au stand bien avant l'heure. Le plein a été mal fait lors du dernier arrêt et le réservoir a dû refouler. Repartie en 6e position à 19 heures, pour peu de temps, la boîte faisant des siennes, c'est le chant du cygne.

Devant Parkes-Guichet mènent Surtees-Scarfiotti, Bonnier-Piper et Bandini-Biscaldi. Comme à la parade les 4 Ferrari de tête sont dans le même tour. Gurney-Grant 5ᵉ à 20 heures, sur le premier coupé Cobra Daytona, semblent porter à eux seuls les espoirs de Ford.

À la tombée de la nuit, relativement épargnée jusqu'à présent, la Scuderia voit les ennuis débuter. Les disques de freins sont en cause, Dragoni ordonne de lever le pied. Bonnier-Piper, passent une demi-heure au stand pour un problème d'échappement et tombent à la 19ᵉ place. La dernière MK1 de Whitmore-Ireland, dont le moteur surchauffe descend en 22ᵉ position, avant de rejoindre le cimetière des voitures, il est 21 heures 45.

Nous sommes au quart de la course, Gurney-Grant rétrogradent de la 5ᵉ à la 10ᵉ place, la pression d'huile baisse. La meilleure Cobra Daytona de Payne-Johnson est juste devant, à la 9ᵉ place. Ça sent la fin pour la dernière Ford GT 40 MK2. L'embrayage et la boîte sont à bout, dans un dernier baroud d'honneur, Phil Hill fixe le record du tour à 3'37"5 soit 11"7 de mieux que l'année précédente ! Après être remonté de la 35ᵉ à la 21ᵉ place, l'horloge indique 23 heures, c'est terminé pour Ford.

C'est au tour des Cobra Daytona, d'être touchées par des problèmes moteur. D'abord celle de l'écurie Filipinetti d'Harper-Sutcliffe, très discrète depuis le départ, qui renonce peu avant 2 heures du matin, alors qu'elle occupait le 12ᵉ rang. Peu après, celle de Schlesser-Grant fait de même. Déjà retardée par un problème d'embrayage, des vis de culasse défectueuses, mettent fin à sa course.

Parkes-Guichet en tête depuis le début de soirée, sont retardés après une heure du matin pendant 50', pour un changement de disques de freins. Ils repartent en 8ᵉ position. Surtees-Scarfiotti prennent le relais. À voiture identique, problème identique, les freins les immobilisent une heure après. Deux heures du matin, deux purs amateurs, Pierre Dumay et Taf Gosselin sur la 250 LM N°26 de l'écurie Francorchamps, sont aux commandes de la plus grande course au monde !

Depuis la ½ heure perdue en début de course. Masten Gregory et Jochen Rindt ont décidé de revoir leur stratégie, en l'abordant comme un Grand Prix de Formule 1, « pied à la planche ». L'équipage de la 250 LM N°21 est formé en dernière minute par Luigi Chinetti. À l'origine Masten 33 ans, devait faire équipe avec Lucky Cassner sur la Maserati, avant que ce dernier ne se tue, en détruisant la voiture aux essais d'avril. Le talentueux Jochen 23 ans, considéré comme le nouveau Jim Clark, a accepté le volant à contre cœur, en lieu et place d'Ed Hugus 42 ans, qui retrouve une place dans le staff du NART, comme pilote de réserve. Masten Gregory, excellent pilote, très consciencieux, après des débuts prometteurs dans les années 50, n'a jamais fait la carrière qu'il aurait dû, faute de machine performante. L'autrichien lui, ne souhaite qu'une chose, allez le plus vite possible afin de casser la machine pour quitter la course.

Toujours est-il que la Ferrari 18e à 20 heures, se retrouve 2e à mi-course. Plus surprenant encore, la 275 GTB de Beurlys-Mairesse pointe 3e et première en catégorie G.T. La Ferrari, en lutte avec la Cobra Daytona de Payne-Johnson est débarrassée de son adversaire, en cause une rupture de joint de culasse. Parkes-Guichet sont remontés à la 4e place à 5 tours, mais n'ont plus trop les moyens d'attaquer, pour ménager les freins et la boîte.

Le brouillard se mêle bientôt à l'obscurité. Gregory, qui fait les relais les plus longs, fatigué et gêné par sa mauvaise vue (*il est très myope*), rentre au box. C'est la panique, Rindt a disparu des stands. Chinetti demande à Ed Hugus de relayer Masten. Le règlement l'interdit, dans la mesure où les commissaires ne peuvent pas constater, que Rindt absent, n'est plus en état de piloter. Personne ne s'aperçoit de la supercherie (*Ed Hugus rapporte les faits plusieurs années plus tard, version toujours contestée par Chinetti).* Toujours est-il, qu'il semble bien qu'Hugus, prenne un relais dans le courant de la nuit. L'aube pointe, à 7h30 Gurney-Grant qui occupaientt la 5e place à 3 h du matin, renoncent « damper » de vilebrequin cassé *(dispositif placé au bout du vilebrequin d'un moteur thermique pour en amortir les vibrations).*

Il ne reste plus qu'une Cobra Daytona en course, celle de Sears-Thompson, pour l'instant 12$^e$, qui a dû changer de radiateur, à la suite d'une touchette de Jack Sears à Indianapolis.

Le jour venu, c'est bien Jochen Rindt qui pilote la Ferrari N°21. Toujours dans son style offensif, il reste néanmoins deux tours à combler sur la N°26 de tête. Dans les stands on cogite. Dragoni sait qu'une Ferrari va gagner, mais ce ne sera pas une de l'usine. Encore 8 heures de course, Le Français Pierre Dumay, n'a pas le niveau d'un Gregory ou d'un Rindt, néanmoins il est capable de les tenir en respect. Ce n'est pas le cas du belge Gustave Gosselin, qui découvre les 24 heures. Enzo Ferrari, se tient au courant par téléphone, et souhaite que les pneus Dunlop, qui équipent la Scuderia et l'écurie Francorchamps « soient privilégiés », au détriment des Goodyear, qui chaussent la Ferrari du NART.

Eugenio Dragoni, est donc chargé par « l'Ingegnere » de faire le garçon de course, auprès de Luigi Chinetti. Ce dernier pouffe de rire et demande au « team-manager » de la Scuderia, d'envoyer son « bon souvenir à Enzo ». Dragoni éconduit, ne trouve pas plus de réconfort, en revenant dans son stand. Son équipage majeur Surtees-Scarfiotti, tombé à la 10$^e$ place, abandonne à 9 heures passées. La boîte, n'a pas résisté aux multiples rétrogradages des pilotes pour économiser les freins.

Rindt reprend 12'' au tour à Taf Gosselin, même si la Ferrari du NART doit faire un ravitaillement supplémentaire, la course risque de se jouer dans un mouchoir de poche. 14h30, la dernière Ferrari d'usine de Guichet-Parkes rend les armes. 4$^e$ dans l'heure précédente, elle a perdu une place à cause d'une boîte bloquée en 5$^e$. Finalement le joint de culasse a raison de l'obstination du couple franco-anglais.

Le destin de la course se joue à 13 heures, quand un pneu de la Ferrari Francorschamps, éclate dans les Hunaudières, arrachant son aile arrière droite. Gosselin, heureusement réussit à maîtriser la voiture et regagne le stand au ralenti. Jochen Rindt tient désormais la tête de course. Prudent, Luigi Chinetti, panneaute immédiatement à l'autrichien de s'arrêter au stand.

Les mécanos changent les quatre pneus, ainsi que les plaquettes de freins. La révision dure 7', Masten Gregory, jugé moins fougueux, reprend le volant, pour gérer « piano » les 3 dernières heures. La transmission de la Ferrari est bien malade et il faut tout le doigté de l'américain pour la mener à bon port. La réparation de la Ferrari Francorchamps, s'éternise ; elle repart toutefois en deuxième position.

Les positions ne vont plus changer. À 16 heures Masten Gregory voit le drapeau à damiers après avoir bouclé 4677,11 km à 198,880 km/h de moyenne. Dumay-Gosselin sont 2$^e$ à 5 tours, devant l'autre Ferrari Francorchamps 275 GTB de Mairesse-Beurlys 3$^e$ à 8 tours qui remporte la catégorie G.T division III. Porsche, ne peut pas encore jouer un rôle pour la victoire à la distance, néanmoins la fiabilité des 904 s'en trouve récompensée. Linge-Nöcker 4$^e$ à 12 tours, gagne l'indice de performance et Koch-Fishhaber 5$^e$ à 23 tours, l'indice énergétique.

Pour la traditionnelle parade, où les voitures passent par la zone de sécurité en terre, devant la tribune à l'opposé des stands, les mécanos associés au succès, sont naturellement juchés sur les voitures. Sur la Ferrari victorieuse toujours pilotée par Gregory, Rindt est installé sur le toit et Ed Hugus lunettes noires, bob sur la tête…en combinaison de pilote, sur l'aile avant droite. La voiture va tomber en panne quelques dizaines de mètres plus loin, sur rupture de transmission !

Pour Ford, on passe de « Totale Performance » à échec total. Et ce n'est pas la modeste 8$^e$ place de la Cobra Daytona de Sears-Thompson à 44 tours des vainqueurs qui peut faire avaler la pilule. Une remise en cause générale est nécessaire. Enzo peut sourire, mais c'est un sourire de circonstance. Il ne doit son salut qu'à ses clients, pour une 9$^e$ victoire au 24 heures du Mans, SEFAC, les voitures d'usine, ont failli.

Dearborn, prend sa décision, il n'y aura pas de revanche aux 12 heures de Reims, 15 jours plus tard, le 4 juillet 1965, jour de la fête nationale américaine.

De son côté Shelby, doit conquérir le titre en Grand Tourisme, et engage deux Cobra Daytona pour Bondurant-Schlesser et Whithmore-Sears. Une troisième Daytona (CSX 2131) est au départ avec la particularité d'avoir été élaborée en Angleterre pour l'écurie Willment, par John Olsen, ex collaborateur de la Shelby Company.

Elle diffère des autres par un toit plus plat, positionné plus bas, et un équipement très « britannique », avec conduite à droite. Gardner-Ireland se partagent son volant. Ferrari lui, se repose sur sa filiale anglaise de Maranello Concessionnaires, avec une 330 P2 pour G. Hill-Bonnier et une 365 P2 pour Surtees-Parkes. « Les clients », complètent le plateau avec le NART équipé d'une 365 P2 pour Rodriguez-Guichet et trois 250 LM pour l'écurie Francorchamps.

La victoire de Ferrari ne laisse pas de place au doute. Le départ est avancé d'une heure à 23 heures. Au cours des deux premières heures les voitures se tiennent, les changements se font au gré des ravitaillements. Puis Guichet-Rodriguez perdent 15 tours à la suite d'un problème d'embrayage. À 3 heures du matin, Surtees-Parkes mènent avec un tour d'avance sur Hill-Bonnier. Gardner-Ireland ont abandonné, un quart d'heure plus tôt sur rupture de moteur. À la mi-course, les positions sont les suivantes : 1$^{er}$ Surtees-Parkes, 2$^e$ Hill-Bonnier à 3 tours, 3$^e$ la 250 LM verte de Piper-Attwood à 3 tours. La meilleure Cobra de Sears-Whithmore tourne en 6$^e$ position à 11 tours.

5h20, Surtees s'arrête dans la ligne droite, bondit, un extincteur à la main, des flammes sortent du capot moteur. L'incendie est vite maîtrisé et la voiture poussée jusqu'au stand. La Ferrari repart à 6h02 en 7$^e$ position avec 15 tours de retard. À 7 heures du matin Sears entre au stand au ralenti, les mécanos diagnostiquent un problème de piston sur la Cobra. La voiture repart néanmoins, après un changement de bielle et de piston.

8h40, c'est la stupeur chez Ferrari, la boîte de vitesse des leaders Hill-Bonnier vient de casser. À 2 heures de l'arrivée les positions sont les suivantes : 1 Piper-Attwood, 2 Rodriguez-Guichet à 1 tour, 3 Mairesse-Beurlys à 6 tours.

Toutefois la transmission et les freins de la voiture de tête sont bien fatigués. 30' plus tard Rodriguez-Guichet s'affichent définitivement en tête et sont victorieux avec 2 tours d'avance sur Parkes-Surtees. Piper-Attwood, boîte bloquée, finissent 4e. Schlesser-Bondurant, sur la Cobra Daytona 5e à 14 tours s'imposent dans la catégorie G.T.

## Chapitre 16

# DES DOLLARS, DES CHEVAUX et L'ANNEXE « J »

L'échec du Mans, laisse des traces chez Ford. Un rapport est envoyé à Dearborn. Parmi les causes constatées, une mauvaise série de boulons de culasse qui occasionne la casse des moteurs des GT40 et des Cobra Daytona. Pour les MK2 la préparation tardive et les disques de freins qui se fendent sont évoqués. Comme chez Ferrari, les pilotes ont joué sur la boîte pour ralentir, accentuant les problèmes de transmission. Le poids excessif des MK2 joue également sur des suspensions inadaptées, avec pour conséquence une usure prématurée des pneumatiques.

Le premier cercle d'Henry Ford, se retrouve début juillet dans « la maison de verre », au 12ᵉ et dernier étage du Ford World Headquarter. La parole de Ford se veut directe : « Maintenant que je sais pourquoi j'ai perdu, expliquez-moi comment et quand je vais gagner ? » Ses interlocuteurs évoquent le budget. « Ah oui ! j'ai déjà investi 6 millions de dollars (*plus de 40 millions d'Euros d'aujourd'hui*) cette année ! » « Est-ce que je vous ai déjà parlé de budget ? » « Je ne vous demande qu'une seule chose, c'est de gagner ! » Henry Ford II est d'autant plus titillé, que son épouse Cristina d'origine italienne, aurait lancé à la cantonade : « Quel dommage, que tes voitures ne soient pas capables de battre les Ferrari ! »

Chez Shelby American, les temps changent également. Depuis le déménagement du mois de mars, l'entreprise est passée du stade artisanal au stade industriel. Quelques « pionniers » n'y retrouvent plus l'ambiance du début. Ainsi Dave Friedman, quitte Shelby début juillet pour devenir photographe de plateau de cinéma. Le jeune John Morton s'en va pour s'engager sur une Lotus 23, qu'il vient d'acquérir pour sa propre écurie. Le mécanicien suisse Jean Stucki, est une victime collatérale de l'échec du Mans. Enfin John Ohlsen rejoint l'Angleterre et l'écurie Willment, simplement parce qu'il a trouvé l'amour auprès d'une jeune londonienne.

La passion et la tension retombées, il faut néanmoins terminer le championnat en Sport Prototype. Restent deux épreuves, la Coupe de la Cité d'Enna, sur le circuit de Pergusa le 14 août et les 500 km de Bridgehampton, le 19 septembre. Le moins que l'on puisse dire c'est que l'épreuve italienne est indigne du championnat avec seulement 12 engagements. En dehors des deux Cobra Daytona officielles, de Bob Bondurant et Jack Sear, les 10 autres machines sont engagées à titre privé. Il y a les « sérieux » comme les trois Ferrari 250 LM pour Mario Casoni, David Piper et Nino Vaccarella, puis les « folkloriques ». La palme, revient à la Jaguar type E d'Emanuele Benedetto, participant sous le pseudo de « Ben Hur » !

« Ben Hur » réalise le 12e et dernier temps des essais à 20" de la pole position de David Piper, sur un circuit d'à peine 5 km. Guido Rava avec sa petite Alfa Romeo Giulia TZ de 170 chevaux, fait mieux de 9" que la puissante type E de 265 chevaux ! Après l'abandon de Vaccarella au 39e des 105 tours, sur accident, la lutte se limite entre les deux 250 LM de Casoni et Piper. L'italien prend finalement le dessus sur l'anglais, derrière les deux Cobra de Bondurant et Sear 3e et 4e à un tour, font le doublé pour la victoire en Grand Tourisme. « Le char de Ben Hur », finit à la 11e et dernière place à 23 tours du vainqueur ! Bob Bondurant réalise le meilleur tour en course 1'20"2 à 214,227 km de moyenne, soit une seconde de mieux que la pôle de Piper.

Avec 24 concurrents, la dernière manche américaine se veut un peu plus représentative, même si la messe est déjà dite. Ferrari, gagne le Trophée International des prototypes devant Porsche et Ford, en Grand Tourisme Cobra remporte la division III et Porsche la division II.

Ford, fait un timide retour via Essex Wire Corporation, une société spécialisée dans le câblage électrique de moteur, qui engage une GT40 (châssis 1010) au côté d'un nouveau roadster AC Cobra 427 de 7 litres. Shelby American, répond présent avec deux roadsters 289 pour Johnson et Cuomo. L'incontournable NART aligne 3 Ferrari de type 365 P2 pour Pedro Rodriguez, 275 P pour Mario Andretti et une 275 GTB que se partage Arents et Hutchison. Mais la véritable attraction du jour, s'appelle Chaparral, de retour après sa victoire en début saison au 12 heures de Sebring. Hap Sharp, l'associé de Jim Hall, se charge de la conduire.

La Lola T70 de John Mecom pilotée par Walt Hangsten réalise le meilleur temps en 1'39"6, devant l'autre Lola de John Fulp à 2". La Chaparral 2A n'a réalisé que la 5$^e$ performance, derrière la Ferrari 330 P de Bob Grossman et celle de Rodriguez. La GT40 de Skip Scott 8$^e$ temps, ne prendra pas le départ, pour un problème de suspension.

Parti de la deuxième ligne, Rodriguez s'offre le meilleur départ, devant Fulp, Sharp et Hangsten. Mais dès le 2$^e$ tour, la lutte se réduit à un duel Sharp Hangsten échangeant régulièrement leurs positions, pendant que Rodriguez 3$^e$ roule en isolé. Au bout d'une dizaine de tours, la Lola d'Hangsten, casse sa suspension et sort de la piste. Le pilote est indemne, mais sévèrement commotionné. La Chaparral de Sharp, n'est plus inquiétée jusqu'au drapeau à damiers, devançant la Ferrari de Rodriguez 2$^e$ de 2 tours. Le nouveau roadster Cobra 427 de Scott-Thompson termine 3$^e$ à 6 tours, pendant que les Cobra 289 de Bob Johnson et Ray Cuomo 5$^e$ et 6$^e$, assurent le doublé en Grand Tourisme Division III. Vous noterez que la Cobra 427 n'est pas classée en G.T, mais en Sport Proto. La F.I.A, lassée des « petits arrangements », ne donne plus son agrément sur de « vagues promesses » et décide de durcir la législation pour la saison 66.

La F.I.A, via sa Commission Sportive Internationale, redéfinit les règles sous l'annexe « J ». Les G.T devenues Groupe 3, doivent être construites à 500 exemplaires au minimum et non plus à 50. Pour les Sport Groupe 4 le minimum est fixé à 50, de leur côté les Prototypes Groupe 5, n'ont aucune restriction de production et de cylindrée.

Ces nouvelles dispositions, n'arrangent pas la Shelby Company. D'une part, elles retardent une éventuelle homologation du roadster Cobra 427 en G.T et d'autre part, elles condamnent le projet Cobra Daytona T65. Avec l'arrivée du « big bloc » Ford 427 de 7 litres, Pete Brock réceptionne deux châssis (CSX 3027 et CSX 3054) courant février, pour mettre en œuvre une évolution du coupé Daytona.

Le projet prend l'appellation de Daytona type 65, avant de devenir coupé « Super Daytona ». La carrosserie en aluminium, toujours sous le crayon de Pete Brock, est confiée à Harold Radford de Londres. Radford travaille beaucoup pour Aston Martin, on lui doit la transformation d'une douzaine de DB5, DB6 en break de chasse. La surcharge de travail chez Shelby, retarde sa sortie, puis une fois monté le CSX 3054, brut de finition, sans moteur, reste sur le parking de l'usine à l'aéroport. Il est trop tard pour une homologation en G.T, la voiture ne peut plus être qualifiée qu'en Groupe 5 prototype.

Carroll Shelby, n'est pas en position d'imposer à Ford, une concurrente à ses propres GT 40. Résultat la voiture est remisée et oubliée dans un hangar. Elle ressort par hasard en 1972, retrouvée sous un amoncellement de cartons et de caisses, prête à être désossée, finalement le tout est vendu 1000 $ dans l'état. Le collectionneur qui l'achète, finit par la terminer sous les conseils avisés de Pete Brock pour 11000 $ en 1981. Il fait « joujou » un peu avec, se fait quelques frayeurs, puis se lasse, sentant qu'il va y laisser sa peau, la revend 100.000 $. Elle est ensuite cédée plusieurs fois, pour atteindre la coquette somme d'un 1.457.000 $ en 2005. La voiture, se distingue de l'originale, par un pavillon plus étroit, surbaissé, ainsi qu'un avant modifié, par deux phares jumelés devant le capot et des prises d'air différentes.

Carroll Shelby a-t-il changé depuis 3 ans ? Peut-être pas, certes son visage est un peu plus rond et quelques rides apparaissent, sa coiffure s'est assagie, le cheveu est désormais plus court et plaqué à la « Steve Mac Queen ». La tenue par contre n'a plus rien à voir, finie la salopette rayée avec les Santiags et le Stetson, place au costume cravate !

Si Carroll Shelby garde encore la confiance d'Henri Ford, il est néanmoins sous étroite surveillance. Concrètement, terminé les Cobra en compétition, il ne doit plus se consacrer qu'aux Ford et va devoir composer en plus, avec « deux nouveaux partenaires ». Dans la nouvelle organisation, le vice-Président de Ford Division Don Frey, a sous ses ordres de Leo Beebe directeur de compétition, Jacques Passino comme responsable des véhicules spéciaux et John Crowley directeur des courses assisté d'Horner Perry et Chuck Folger. Partant du principe, qu'une équipe ne peut pas s'occuper de plus de trois voitures et afin de provoquer une émulation, deux manufacturiers de pneus sont mis en concurrence.

Au côté de la Shelby Company, nous allons donc retrouver Holman-Moody à la tête du programme Nascar chez Ford, et Alan Mann filiale anglaise, qui a chapeauté une partie du programme Cobra Daytona en Europe pour la saison 65. Essex Wire, déjà entrevu à Bridgehampton, devrait contribuer également à l'effort collectif. La construction des différents prototypes se fait toujours à Slough en Angleterre, chez Ford Advanced Véhicule puis est dispatchée chez les différents préparateurs dont Shelby.

Après le Mans, Ford n'est pas resté inactif. Une nouvelle compétition est à l'étude pour 1966, la série Can-Am. À cet effet, Ford charge Bruce McLaren, à la fois pilote essayeur pour la marque et néo-constructeur, d'étudier sur la base d'une GT 40, un châssis en feuilles d'aluminium à la place du traditionnel en acier. La carrosserie ouverte reprend l'avant de la MK2 et l'arrière du roadster. La Ford X1, participe à 4 courses avec pour meilleur résultat une 5$^e$ place à Riverside. Chris Amon la pilote.

Début 1966, chez Sheby, devenue GTX, nous allons la retrouver transformée et adaptée pour l'endurance, par Phil Remington. La Cobra Daytona condamnée, va finir sa carrière sur le lac salé de Bonneville dans l'Utah en novembre 1965. En guise d'adieu elle bat 23 records, dont un établi sur 12 heures, où elle tourne à une moyenne de 273,5 km/h.

La carrière des Cobra en compétition, n'a pas duré plus de trois ans, 55ans plus tard, elle continue d'entretenir tous les fantasmes. Les coupés Daytona furent entreposés dans un premier temps dans des hangars, avant d'être bradés pour 4.000 $, lors du déménagement de fin 1967. Au 21e siècle, 50 copies ont été fabriquées à l'identique, pour un prix de 180.000 $ pièce. Les 6 originaux, conservés par des collectionneurs, sont estimés aujourd'hui, à une valeur de 6 millions de dollars l'unité !

En formule 1, les années se suivent et ne se ressemblent pas. Champion du Monde en titre, John Surtees retrouve sur son chemin un Jim Clark impérial sur sa Lotus 33, comme en 1963. L'écossais, participe à six des sept Grand Prix du début de saison et remporte six victoires ! A noter qu'il est absent du G.P de Monaco, pour participer le même jour aux 500 miles d'Indianapolis, qu'il remporte au volant d'une Lotus 38 Ford *(enfin une victoire de Ford !)*. Sa fin de saison est plus difficile, en bagarre avec Jackie Stewart (BRM) pour la victoire au G.P d'Italie, il laisse la victoire à son compatriote, à 10 tours de la fin, à la suite d'une rupture de pompe à essence. En lutte avec Graham Hill (BRM) aux États-Unis, une soupape grille au 11e tour. Enfin au Mexique, dernier G.P de La saison, qui voit une première victoire d'Honda avec Richie Ginther à son volant, Jimmy est encore une fois trahi par son moteur Coventry-Climax.

Vous noterez, que dans mon court descriptif, je ne vous ai pas cité, une seule fois le nom de Ferrari. Après un début de saison, honnête sans plus, de Surtees 2e en Afrique du Sud, 3e en France et Grande Bretagne et de Bandini 2e à Monaco, la fin ne laisse que des miettes à la Scuderia, avec deux 4e places de Bandini en Italie et aux États-Unis. En conclusion, Ferrari finit 4e de la coupe constructeur, sans avoir remporté le moindre G.P, une première depuis 3 ans.

Sur le plan technique, l'ingénieur Mauro Foghieri et Eugenio Dragoni ont tâtonné toute la saison, entre le modèle 158, 8 cylindres et le 1512, 12 cylindres, sans vraiment faire de choix définitif. Plus grave le 25 septembre, John Surtees, est gravement accidenté sur le circuit de Mosport aux essais du G.P du Canada, pour voiture de Sport, au volant de Lola T70 de sa propre écurie. Pilote exclusif de Ferrari, « Big John », a l'autorisation spéciale du « Commendatore », pour piloter une autre voiture, à partir du moment où aucune Ferrari d'usine n'est engagée dans la course.

Inutile de dire que ce privilège, énerve au plus haut point Eugenio Dragoni, d'autant que Surtees, rate les deux derniers G.P du championnat à Watkins Glenn et Mexico City. Dragoni ne se voit pas aller reprocher à Enzo de l'avoir laissé courir à Mosport (*courageux, mais pas téméraire !*), néanmoins il va tout faire pour le faire virer, comme il l'a fait auparavant avec Phil Hill. Sauf que Surtees, n'est pas Phil Hill et qu'il possède en Italie une aura inégalée.

Pour comprendre, il faut remonter à la fin des années 50, lorsque Surtees sur une MV Agusta s'adjoint, sept titres de champion du Monde sur deux roues. John devient pour les tifosi « Figlio del Vento » (*fils du vent*) avec l'âge, depuis son passage sur 4 roues, il est « Il grande John » (*Big John).* Il parle italien, mange italien, pense italien, habite Modène. Son franc parler, enchante Enzo Ferrari, trop habitué aux béni- oui-oui et il devient son premier fan. De plus, il traite d'égal à égal, avec les mécaniciens et n'hésite pas à passer du temps à l'usine, pour échanger son point de vue technique avec les ingénieurs. Ses coéquipiers, au mieux l'admirent et au pire le respectent.

Pour Dragoni c'est insupportable, d'autant qu'au cours de la saison 1965, Surtees, réussit à faire équipe avec Lodovico Scarfiotti en prototype, de préférence à Lorenzo Bandini. Bandini est généralement considéré, comme pilote numéro 2 de la Scudéria. Sauf que le chauvinisme de Dragoni, le pousse à le présenter comme un champion du Monde en puissance. Les deux hommes sont milanais, ceci expliquant peut-être cela.

Avec l'accident de Surtees, l'occasion est trop belle pour Dragoni de se répandre dans la presse avec des torrents de fiel, pour expliquer que la carrière de ex-champion du Monde est terminée.

Malgré toutes ces querelles, la saison 1966, ne se présente pas si mal pour la Scuderia. La nouvelle motorisation en F1, passe de 1500cc à 3000cc et seul pour l'instant Maranello, semble capable de relever le défi. Jaguar, vient de racheter la firme Climax, fournisseur principal en moteurs des constructeurs britanniques et Coventry n'a pas l'intention de prolonger plus longtemps ses investissements en formule 1.

En Sport Prototype, Mauro Foghieri ne reste pas inactif, il peaufine sa nouvelle P3. Un coupé particulièrement aérodynamique, composé d'un châssis tubulaire en fibre de verre et d'un groupe moteur-boîte, prolongeant la structure pour une meilleure rigidité. Sur le V12 allégé de près de 30kg par rapport à l'ancienne P2, l'injection remplace les carburateurs, le tout pour un seul objectif, garder la suprématie sur Ford.

Chapitre 17
# LA MARCHE EN AVANT

La saison débute de bonne heure en Sport Prototype, les 5 et 6 février 1966 à Daytona. L'organisateur, fait passer sa course de 2000 km à 24 heures. C'est une véritable aubaine pour Ford, qui va pouvoir se tester grandeur nature avant Le Mans.

Après la nouvelle annexe « J » mis en place, quelques machines changent de catégorie. Ainsi la Ford GT40 MK1, avec sa commercialisation en version routière dénommée MK3, dépasse désormais les 50 unités et passe du statut de Proto à celui de Sport (Groupe 4). C'est le cas également du roadster A.C Cobra 427. Néanmoins pour respecter les accords entre Ford et Shelby, le modèle ne sera engagé que par des écuries privées. Les MK2, restent des prototypes (Groupe 5), cinq modèles s'alignent au départ, trois de la Shelby Company et deux pour Holman-Moody.

Le modèle 66, a subi un sacré traitement de choc. Le nez est raccourci, sur la base de la dernière version de la MK1. Tous les éléments de châssis et de suspension sont renforcés, le poids supplémentaire est compensé par une carrosserie allégée et réétudiée. Tous les appendices rajoutés pour les 24 heures du Mans ont disparu, un seul becquet arrière suffit désormais pour la tenue de cap. Un gros travail a été réalisé également pour alléger le moteur, avec l'emploi de culasses en aluminium. Le Ford 427 se veut désormais moins « soiffard », la consommation passe de 70 litres aux 100 km à 43 litres.

Naturellement les « préparateurs » y vont de leurs touches personnelles. Pour les freins l'un des points faibles, différentes solutions sont testées. Phil Remington, toujours ingénieux, trouve le moyen de changer les plaquettes en un temps record. Holman-Moody répliquent, en enlevant disques et plaquettes en même temps, sans aucune vis, juste par un maintien des goujons par la jante, le tout en 4'30". 4 des modèles sont équipés d'une boîte 4 rapports Kar Kraft, le 5e modèle d'Holman-Moody, possède une boîte automatique 2 rapports pour Ginther et Bucknum.

Dans l'ensemble les pilotes sont restés fidèles à leurs écuries. Phil Hill a quitté Ford et Jo Bonnier Maranello Concessionnaires, pour rejoindre Jim Hall chez Chaparral. Les anciens pilotes de Cobra Daytona sont toujours chez Shelby mais au volant de Ford MK2. Gurney fait équipe avec Grant, Miles avec Ruby, ils retrouvent McLaren avec Amon. La dernière MK2 Holman-Moody est pilotée par Hangsten et Donohue. L'engagement de Ford se complète par les MK1 du Team Essex Wire, pour Revson-Gregory et de Thompson-Scott, ainsi qu'une du FAV pour Suttcliffe-Grossman.

Ford ne possède pas l'avantage du nombre sur Ferrari, mais une qualité de matériel bien supérieure, d'autant que la nouvelle P3 n'est pas encore disponible. Maranello se repose encore une fois sur le NART, avec une 365 P2 pour Rodriguez-Andretti et une de l'écurie Francorchamps pour Bianchi-Langlois, avec une carrosserie ouverte expérimentale de P3. Sauf nouvelle surprise, les sept 250 LM ne devraient pas jouer un rôle pour la victoire. Celle de Piper-Attwood, de Rindt-Bondurant (NART) et Ireland-Hailwood (Drummond Racing) semblent les mieux armés. Enfin l'antique 330 P de John Fulp, partagée avec Jennings, semble bien démodée. Porsche présente sa nouvelle 906, au côté de cinq 904 GTS d'usine et privées, dans le but de viser les catégories 2 l. en Sport et G.T.

La bagarre est chaude aux essais pour la pole position. Ken Miles prend le meilleur temps sur la Chaparral de Bonnier, pour 2/10 et sur Hansten-Donohue pour 4/10. Pedro Rodriguez, 4e temps se retrouve à 1"4 et Lucien Bianchi 5e chrono à 2"4.

Si la bagarre est chaude, la température est plus que fraîche, elle va tomber à -2° pour la course de nuit. Bonnier (Chaparral), domine d'entrée avec la 2D, une version fermée du modèle précédent la 2C. Miles, ne s'en laisse pas compter et pousse la MK2 à la limite. Dès le second tour, il prend l'ascendant. Bonnier, fait ensuite un passage par les stands, pour faire contrôler un bruit suspect. Il s'agit du réservoir plein à ras bord, qui frappe le châssis sur les bosses. La Chaparral s'élance à nouveau mais renonce à mi-course, pour un grippage de la direction.

Ken Miles toujours en tête, doit faire face maintenant à la Ferrari de Pedro Rodriguez. L'explication dure jusqu'au premier ravitaillement, où une erreur de calcul de consommation du NART, fait rentrer la Ferrari trop tôt. Rodriguez-Andretti, sont ensuite retardés par un problème de suspension. Dès cet instant, les Ford n'ont plus d'adversaire et se montrent particulièrement fiables. Certes la boîte automatique de la MK2 de Ginther-Buckmun a cédé à mi - parcours, et la GT40 de Thompson-Scott abandonne dans la dernière heure sans frein, mais le reste des Ford a tenu la distance.

Miles-Ruby, l'emportent avec 8 tours d'avance sur Gurney-Grant. Hangsten-Donohue complètent le podium à 9 tours pour un triomphe total. MacLaren-Amon, terminent au ralenti à la 5e place à 27 tours, à cause d'un joint de culasse défectueux. Quant à la Ferrari de Rodriguez-Andretti, elle finit sur un seul rapport, 4e à 14 tours. Mission accomplie pour les Porsche, avec Hermann-Linge 6e, vainqueur de la catégorie Proto 2 litres et pour Mitter-Buzzeta 7e (première en Sport).

Pas de triomphalisme particulier chez Ford, il faut se remettre au travail pour les 12 heures de Sebring du 26 mars. Quelques modifications sont apportées sur les MK2, avec un double « périscope » prise d'air montée à l'arrière, sur le capot moteur, pour refroidir les freins. La voiture de Gurney, depuis Daytona, bénéficie d'une bulle spéciale sur le toit au niveau du siège de pilotage, pour pouvoir loger sa haute stature. Le roadster X1 adapté à l'endurance est de retour piloté par Miles-Ruby.

À noter que « le code couleur » des écuries est de moins en moins respecté, dans le but de mieux identifier les voitures la nuit. Ainsi le roadster X1 est rouge, la MK2 de Gurney-Grant d'un magnifique Bleu métal. Chez Holman-Moody, la MK2 d'Hangsten-Donohue est bien aux couleurs de Ford, Blanche et Marine, par contre celle de Foyt-Bucknum équipée de la transmission automatique est Or capot Noir. Pas moins de huit GT 40 vont prendre le départ. Alan Man fait sa rentrée, avec un modèle Rouge à bandes Or pour G. Hill-Stewart et une autre Rouge à bandes Blanches, pour Whitmore-Gardner. Comstock Compagny, la filiale course de Ford Canada, sous ses couleurs Blanche et Bleu, en engage deux pour ses pilotes canadiens, Wietzes-Fisher et McLean-Quelley. Sans faire tout le décompte, il faut rajouter celle d'Essex Wire pour Scott-Revson, et la « personnelle » de Peter Sutcliffe qu'il partage avec Ines Ireland. Pour en rester sur les couleurs, les Porsche ont abandonné leur gris argent traditionnel, pour un blanc avec bandes différentes, sur les bas de caisse.

Douze Ford, donc pour lutter contre cinq Ferrari, pour la première fois le rapport de force est complètement déséquilibré. Surtees, toujours convalescent après son accident de Mosport, la Scuderia confirme bien la présence de sa nouvelle 330 P3 version ouverte, pour Parkes-Bondurant, et une Dino 206 S pour Scarfiotti-Bandini. Cette dernière, lutte contre Porsche, pour la victoire de la catégorie Proto 2 litres. En dehors de la 365 P2 du NART conduite Rodriguez-Andretti, les deux autres machines une 250 LM et une vieille 250 GTO appartiennent à des indépendants. Enfin Chaparral n'est pas à négliger, avec deux types 2D pour les « associés » Hall-Sharp et Bonnier-P. Hill.

Dan Gurney, meilleur temps des essais, précède la Ferrari de Mike Parkes de 2" pleines. Derrière sont aux prises la MK2 de G. Hill-Stewart, 3$^e$ chrono à 2"8, la GT X1 de Ken Miles et la MK2 de Donohue à égalité de temps à 4"2 de Gurney. Les deux Chaparral, doivent se contenter du 6$^e$ temps pour Hall et du 8$^e$ pour Bonnier. La 2$^e$ MK2 d'Alan Mann, s'est intercalée entre les « deux oiseaux texans ».

Dans un départ type « le Mans », Gurney après la course vers sa voiture, reste planté sur sa ligne avec un démarreur capricieux. À la surprise générale, la petite Dino 206 S, avec Scarfiotti au volant, 12$^e$ temps des essais, fait un bel écart sur les premières centaines de mètres. Graham Hill (Ford GT40) 2$^e$ devance alors la Ferrari de Parkes 3$^e$. Gurney, réussit enfin à démarrer, avec près d'un tour de retard slalomant bientôt au milieu des petites cylindrées. Scarfiotti, n'a pas pu mener le train très longtemps, il est désormais 3$^e$ derrière Hill et Parkes. Derrière c'est du « grand Dan », il pointe déjà en 7$^e$ position au bout de quelques tours.

La Chaparral de Jo Bonnier s'arrête rapidement, son moteur Chevrolet consomme de l'huile, ce sera la cause de son abandon dans la deuxième heure. L'autre Chaparral de Jim Hall renonce peu après, suspension cassée. Les Ford GT40, non plus, ne sont pas épargnées. Toujours dans la 2$^e$ heure, Gregory abandonne piston crevé et Ireland pour une rupture de joint de culasse. Au début de la 3$^e$ heure, la GTO de Jack Stottag s'ensable sans pouvoir se dégager.

Après son double relais Dan Gurney, peut redonner le volant à Jerry Grant en 2$^e$ position. Chez Ferrari le changement de plaquettes sur la P3 s'éternise et Bondurant relaie Parkes en 3$^e$ position. La Dino est retardée par un problème moteur. Loyd Ruby a relayé Miles en tête sur le roadster Ford, pendant Hangsten-Donohue, s'expliquait avec Rodriguez-Andretti pour la 4$^e$ place. Puis après 4 heures de course, c'est le drame, Bob McLean vient de remplacer Jean Ouellet, quand il encastre la GT 40 dans un poteau électrique. La voiture réservoir plein, s'embrase instantanément et le malheureux pilote, périt au milieu des flammes.

La situation est stabilisée, quand les deux GT40 d'Alan Mann, d'Hill-Stewart et Whitmore-Gardner, abandonnent coup sur coup après 7 heures de course, la première pour une soupape grillée, la seconde sur un problème d'embrayage. Gurney qui a repris le volant, mène devant Miles-Ruby. À la nuit tombée, les derniers espoirs de Ferrari s'envolent. La 330 P3 de Parkes-Bondurant, reste au stand, boîte serrée.

Puis, la 365 P2 pilotée par Mario Andretti, arrive à son box, victime d'une touchette. L'avant est endommagé et pour maintenir le phare côté droit on doit le rafistoler avec du scotch. Las, au moment de repartir, un début d'incendie, probablement dû à un court-circuit, se déclenche dans le compartiment moteur.

Il n'y a plus de suspens, les Ford vont prendre les quatre premières places, Gurney-Grant, devant Miles-Ruby, Hangsten-Donohue et Scott Revson (1$^{ere}$ en Sport). Il ne reste plus qu'un tour, lors qu'à 300 m de la ligne le moteur de la MK2 de tête se coupe. Le roadster X1 de Miles-Ruby s'offre une victoire inespérée, pendant que Dan Gurney, pousse sa voiture jusqu'à la ligne, pour la 2$^e$ place, sous les vivats de ses supporters. Oui, sauf que le jury en décide autrement et disqualifie la Ford N°2, pour « conduite dangereuse ». La décision est très dure, même si Dan a poussé sa voiture dans l'obscurité. Hermann-Buzetta-Mitter sur Porsche 906 sont finalement 4$^e$ et s'adjugent la catégorie Sport 2 litres, devant la Dino de Scarfiotti-Bandini 5$^e$.

Très sport, Ken Miles reconnaît dans l'interview : « Gurney-Grant méritaient la victoire, nous avons eu beaucoup de chance, je suis désolé pour Dan, il a été magnifique aujourd'hui ! » Gurney, de son côté ravale son amertume avec un sourire un peu forcé : [Cette « putain de machine » vient de s'arrêter et dire que j'ai dû la pousser sur le dernier quart de mile, pour rien !]

La campagne américaine favorable à Ford terminée, il faut s'attaquer à l'Europe. Les essais préliminaires au Mans des 2 et 3 avril, sont un baromètre intéressant, à la condition que chacun joue le jeu. Ferrari, paralysé par les grèves en Italie, marque sa présence uniquement par une 365 P2 de l'écurie Francorchamps. Intox, ou guerre psychologique du côté de Maranello ? Chez Ford, par contre c'est « open bar ! » Alan Mann, présente deux GT40, dont une version « ligthweight » à carrosserie en aluminium. Ford France, Filipinetti et Comstock Racing, sont là, chacun avec une GT 40. Enfin Shelby Company, met en avant deux MK2 et un nouveau modèle sous l'appellation « J ».

« J » comme l'annexe du même nom, le prototype a été conçu chez Kar Kraft par l'équipe de Roy Lunn, avec pour idée, de gagner du poids par rapport à la MK2. Tous les éléments, sont conçus et fabriqués aux États-Unis, seul le moteur et la suspension, proviennent du modèle précédent. La conception du châssis, fait appel à une technique issue de l'aérospatiale, un sandwich d'aluminium en nid d'abeille, le tout pour un poids de 47 kg. La carrosserie monocoque, conçue par Ed Hull est confiée au fabricant Brunswick Corporation, spécialisé dans l'aviation militaire. Enfin la boîte automatique, reprend le système à 2 vitesses, testé sur la GT40 d'Holman-Moody à Daytona et Sebring. Le poids à vide est de l'ordre de 940 kg, contre plus de 1200 kg, pour une MK2 version 1966.

La ligne transformée sur la partie postérieure, dans un style « camionnette », nécessite un rétroviseur genre périscope, monté devant et au-dessus du poste de conduite, afin d'avoir une visibilité sur l'arrière. Pour une meilleure aérodynamique, la partie cockpit est retravaillée et réduite. Le bouclier avant en forme de « pince de homard », permet de mieux canaliser l'air, sur le gros radiateur d'eau.

Les essais, se déroulent sous la pluie et une température fraîche. Comme la GT 40 et la MK2 à leurs débuts, la « J » montre une certaine instabilité dans les Hunaudières. Un becquet réglable est rajouté sur l'arrière. Amon et McLaren, se relaient à son volant, avec une batterie d'appareils de mesure embarqués sur le siège passager. Le samedi un problème de joint de culasse contrarie les réglages. Dans des conditions difficiles, Chris Amon, réalise son meilleur temps le dimanche en 3'34''4, à 1''4 de la pôle réalisée l'an dernier par Phil Hill, sur sa MK2.

Personne ne fera mieux, néanmoins la prudence est de mise, un nouvel accident mortel endeuille le week-end. Samedi matin, sous la pluie Walt Hangsten teste les pneus et descend les chronos. Il réalise 3'48''6, quand soudain la MK2 1011, louvoie en sortie de ligne droite, avant d'aborder la courbe Dunlop. La voiture, s'engouffre dans l'échappatoire et butte dans le sable chargé d'arrêter les véhicules. Le tas de sable tassé et alourdi par la pluie, se transforme alors, en véritable tremplin !

La MK2, plie sous le choc et retombe sur le toit. Extrait des débris de la Ford, Walt Hangsten 46 ans, décède 5 jours plus tard à l'hôpital américain d'Orléans. On ne saura jamais les causes réelles de l'accident, compte tenu de l'état du véhicule, défaillance des freins, de la transmission, ou plus probablement phénomène d'aquaplaning ?

Le samedi matin, Ken Miles 2$^e$ temps en 3'36" y va également de sa sortie de route dans le sable à Mulsanne. Heureusement le choc ne provoque qu'un dégât mécanique, sur la pompe de vidange du carter. Le temps de faire venir la pièce de rechange de Suisse, via l'écurie Filipinetti, la voiture ne va guère tourner avec Lucien Bianchi le dimanche. Derrière les Ford Shelby, se trouvent les deux GT40 d'Alan Mann en 3'38"6 pour Jacky Stewart et en 3'40"3 pour Whitmore, sur la « lightweight ».

Difficile de tirer un enseignement sur le 5$^e$ temps de la Ferrari de Beurlys en 3'41"6, par contre chez Ford, les techniciens sont confortés dans leurs choix. D'abord, pour éviter d'envoyer une voiture en préparation sur une course comme les 24 heures, la « J », est remisée provisoirement au placard. Ensuite la MK2 est devenue fiable et plus performante que la GT40, d'autant que le modèle « allégé » n'a pas prouvé sa supériorité, par rapport au modèle standard.

L'étape suivante, se déroule à Monza pour les 1000 km du 25 avril. Pour Ford, Le Mans est prioritaire avant le championnat ; pour la Scuderia, une « victoire à la maison » permettrait de faire le plein de confiance. Autre mise au point, John Surtees est de retour, et va pouvoir démontrer à Dragoni, qu'il a gardé toutes ses facultés. Aucune MK2, n'est au départ et les six GT40, sont réparties dans les écuries Essex Wire pour Gregory-Whitmore et Scott-Revson, Filipinetti avec Müller-Mairesse, Ford France avec Ligier-Greder et Fred English pour Ireland-Amon. La dernière est une « privée » pour Redman-Bond. Vous noterez, que les trois principales écuries de Ford, Shelby Company, Holman-Moody et Alan Mann n'ont pas fait le déplacement. Pas de Chaparral non plus, déjà absente aux essais du Mans, pour arbitrer le duel Ferrari Ford.

John Surtees « vous salue bien », sur le nouveau coupé 330 P3 qu'il étrenne avec la pôle position (3'01''1). Derrière les GT 40 occupent les 3 places suivantes avec Revson 2$^e$ en 3'08''7, Gregory en 3'08''9 et Amon en 3'09''9. Bandini-Scarfiotti sur la petite Dino 206S sont en 3$^e$ ligne (3'10''7) qu'il partage avec la 330 P2/P3 de l'écurie Francorchamps de Bianchi-Beurlys (3'12''4). Les écarts sont énormes, « Big John is back » !

Après des essais par beau temps, la course se dispute sous la pluie. Surtees prend rapidement les commandes, après 10 tours il mène devant les GT40 d'Ireland, de Revson et Gregory. Mitter sur Porsche 906 suit en 5$^e$ position. Au 13$^e$ passage, Ireland fait un arrêt aux stands pour faire un appoint en huile. Il ne repart que 6' plus tard. Au 30$^e$ tour, après les ravitaillements, Surtees-Parkes, mènent toujours confortablement devant les Ford de Gregory-Whitmore et Scott-Revson. Mais Scott n'a toujours pas ravitaillé et tombe en panne sèche au 32$^e$ passage. Ireland et Amon ont déjà renoncé pour un problème de pompe à huile.

60$^e$ boucle, Surtees-Parkes occupent toujours le devant de la course avec un tour d'avance sur Gregory-Whitmore et Müller-Mairesse 3$^e$. Mitter-Hermann (Porsche) sont 4$^e$ à 2 tours et vont remporter la classe Proto + 2 litres. Rien ne change jusqu'au drapeau à damiers, Surtees bien secondé par Parkes confirme son retour au top. Les Ford n'ont pas à rougir Gregory-Whitmore 2$^e$, gagnent la classe Sport. Les autres Ferrari ont plutôt déçu. Lorenzo Bandini, retardé en début de course par un problème d'essuie-glace, termine avec Scarfiotti 10$^e$ à 7 tours. C'est aussi une panne d'essuie-glace, qui bloque Piper-Attwood pendant 20' à leur stand, pour une 13$^e$ place à l'arrivée. Enfin la 330P2/P3 de Bianchi-Beurlys, s'est retirée à la mi-course, en panne de dynamo.

N'ayant pas grand-chose à défendre à la « Targa », qui fête sa 50$^e$ édition le 8 mai, sur un circuit qui ne lui convient pas, Ford se retrouve au départ avec la seule GT40 de Ford-France pilotée par Ligier-Greder. Sur le papier, Ferrari à route ouverte, c'est sans compter sur les Porsche.

Nous savons que la marque de Stuttgart, se montre souvent à son aise sur les massifs de Sicile. L'usine ne présente que trois 906, mais elle peut compter sur deux autres de la Scuderia Filipinetti, sans parler des indépendants. Chez Ferrari, Nino Vaccarella « le demi-dieu » sicilien, est là avec Bandini à ses côtés sur le spider 330 P3. Néanmoins les Dino 206 S de Scarfiotti-Parkes et Guichet-Baghetti, moins puissantes mais plus maniables, ont tout autant de chances.

Le début de course est extrêmement serré, Vaccarella compte 4 petites secondes d'avance sur la Porsche de Gerhard Mitter à l'issue du premier tour de 72 km. Puis l'allemand sur sa voiture d'usine, passe 18" plus vite sur Vaccarella, à la fin de la 2e boucle. La pluie, se met alors à tomber, changeant totalement la physionomie de la course. Sorties de route et accidents se multiplient, la Porsche d'Hermann au 5e tour, puis Scarfiotti au 6e avec un problème d'essuie-glace déjà rencontré sur la Dino à Monza. Toujours au 6e tour Bandini sort de la piste et Mitter entre en collision avec son coéquipier Günther Klaas, en voulant le dépasser.

De cette hécatombe, sort vainqueur la Porsche Filipinetti de Mairesse-Muller avec 8'30" d'avance, sur la Dino de Guichet-Baghetti. La Porsche d'usine, que Vincenzo Arena partage avec l'autre « sicilien » Antonio Pucci, termine 3e à 17'36". La Ford GT40 de Greder-Ligier, elle aussi accidentée, se classe tout de même à la 12e place à un tour.

Le timide retour d'une MK2 (1012), pour les 1000 km de Spa le 22 mai, donne une autre dimension à la course pour le titre. Shelby toujours en préparation pour Le Mans, c'est Alan Mann Racing, qui est engagé à sa place, avec Whitmore et Gardner pour pilotes. Cinq GT40, l'encadrent : l'écurie Essex Wire, pour Revson-Scott et Hobbs-Neerpasch, Fred English pour Amon-Ireland, Filipinetti pour Müller-Mairesse et Peter Sutcliffe conduit sa propre GT40 « vert anglais » avec Brian Redman. La Chaparral de Hall et Phil Hill, attendue aux essais, déclare finalement forfait, retirant un peu de piment à la course. Pour s'opposer Ferrari se présente en costaud, avec ses différents partenaires.

Le coupé 330 P3, vainqueur à Monza en tête d'affiche, avec Parkes et Scarfiotti, l'hybride 330 P2/P3 de l'écurie Piper, avec le patron « David » associé à Salmon, l'Ecurie Francorchamps qui ne peut que répondre présent « à la maison » une 365 P2 pour Bianchi-Beurlys et une 250LM pour Gosselin-de Keyn. Enfin la Dino 206S de Maranello Concessionnaires, est présente pour s'opposer à la Porsche d'Hermann-Glemser en prototype 2 litres.

Les essais, sont conformes à la cylindrée des voitures. La P3, troque ses Dunlop traditionnels pour des Firestone. La tenue de route s'en trouve améliorée et Parkes s'offre la pôle en 3'47"4. Franck Gardner réalise le 2e temps en 3'50"7, devant la GT40 de Revson en 3'53"1, puis la P2 de Bianchi, 4e chrono (3'56"9).

La course va être particulièrement limpide. Mike Parkes démarre en tête et ne la quitte plus, avec son équipier Lodovico Scarfiotti, jusqu'au terme de la course au 71e tour. Whitmore, deuxième dès le début, ne sera retardé que par l'éclatement d'un pneu, alors que Gardner pilote à ce moment de la course. La MK2 conserve sa deuxième place à un tour. Trois GT 40 suivent derrière, dont celle de Revson-Scott, 3e à 2 tours et vainqueur en catégorie Sport. La Dino d'Attwood-Guichet 6e à 4 tours, remporte la catégorie Proto 2 litres. La P2 Francorchamps de Bianchi a été éliminée presque d'entrée, pour une fuite d'eau au radiateur, sans que Beurlys puisse prendre le volant.

Il ne vous a pas échappé, que je ne vous ai pas parlé ni de John Surtees, ni de Lorenzo Bandini. Tout simplement parce que la FIA et la CSI, ont mis le même jour dans le calendrier, les 1000km de Spa et Le G.P de Monaco, qui ouvrent le championnat de Formule 1. La F1, connaît un bouleversement avec le passage de la motorisation de 1,5 litres à 3 litres. Les écuries, se sont faits les dents en début du mois de mai, avec deux épreuves hors championnat, à Syracuse le 1er mai où Surtees l'a emporté facilement devant Bandini et à Silverstone le 14 mai, où Jack Brabham, a devancé Surtees de justesse.

Pour faire le point sur les forces en présence, Cooper a passé un accord avec Maserati pour remettre le V12 réalésé de la 250 F, datant de 10 ans, au goût du jour. Brabham, fait retravailler un V8 Olsmobile par la firme australienne Repco, et naturellement Ferrari, sont les seuls à posséder un moteur de 3 litres. Les autres se débrouillent, comme ils peuvent, Lotus, BRM sans parler des privés, avec des moteurs de série Tasmane de 2 litres, Climax ou BRM.

À Monaco, Bruce McLaren fait une entrée remarquée avec une voiture de sa marque, propulsée par un moteur Ford V8 Indy, réalésé en 3 litres. Depuis son retour à Maranello, la situation entre Surtees et Dragoni se tend un peu plus. Annoncé pour 360 chevaux, la nouvelle Ferrari 312, 3 litres, ne doit pour l'instant, en fournir 300 tout au plus. Un seul exemplaire existe, peu maniable, frisant les 600 kg. Du coup, sur le tourniquet monégasque, Surtees préfère se tourner vers la Ferrari 246 V6 de 2,4 litres donnant 250 chevaux pour un poids de 510 kg. Sauf que Dragoni, ne l'entend pas de cette oreille. Sur les deux G.P initiaux, Surtees a utilisé la 312, pendant que Bandini tournait avec la 246, en conséquence Dragoni, ne voit pas la nécessité d'échanger les baquets. Encore un sujet de tension supplémentaire entre les deux hommes.

Malgré le handicap, Surtees ne s'en sort pas si mal en prenant le 2e temps des essais, à 2/10 de la Lotus de Jim Clark (1'29"9) et son moteur de 245 Ch. De son côté, Bandini part en 3e ligne à 6/10 de la pôle. La course se déroule sous un ciel brumeux et sur une piste sèche. Clark, habitué au départ super rapide enclenche la première, mais au baisser du drapeau, le second rapport de la Lotus refuse de s'enclencher. Du coup, la meute le dépasse, avec Surtees entraînant derrière lui dans l'ordre, Jackie Stewart (BRM) G. Hill (BRM), Denis Hulme (Brabham), Bob Anderson (Brabham) et Bandini. Anderson, renonce le premier au 4e tour, sur rupture de son moteur Climax. Au bout de 5 tours, Surtees avec Stewart collé dans ses échappements, a déjà fait le trou. Au 10e passage, McLaren abandonne pour une fuite d'huile sur son moteur Ford. Puis au 13e tour à l'épingle du gazomètre, Surtees sent une secousse dans l'essieu arrière, et lève le bras, pour faire signe à Stewart de passer.

John Surtees fait un premier passage par les stands puis repart pour trois tours, avant d'abandonner, différentiel cassé. Stewart se retrouve en tête avec Rindt (Cooper) 2ᵉ, suivi de G. Hill et Bandini. Au 20ᵉ tour Clark est passé en 5ᵉ position, profitant des abandons d'Hulme et Brabham. On approche de la mi-course, quand Clark, se fait de plus plus menaçant vis-à-vis de Rindt, dont le moteur faiblit et de G.Hill, alors que Stewart à 27"d'avance. Rindt abandonne au 57ᵉ tour, moteur cassé. Clark, prend la seconde place à Hill, au freinage de Sainte Devote, pour peu de temps, son porte moyeu arrière gauche, s'affaisse au gazomètre lors du 61ᵉ passage. Bandini se déchaîne et réussit à doubler G.Hill, mais Stewart est hors de portée. La Ferrari, s'offre un beau lot de consolation au 90ᵉ passage, en battant le record du tour (1'29"8) et termine 2ᵉ à 40" de Stewart, pendant que Graham Hill finit 3ᵉ à un tour.

Naturellement dans son rapport à Enzo Ferrari, Eugenio Dragoni couvre d'éloge « le milanais Bandini » et regrette que « l'anglais Surtees », prenne peu de soin du matériel qui lui est confié ! Lorenzo Bandini de son côté, est toujours d'une correction exemplaire vis-à-vis de John Surtees. N'oublions pas que deux ans auparavant, il aidé l'anglais à devenir Champion du Monde. Dans « sa campagne de déstabilisation », Dragoni doit se trouver un allié de circonstance, Mike Parkes devrait pouvoir faire l'affaire. Mike, alias « Paco ou Chico » 34 ans, n'est autre que le fils du fondateur d'Alvis Cars. Ingénieur de formation, passionné de pilotage, il grimpe petit à petit les échelons à la fin des années 50. Ferrari lui confie une voiture pour Le Mans en 1961, où au côté de Willy Mairesse, il gagne la 2ᵉ place. En 1963, Enzo Ferrari, l'invite à rejoindre la marque en qualité de pilote essayeur, ses connaissances techniques, sont d'un précieux renfort pour la Scuderia. Depuis, il ne rêve que d'une chose, se voir confier un volant de formule 1, chez Ferrari.

John Surtees, 32 ans est son opposé. Fils d'un marchand de motos, c'est les mains dans le cambouis, qu'il se forme en parfait autodidacte. Les deux hommes ne s'apprécient guère, dans une sorte d'opposition entre la bourgeoisie et le milieu populaire.

Parkes bien que bon pilote, ne peut en rien, rivaliser avec un Surtees. Dragoni le sait, le deal est donc de l'aider à faire virer « Big John », pour prendre sa place en F1. C'est dans ce contexte, que la Scuderia aborde les 1000 km du Nurbugring le 5 juin, dernière épreuve préparatoire, deux semaines avant Le Mans.

Histoire de bien plomber l'ambiance, Dragoni associe les deux anglais sur le spider 330 P3, alors que Scarfiotti fait équipe avec Bandini sur une Dino 206 S, de même que Rodriguez avec Richie Ginther. Une troisième Dino est engagée par Maranello Concessionnaires avec Attwood-Piper. L'idée étant de privilégier la maniabilité de la Dino à la puissance de la P3. Ford suit un peu le même raisonnement, pourquoi engager des MK2, alors que les GT40, feront aussi bien l'affaire. Shelby, Holmann-Moody et Alan Mann, peaufinent leurs préparations, pendant qu'Essex Wire aligne deux voitures pour Revson-Scott et Whithmore-Neerpasch. Quatre autres GT 40 sont au départ pour Ford France (Schlesser-Ligier), Fred English (Ireland-Salmon), Red Rose (Sutcliffe-Taylor) et Vixen (Spence-Bond). L'événement, consiste dans la première apparition en Europe de Chaparral. Après son engagement avorté à Spa, la 2D de Bonnier-P. Hill, participe aux essais.

Sur la boucle nord « du ring », longue de 23 km, Surtees se montre le plus rapide aux essais en 8'31"9, devant Phil Hill (8'35"4). Surprise, derrière la Porsche 906/8 de Rindt fait le 3$^e$ chrono en 8'44"4, devant la Dino de Scarfiotti (8'48"2) et une autre Porsche 906 d'Hermann-Glemser (8'54"5). Les Ford sont loin, la meilleure de Whithmore-Neerpasch, pointe en 10$^e$ position (9'00"4). Malgré la longueur du circuit, les écarts sont considérables, la P3 et la Chaparral, sont un ton au-dessus du reste du plateau.

Le temps superbe, attire une foule estimée à 350.000 personnes. Il est 10 heures, quand les 77 bolides s'élancent. Surtees boucle le premier tour départ arrêté en 8'48", la Dino de Scarfiotti pointe 2$^e$ à 17" et la Chaparral de Bonnier 3$^e$ à 25".

Déjà, la GT40 de Whitmore abandonne, pour un problème de suspension en perdant une roue au passage. Celle de Scott, ne vaut guère mieux, une fumée noire de mauvais augure, se dégage de ses échappements. Au passage suivant Surtees, compte 50" d'avance sur Bonnier, qui a sauté Scarfiotti. Derrière filent dans l'ordre les Porsche d'Hermann, Klass et Rindt. Au 4$^e$ passage, c'est terminé pour Scott, son moteur Ford a brûlé toute son huile.

À 10h55, Surtees semble faire la course tout seul, il boucle son 6$^e$ tour, quand un boulon de l'amortisseur arrière droit de la P3, s'envole. Au stand, Foghieri ordonne de changer l'amortisseur Koni. 7' de perdu, avant que Parkes ne reprenne le volant en 21$^e$ position, avec un plein dans le réservoir. Bonnier, fait désormais la course en tête avec Scarfiotti accroché à ses basques. Commence le 11$^e$ tour, terme du premier quart de course, la Chaparral, plus gourmande en carburant, ravitaille la première. Scarfiotti prend la tête, pendant que Phil Hill repart en 3$^e$ position. Scarfiotti s'arrête au tour suivant, Bandini prend son relais et repart à la 3$^e$ place. La Dino de Rodriguez, mène la course devant la Chaparral. Ireland (Ford), sort de la route dans la 13$^e$ boucle, à la suite d'une crevaison.

À midi, une fois tous les ravitaillement bouclés, Bonnier-P.Hill, ont une minute d'avance sur les deux Dino, 15 tours ont été parcourus. Au passage suivant, la Chaparral augmente son avance de 30" supplémentaires. La 250 LM de l'écurie Filipinetti, pilotée par Muller-Mairesse, vainqueur de la Targa, perd du temps, avec une tenue de route qui se dégrade, la suspension est en cause. 17$^e$ tour, Parkes s'arrête pour un plein et repasse le volant à Surtees. La P3 remonte à la 7$^e$ place, depuis son relais. « Big John », victime du même incident, que lors de son premier arrêt. La même réparation est effectuée sur les amortisseurs, la Ferrari a désormais, un tour de retard. Devant personne n'inquiète « le running bird texan » *(Le Chaparral, est un oiseau qui court dans le désert, mais ne vole pas, immortalisé par le dessin animé de Tex Avery, Bip Bip contre Will le coyote !)*

La boîte automatique 2 vitesses utilisée, se montre particulièrement efficace, sur le circuit aux 173 virages et souffre moins que les boîtes mécaniques, sans parler la moindre fatigue des pilotes. Les Dino consomment de la gomme sur les pneus avant, en raison d'un sous-virage excessif. Une rupture d'essieu arrière, met un terme à la course de la 250 LM de Piper-Attwood au 27ᵉ tour, la Chaparral compte 4' d'avance sur ses poursuivants. Ça sent la fin pour la P3, l'embrayage patine et sent le chaud. Parkes, reprend le volant avec difficulté et sans conviction.

15 heures la Chaparral a bouclé 33 tours et ravitaille pour la dernière fois. Phil Hill repart, le ciel est menaçant et déjà quelques gouttes de pluie commencent à tomber, il s'arrête au tour suivant et chausse des Firestone « pluie », par précaution. Les Dino font de même, sage précaution, car les Porsche de Vaccarella et de Glemser, toujours en « slicks », sortent de la piste dans la 36ᵉ boucle. Surtees-Parkes, ont bâché, l'embrayage ayant définitivement rendu l'âme.

Phil Hill assure sous la pluie jusqu'à l'arrivée. Hap Sharp, transformé pour l'occasion en team manager, peut laisser éclater sa joie ! La Dino Ferrari de Scarfiotti-Bandini finit 2ᵉ à 42"et celle de Rodriguez-Ginther 3ᵉ à 1'15"À trop vouloir faire la chasse aux Dino, les Porsche se sont éliminées d'elles-mêmes. La 906 de Bondurant-Hawkins est tout de même 4ᵉ, devant les deux Ford GT40 de Schlesser-Ligier 5ᵉ (1ᵉʳᵉ en Sport) et de Sutcliffe-Taylor 6ᵉ à un tour.

Chapitre 18

# PUISSANCE ET GLOIRE

La fièvre s'empare de toute la France, Ford pour une première, ou Ferrari pour une 10ᵉ victoire aux 24 heures du Mans ? Nous sommes à dix jours du grand événement, les médias ne parlent que de ça et arrivent à captiver les gens qui d'ordinaire, ne s'intéressent pas au sujet. Les écuries concernées, sont en immersions sauf la Scuderia, qui doit encore disputer le G.P de Belgique le 12 juin à Spa.

Si la physionomie n'a pas beaucoup changé depuis Monaco, trois semaines auparavant. Il y a tout de même du nouveau. Ainsi Dan Gurney, dévoile pour la première fois son Eagle, encore équipée d'un modeste Climax 4 cylindres 2,7 litres, en attendant le V12 3 litres, en gestation chez Weslake. De son côté Bruce McLaren troque son Ford V8, pour un V8 Serenissima. BRM, et avec Peter Arundell comme cobaye, teste son nouveau 16 cylindres en H, « une version un peu simpliste », de deux anciens V8 1,5 litres accolés, pour en faire un 3 litres.

Depuis « l'affaire de Monaco », chez Ferrari, chacun reste avec sa monture, John Surtees sur la 312 V12 et Lorenzo Bandini sur la 246 V6. La tension n'est pas retombée, même si pour l'instant Eugenio Dragoni s'abstient de faire des vagues.

Des 17 monoplaces prévues pour la course, 15 vont finalement prendre le départ à la suite des casses moteurs de McLaren et Arundell aux essais. Il semble que la Ferrari de Surtees, ait retrouvé une trentaine de chevaux, depuis sa prestation en Principauté, « Big John », décrochant la pôle position (3'38") avec 3"2 d'avance sur la Cooper de Jochen Rindt et 3"5, sur la BRM de Stewart. En 2ᵉ ligne, Bandini est flanqué de Brabham.

Comme souvent, il pleut sur les Ardennes, Phil Hill part en dernière ligne, en dehors de la course. Sa McLaren Ford se voit équipée d'une caméra embarquée, afin de filmer, pour une fiction cinématographique, des scènes du long métrage de John Frankenheimer, « Grand Prix ». Le réalisateur ne va pas être déçu, la réalité va dépasser la fiction ! Dès le premier tour de 14 km, sur le sol mouillé, pas moins de 7 concurrents, sont éliminés par des accidents. Mike Spence et Jo Bonnier sortent les premiers à Burnenville, la photo de la Cooper de Jo en équilibre avec le train avant dans le vide, reste dans toutes les mémoires.

Jackie Stewart, heurte un poteau électrique, en sortie de la ligne droite de Masta, défonce une cabane de bûcheron, avant de finir sa course en se retournant dans un fossé. Son coéquipier Graham Hill, sort juste derrière au même endroit, sans rien toucher *(il n'y avait plus rien à détruire « dixit Stewart »)*. Puis Bob Bondurant fait de même. Hill, va chercher une clef anglaise, pour désincarcérer l'écossais, pendant que la monoplace pisse le carburant. Graham et Bob mettent 25' à l'extraire, en étant obligé, de lui ôter sa combinaison de pilote. Puis pour finir l'ambulance qui l'amène à l'hôpital, avec une clavicule cassée, se perd en chemin ! Clark a cassé son moteur d'entrée, dans la côte de Burnenville. Bref, au bout de 14 km sur les 395 à parcourir, il ne reste plus que sept voitures en course.

Dans le même temps, Surtees, prend les commandes devant Rindt, Brabham et Bandini. À la fin de la première boucle, Bandini passe en tête pendant que Ginther (Cooper), pointe en 5ᵉ position. Au 3ᵉ passage Surtees est de nouveau en tête, pour peu de temps, au milieu des gerbes d'eau, Rindt se montre le plus audacieux, alors que Bandini commence à perdre du terrain.

Toujours à l'attaque, l'autrichien, au volant de sa Cooper, ne va pas faire moins de 9 têtes à queue tout au long de l'épreuve. Néanmoins Jochen Rindt caracole devant, tournant en 4'30", soit 50" moins vite qu'aux essais. Surtees « suivant les exercices de style » du leader, laisse volontairement un écart entre sa Ferrari et la Cooper. Derrière c'est pire pour les attardés, le moteur de Gurney fonctionne par intermittence et Ligier (Cooper), s'arrête pour faire régler son embrayage, puis pour faire diminuer la pression de ses pneus.

La pluie cesse et la piste commence à sécher, Surtees en profite pour doubler Rindt, sur sa première attaque au 21e tour. Le jeune autrichien, n'est pas en mesure de répondre, avec un différentiel bien malade. « Big John » l'emporte en s'offrant le meilleur tour en course (4'18"7) dans une moyenne horaire particulièrement basse de 114 km/h ! Rindt prend une très méritoire 2e place à 42"et Bandini finit 3e à un tour.

De quoi satisfaire le Commendatore, Lorenzo Bandini prend la tête du championnat avec un point d'avance sur Surtees à égalité avec Stewart. Ferrari satisfait, mais pas Dragoni qui reproche à son pilote, d'avoir été « trop attentiste » derrière une Cooper, inférieure et affaiblie. La guerre psychologique continue.

Pour une fois « le débarquement a lieu un 13 juin ». Ford installe « sa tête de pont », dans le garage Peugeot du Mans. Jamais aucun constructeur n'avait présenté 14 voitures (8 MK2 et 6 GT 40), dans une course, comme les 24 heures du Mans. Comme convenu, depuis les essais d'avril, l'accent est mis sur les MK2 avec leur moteur de 7 litres. Suivant une première expérience à Sebring en mars dernier, les voitures, sont peintes de couleurs différentes, pour pouvoir mieux les identifier. Le service marketing a poussé le bouchon plus loin, en reprenant la palette des couleurs proposées à la clientèle sur les Ford Mustang. Si chaque moindre détail semble avoir été étudié, le plus compliqué consiste dans la composition des équipages. Huit voitures, demandent au minimum 16 pilotes, capable non seulement de dompter la machine, mais de tenir dans la durée, pendant 24 heures.

Shelby Company est la mieux armée et la plus expérimentée. Sur la N°1 (Ciel, parements rouge, 2 bandes blanches), Miles-Hulme, sur la N°2 (Noire, 2 bandes argent), McLaren-Amon, sur la N°3 (Rouge, 2 bandes blanches) Gurney-Grant. Tous ces pilotes, sont non seulement de premier plan, mais possèdent une solide expérience dans la Sarthe.

Pour Holman-Moody, « les paires » sont moins adaptées. Nous retrouvons sur la N°4 (Bronze parements verts) Hawkins-Donohue, la N°5 (Or, parements rose) avec Bucknum-Hutcherson et la N°6 (Marine parements jaunes) d'Andretti-Lucien Bianchi. Enfin Alan Mann Racing avec la N°7 (Argent, 2 bandes noires) pour G. Hill-Muir, et la N°8 (Jaune, 2 bande noires) pour Whitmore-Gardner. À noter que les MK2 d'Alan Mann sont les plus légères (1205 et 1214kg), celles d'Holman-Moody les plus lourdes avec 1245kg.

Comme depuis le début saison, Essesz Wire Corporation, se charge de deux GT40 à ses couleurs (Blanche, large bande rouge) pour Scott-Revson et pour Neerpasch, qui fait équipe avec le jeune belge Jacky Ickx, 21 ans. Pour Ford France, Henry Greder devait participer au côté de Guy Ligier mais il faut « recaser » Bob Grossman initialement prévu sur MK2. Comstock Racing Team de Fred English, aligne une superbe GT 40, ciel frappée de l'Union Jack, pour Ireland-Rindt. La Ford de la Scuderia Bear, accidentée par Thompson à Maison Blanche, pendant les essais, en s'accrochant avec la 7 de Muir, ne prendra finalement pas le départ. La Scuderia Filipinetti se partage entre Ford avec une GT 40 pour Sutcliffe-Spoerry et Ferrari, avec une 365 P2 pour Mairesse-Muller.

Ferrari devenu « le colosse aux pieds d'argile ». Certes Ford, met toutes ses ressources pour le faire chuter, mais Maranello se donne-t-il les moyens d'aborder cette compétition si particulière, avec ses meilleurs atouts ? Sûrement pas, déjà se battre en formule 1 et en Sport Proto en même temps, devient de plus en plus difficile. Mais diversifier ses montures en endurance, ne facilite pas les choses, sans parler des querelles internes, qui viennent miner, un peu plus chaque jour, la Scuderia.

Ferrari engage autant de voitures, 14 au total, mais en y regardant de plus près, combien d'entre elles, vont pouvoir jouer la gagne ? « Cheval de bataille », la 330 P3 4 litres spider N°27, un poids de 974 kg pour 420 chevaux attribuée à Rodriguez-Ginther par le NART. Deux autres versions fermées à peine plus lourdes (981kg), mais mieux profilées, sont engagées par l'usine, pour Bandoni-Scarfiotti N°20 et Surtees-Parkes N°21, pesant tout de même 200 kg de moins que les MK2.

Ensuite, nous trouvons les « reconverties », des 365 P2, avec une carrosserie proche du spider P3. La N°19 de l'écurie Filipinetti, déjà évoquée, la N°17 de l'écurie Francorchamps, pour Beurlys-Dumay et la N°16 de Maranello Concessionnaires, pour Attwood Piper. Bien qu'équipées d'un moteur de 4,4 litres, elles sont plus lourdes (1047 kg) et plus gourmandes. La N°18 est une « bizarrerie », une 365 P2 carrossée par Drogo, avec des airs de coupé P3 à l'avant et munie d'une queue longue. Cette voiture, a été reconstruite à partir d'un modèle détruit à Sebring. Gregory-Bondurant sont chargés par le NART de conduire « l'éléphant blanc », sobriquet attribué au modèle.

Enfin, pourquoi mettre l'accent sur trois Dino 206, sans doute pour battre les Porsche en Proto 2 litres, est ce déjà un aveu de faiblesse ? Kolb-Follmer sur la 38, Salmon-Hobbs sur la 36 et Guichet-Vacarella, forment les différentes équipes. Les quatre dernières Ferrari, sont trois 275 GTB, pour la lutte en GT et une ancienne 250 LM, de l'écurie Francorchamps.

Le mardi soir, les polémiques repartent de plus belles. Nino Vacarella, veut absolument conduire un gros proto P3, qui lui a été promis et non une petite Dino. Eugenio Dragoni s'y oppose fermement. Par contre, il ne dit rien quand Surtees, qui ne veut pas faire équipe avec Parkes, échange son siège avec Bandini, pour se retrouver avec Scarfiotti, bonjour l'ambiance !

Lors des premiers essais du lendemain, John Surtees réalise, le meilleur temps et semble le seul pilote de Ferrari, capable de rivaliser avec les Ford en vitesse pure.

Lors du débriefing du soir, Dragoni refait le point et indique à Surtees que Scarfiotti prendra le départ samedi sur la N°20. Stupéfaction de John, qui demande des explications, dans la mesure où il est le plus rapide. « Le félon Dragoni », part alors dans une diatribe envers son pilote, en expliquant que Gianni Agnelli patron de la FIAT et second actionnaire chez Ferrari, va assister au départ de la course, pour voir son neveu, Lodovico Scarfiotti courir ! Basta, c'est la phrase de trop pour Surtees, qui jette sa démission à la tête de Dragoni et se retire séance tenante.

Le jeudi, l'annonce du renoncement de Surtees, se propage dans les paddocks comme une traînée de poudre. Shelby, propose même à l'anglais de lui confier le volant d'une MK2. John refuse la proposition, plus pour pouvoir garder l'estime d'Enzo Ferrari, que pour faire un joli pied de nez à son ex-team manager. Le milanais, a atteint son but, se débarrasser de John Surtees. Cette victoire à la Pyrrhus, annonce des lendemains qui déchantent. En se privant de son meilleur pilote, Eugenio, risque de voir sa tête rouler dans la sciure, en cas de défaite.

Dans un jeu de chaises musicales, histoire de garder la face, Dragoni fait passer Jean Guichet plutôt que Nino Vacarrella, pour remplacer Surtees, sur la P3 N° 20. Mario Casoni, pilote de réserve se trouve propulsé sur la Dino N°36, pas de quoi mettre du baume au cœur du sicilien.

Sans Surtees, le « boss », s'appelle désormais Dan Gurney, qui boucle le tour en 3'30"6 à plus de 230 km/h de moyenne. Derrière foncent les autres MK2 de Ken Miles (3'31"7), de Franck Gardner (3'32"2) et de Bruce McLaren (3'32"6). Ritchie Ginther avec le 5e temps en 3'33", se montre le meilleur des « ferraristes ». Graham Hill (Ford), décroche le 6e chrono, devant les deux autres Ferrari P3 de Scarfiotti et Bandini. L'unique Chaparral de Phil Hill-Bonnier avec le 10e temps, semble bien isolée, pour rééditer sa performance du Nürburgring. Quant aux autres Ferrari P2/P3, derrière l'ensemble de MK2 et même derrière les deux GT40 de Essex Wire, seule une hécatombe chez les favoris, peuvent leurs permettre de jouer un rôle.

Henri Ford, fait le déplacement avec son épouse Maria-Critana. Après un passage par Matignon, pour rencontrer le premier ministre Georges Pompidou, en vue de la construction d'une usine à Blanquefort, il va donner le départ, de cette 34e édition le samedi.

Le temps est plus serein, que les têtes sous les casques des pilotes. Graham Hill surprend le reste du peloton au baisser du drapeau. La voiture après son accrochage des essais, a troqué son capot gris pour un capot noir. Derrière c'est la foire d'empoigne. La MK2 jaune de Whitmore, après avoir calé au départ, touche la Ferrari de Scarfiotti au démarrage, heureusement sans dégât pour les deux bolides. Buckmun sur la 5 est en seconde position, après la courbe Dunlop suivi par la GT 40 de Scott, la MK2 d'Andretti, « l'éléphant blanc » de Ginther et Gurney mal parti, parvient à passer Scarfiotti pour la 5e place. « Le grand Dan », se retrouve en 2e position derrière G. Hill au premier passage, avant de prendre la tête dès le 3e tour. Les consignes du stand Ford sont strictes, ne pas dépasser les 6200 tours/minutes, alors qu'il est possible de monter à 7400 tr/m. Dans les premières minutes, quelques-uns semblent avoir oublié les recommandations.

À la fin de la première heure, trois MK 2 sont aux avant-postes, Gurney, mène devant G.Hill, et Bucknum. Pedro Rodriguez 4e entretient la flamme de Ferrari, devant la MK2 de Miles et l'autre Ferrari de Scarfiotti. Jo Bonnier sur la Chaparral 7e, s'efforce de garder le contact sans trop tirer sur la machine. Puis, quelques gouttes se mettent à tomber. Les meccanos profitent du premier ravitaillement à 17h15, pour passer en pneus pluie. Le système de fixation à 6 écrous par roue sur la Chaparral, ralentit l'opération, conséquence Phil Hill repart en 16e position. La manœuvre, s'avère parfaitement inutile, car la pluie s'arrête au moment de repartir.

Peu après 18 heures, alors que Rodriguez-Ginther sont désormais 3e. les trois Dino semblent atteintes du même mal, rupture moteur pour la N°25 et la 38, transmission pour 36. Ferrari a déjà perdu la catégorie Prototype 2 litres.

Chez Ford c'est la GT40 d'Ireland-Rindt qui jette l'éponge la première, après 8 tours de course. L'abandon n'est officialisé qu'à 18 heures. Dan Gurney bat le record du tour au 39ᵉ passage en 3'30''6 soit le même temps qu'aux essais, améliorant le record de l'an dernier de Phil Hill de 7''. De retour au stand pour ravitailler, après un changement de disques nécessaire, Jerry Grant s'élance en 4ᵉ position, derrière Miles-Hulme, Rodriguez- Ginther et Scarfiotti-Parkes. Ces quatre voitures, sont les seules à être dans le même tour. Il est 19 heures, la P2/P3 de Piper-Attwod, qui tourne au ralenti depuis un moment, abandonne après 28 tours parcourus, pompe à eau hors service.

La Mk2 d'Hawkins-Donohue, occupe la dernière place depuis la première heure. Paul Hawkins, casse un arbre de roue dans les Hunaudières dès le premier tour. La réparation dure une heure. Mark Donohue qui le relaye, perd son capot et les roues arrière décollent sous l'effet de souffle dû à la perte d'appui. Pour finir, son abandon est effectif avant 21 heures, sur bris de transmission.

Les deux MK2 de Miles-Hulme, et Gurney-Grant, contrôlent la course devant les P3 de Rodriguez-Ginther et de Scarfiotti-Parkes. Derrière toujours vaillantes la MK2 de McLaren-Amon 5ᵉ et la dernière P3 de Bandini-Guichet 6ᵉ. Le duel entre Ford Shelby et les Ferrari, est plus que jamais engagé. Au crépuscule, la CD de Jean Claude Ogier, s'accroche à Mulsanne avec l'ASA de Pasquier. Un incendie se déclare dans la voiture détruite, Jean Claude s'en tire avec les deux bras cassés.

Après 23 heures, les choses se décantent sérieusement. La Chaparral remontée en 8ᵉ position, voit ses efforts définitivement anéantis, pour un problème de batterie et d'alternateur. La MK2 d'Andretti-Bianchi, qui venait de gagner la 6ᵉ place sur la P2 de Muller-Mairesse, reste clouée à son stand, pour un bris de soupapes. Peu avant minuit, la Ford N°7 avec Graham Hill à son volant, se range en lisière du circuit, porte-moyeu avant brisé, elle occupait le 7ᵉ rang. Une vague d'inquiétude, submerge le camp américain, avec 4 MK2 sur 8, déjà à l'arrêt avant la mi-course, le spectre de l'an dernier se profile !

De la crainte d'outre atlantique, on passe bientôt au désespoir transalpin. 0h30, La Matra BRM de Schlesser, prend un tour au Tertre Rouge, à la CD d'Heliguoin. Les deux voitures côte à côte, s'entrechoquent. Derrière la P3 de Scarfiotti, ne peut les éviter et termine sa course dans les fascines. Elle figurait en 4$^e$ place. Puis, c'est le spider P3 de Rodriguez-Ginther devenu 4$^e$, qui s'arrête à 1h45, la boîte de vitesses a cédé. La cascade d'abandon chez Ferrari se poursuit, la P2/P3 de Muller-Mairesse 5$^e$, étant aussi victime de sa boîte, une heure plus tard.

4 heures du matin, à la mi-course, il n'y a plus une seule Ferrari pour jouer les premiers rôles. Six Ford, occupent les six premières places. Dans l'ordre les « 3 Shelby », Miles-Hulme mènent devant Gurney-Grant, et McLaren-Amon, puis suivent Bucknum-Hutcherson 4$^e$, la GT 40 de Scott-Revson 5$^e$, celle de Suttcliffe-Spoerry 6$^e$ et enfin la Porsche 906/6 de Siffert-Davies 7$^e$. La dernière Ferrari P3 de Bandini-Guichet, retardée par des problèmes de freins, pointe 12$^e$, devant la dernière P2 de l'écurie Francorchamps de Beurlys-Dumay 13$^e$.

Au gré des changements de plaquettes et de disques, la position des trois MK2 de tête, change de la fin de nuit au petit matin. À 6 heures Gurney-Grant, sont devant Miles-Hulme et McLaren-Amon. La P2 de Beurlys-Dumay, s'est retirée sur rupture de joint de culasse. Scott-Revson en tête de la catégorie Sport, renonce une heure plus tard, sur le circuit, moteur cassé. 8 heures, agonisante, privée de plusieurs rapports de boîte, la voiture de Bandini-Guichet 11$^e$, au bout du bout, s'arrête sur rupture de joint de culasse. Peu de temps après la 250LM de Gosselin-Keyn (13$^e$), rejoint « le cimetière », toujours à cause du joint de culasse. Fait exceptionnel au 2/3 du parcours, il n'y a plus de Proto Ferrari dans la course.

Ford, semble se diriger confortablement et paisiblement, vers son premier succès au Mans, quand peu après 9 heures Gurney, toujours en tête, arrive au stand sous la bruine, pour un arrêt non prévu. Un problème de canalisation d'eau desserrée, et le joint de culasse est endommagé. Après sa disqualification de Daytona, Dan est décidément maudit !

Suite à l'abandon de la Ford N°3, un conciliabule, se tient entre Léo Beebe, Caroll Shelby et John Holman. Les trois Ford de tête ne doivent plus s'attaquer. Les « 2 Shelby » sont dans le même tour, devant « l'Holman Moody » qui navigue 3e à plus de 10 tours. Une idée plus ou moins saugrenue née dans la tête de Léo Beebe, faire terminer la N°1 et la 2, à la première place ex æquo. Il argumente en disant que cette solution va combler Henry Ford. Le grand patron en fait n'en n'a cure. Confortablement assis dans la tribune présidentielle, il n'attend qu'une chose voir une de ses voitures passer la ligne d'arrivée en vainqueur.

Carroll Shelby, lui de son côté penche pour la victoire de Ken Miles. Il ne connaît que trop le travail accompli par son pilote, aussi bien pour les Cobra que sur les Ford. Déjà vainqueur à Daytona et Sebring, « l'anglo-américain » réaliserait un triplé historique. L'idée du « dead-heat » est finalement retenue, les consignes sont passés dans ce sens aux pilotes. La pluie tombe désormais avec plus d'intensité, le sol avec ses traînées d'huile et de gomme, est d'autant plus gras et glissant, les Ford tournent désormais aux environ de 4' au tour. Après vérification, il s'avère que le règlement de l'ACO, ne permet pas de classer deux voitures à égalité. L'information, n'est pas divulguée par le staff aux pilotes.

Il est près de 11 heures, à la faveur d'un changement de disques McLaren-Amon mènent devant Miles-Hulme. Chris Amon, respecte les consignes et lève le pied pour se laisser rejoindre par Ken Miles. Celui-ci, se montre de plus en plus nerveux, à 47ans il ne veut pas laisser passer la chance de sa vie. Il augmente progressivement l'allure entre deux averses et à 14 heures, il a repris les commandes. À 14h45, Amon laisse le volant à McLaren pour la fin de course. La pluie se fait de nouveau plus intense, sous la contrainte des consignes, Miles laisse fondre ses 40'' d'avance, McLaren fait la jonction au bout de 4 tours. Il va être 16 heures à la pendule, les voitures entament leur dernier tour, La N°1 devant la N°2 à la sortie de Maison Blanche, suivie de la N°5. Phares allumées, McLaren passe d'un capot, le drapeau à damiers devant Miles. Qui a gagné ?

Le règlement est formel, la voiture partie derrière en fonction du temps des essais a parcouru la plus grande distance ! Conséquence McLaren-Amon qui ont réalisé 3'32"6 aux essais, sont partis 20 mètres derrière Miles-Hulme qui ont fait 3'31"7 et sont proclamés vainqueurs (4843 km) ! Bucknum-Hutcherson prennent la 3ᵉ place à 12 tours. La Porsche de Siffert-Davies, classée 4ᵉ à 21 tours gagne l'indice de performance et la catégorie 2 litres. Il faut remonter à la 8ᵉ place pour trouver la Ferrari 275GTB de Courage-Pike, qui remporte la classe Grand Tourisme.

Henri Ford aux anges, déclare dans l'euphorie, qu'il viendra défendre son titre l'an prochain. Il règne, vu les conditions de la victoire, un certain malaise dans le reste de l'équipe. Il y a les vainqueurs McLaren-Amon, et les frustrés. Moins de regret pour Denis Hulme, qui vient tout juste d'intégrer l'équipe américaine, pendant que Ken Miles rame depuis 3 ans, pour Shelby et Dearborn.

À Maranello, malgré la déroute, ce n'est pas encore l'heure des comptes, il faut gagner le Championnat de Formule 1 pour ne pas perdre la face. Les pilotes, se retrouvent le 3 juillet à Reims, pour le G.P de l'A.C.F et d'Europe. L'Automobile Club Champenois, décide de faire l'impasse sur les 12 heures, il n'y aura donc par de revanche des 24 du Mans. Dragoni, tient son engagement de réserver un baquet pour Mike Parkes. Pour la première fois Ferrari, dispose de deux 312 V12 de 3 litres, la seconde étant naturellement attribuée à Lorenzo Bandini. John Surtees de son côté, a trouvé refuge chez Cooper-Maserati, en récupérant la T81 de Ginther, parti au Japon faire des essais pour Honda. Il se retrouve avec Jochen Rindt et Chris Amon comme coéquipier. Chez Brabham, deux BT16 V8 Repco 3 litres sont aussi, pour la première fois disponibles, pour Denis Hulme et Jack « le patron ». Depuis le début de la saison, les autres écuries se débrouillent avec des V8 de 2 litres, John Taylor sur Brabham privée, les Lotus du team Parnell de Spence et d'usine de Clark. Son coéquipier Peter Arundell, par contre teste le nouveau H16 BRM, monté dans une Lotus 43. L'usine BRM, privé de Stewart depuis l'accident de Spa, n'engage qu'une voiture avec un V8 2 litres, pour Graham Hill.

Sur le rapide circuit champenois, « les petites 2 litres » n'ont que peu de chances face aux plus grosses cylindrées. Il est donc normal de retrouver en première ligne, la Cooper de Surtees encadrée par les deux Ferrari de Parkes, en pôle, et de Bandini. Brabham et Rindt se partagent la 2ᵉ ligne. Jim Clark, lui, déclare forfait, percuté aux essais par un oiseau, blessé sérieusement à un œil, il est remplacé par P. Rodriguez.

Comme souvent à Reims, une chaleur écrasante plombe le circuit, au moment où Toto Roche donne le départ. Surtees se montre, le plus prompt au démarrage, mais Bandini prend la tête avant la courbe de Gueux devant Brabham et Parkes. Les positions sont inchangées à la fin de la première boucle, alors que Surtees rentre au stand avec un problème de carburation. Les mécanos, pensent à un phénomène de « vapor lock » lié à la température. Finalement une pièce de la pompe à injection est changée, faisant perdre un tour à l'anglais, sans espoir de revoir la tête.

Au 2ᵉ tour, Bandini et Brabham sont roues dans roues, pendant que Parkes passe à 1", puis Amon précède G.Hill. Rien ne bouge pendant les 10 tours suivants, sauf que le duo de tête porte son avance à 9". Au 11ᵉ passage Amon, s'arrête pour un problème de pompe à essence et au tour suivant G. Hill renonce, arbre à cames cassé. Brabham perd bientôt l'aspiration de Bandini et l'écart se creuse. Au 30ᵉ tour, Bandini toujours leader bat le record du tour (2'11"3), Brabham est 2ᵉ à 26", Parkes 3ᵉ à 1'20" et Hulme 4ᵉ à 2'08, les autres sont à un tour et plus.

Le tournant de la course a lieu dans la 32ᵉ boucle, quand le câble d'accélérateur de la Ferrari de Bandini, casse « au Thillois ». L'italien, bricole ensuite la pédale avec du fil de fer pour rejoindre son stand. Brabham prend le commandement avec 40" sur Parkes et un tour sur Hulme et Rodriguez. Au 41ᵉ tour Rodriguez abandonne, piston crevé et Bandini repart au 44ᵉ passage devant Parkes, avec 11 tours de retard. Son objectif « tirer son coéquipier », pour faire la jonction avec Brabham. Au final, il va manquer 9"5, à Parkes 2ᵉ, Hulme et Rindt sont 3ᵉ et 4ᵉ à 2 tours, pendant que Gurney 5ᵉ, apporte ses 2 premiers points à son Eagle équipée du petit 4 cylindres Climax.

Alors Lorenzo Bandini a t'il « la taille patron » comme Eugenio Dragoni le prétend ? La réponse ne tarde pas. Après sa victoire à Reims, Brabham remporte les trois Grand Prix suivants. À Brands Hatch en Angleterre d'abord, où les Ferrari brillent par leur absence en raison, une nouvelle fois des grèves en Italie, en Hollande ensuite où Bandini endommage sa voiture aux essais et enfin sur le juge de paix du Nürbugring.

À Zandvoort en Hollande, Parkes perd le contrôle de sa Ferrari et abandonne au 10$^e$ tour, pendant que Bandini avec sa voiture réparée, grappille le point de la 6$^e$ place. Il fait de même sur « le ring » pendant que Parkes est de nouveau accidenté. Dans ce G.P d'Allemagne, Scarfiotti rejoint la Scuderia sur la 246 V6. Il fait mieux que ses coéquipiers aux essais, mais abandonne en course pour un problème électrique.

À trois Grand Prix de la fin, Jack Brabham vient de conquérir son 3$^e$ titre de Champion du Monde, après ceux de 1959 et 1960. Comment est-ce possible ? Sa Brabham BT19 dérivée du modèle précédent, avec un châssis tubulaire démodé, une suspension « out-board », un petit moteur Repco simple arbre à cames à 2 soupapes par cylindre délivrant à peine 300 chevaux peut vaincre les Ferrari et Cooper. La Ferrari a châssis monocoque, suspension « in-board », moteur double arbre développe 330 chevaux, puis bientôt 360 dans sa version 3 soupapes par cylindre. Même constatation chez Cooper, dont le V12 Maserati, est donné pour 360 chevaux. On peut tenter plusieurs explications, quand la Brabham pèse 530 kg, la Ferrari en accuse 580 et la Cooper 605. La maniabilité, la simplicité et la fiabilité, font la différence par rapport à des machines qui se veulent plus sophistiquées et plus puissantes

Le G.P d'Italie à Monza le 4 septembre, annonce déjà la saison suivante. Dan Gurney présente son Eagle équipée du V12 Weslake de 3 litres, tant attendu. Honda fait sa rentrée avec un V12 annoncé à 400 chevaux, mais l'embonpoint de l'ensemble, plus de 700 kg, pose déjà des questions. Enfin le nouveau moteur 3 soupapes de Ferrari s'adresse à Bandini, Parkes et Scarfiotti. Fait rarissime, Enzo Ferrari en personne, fait partie du décor, bien décidé à donner des ailes à ses pilotes.

Sa présence, semble lui donner raison. Mike Parkes, décroche la pôle devant Scarfiotti et Clark qui étrennent en course, la Lotus 43 avec le BRM H16. En 2$^e$ ligne Surtees est au côté de Bandini. Scarfiotti démarre le premier, pendant que le moteur de Clark toussote. Parkes 2$^e$ est débordé rapidement par Bandini, qui se faufile. À la fin du 1$^{er}$ tour Surtees et Ginther (Honda) sont derrière « le train rouge ». G. Hill n'est déjà plus en course, moteur explosé. Parkes est aux commandes au 3$^e$ passage, bientôt relayé par Surtees puis Brabham au 4$^e$ tour. Les pilotes profitent au maximum de l'aspiration de la voiture qui précède pour se dépasser.

8$^e$ tour, Brabham quitte la course sur fuite d'huile, en même temps que Gurney, Welslake casse. Parkes roule devant Ginther 2$^e$. L'américain, a de plus en plus de mal à dompter son Honda, dont la tenue de route manque de mise au point. Il finit sa course dans le rail au 17$^e$ tour, avec la clavicule cassée. Scarfiotti tombé à la 9$^e$ place, prend les commandes au 13$^e$ tour, pour ne plus les quitter jusqu'au 68$^e$, terme de la course. La menace Surtees dure jusqu'au 28$^e$ passage, avant qu'une fuite d'essence ne l'arrête définitivement au 33$^e$. La passe d'arme entre Parkes et Hulme tient le public en haleine jusqu'au bout. Mike 2$^e$ à 6'' de Lodovico, conserve 3/10 sur la ligne, écart suffisant pour un doublé de la Scuderia.

Ferrari se dispense du « déplacement américain » des G.P des États-Unis et du Mexique. Le bilan, est naturellement négatif défaite aux 24 heures Mans, avec pour conséquence, des 2$^e$ places derrière son rival Ford, en championnats Prototype et Sport. Une saison de formule 1 qui lui semblait promise, avec au final, encore une 2$^e$ place, derrière Brabham Repco au championnat constructeurs, sans parler du championnat pilotes.

Eugenio Dragoni, va certes quitter son poste de Directeur Sportif de la Scuderia, mais sans les coups d'éclats habituels de « la Maison ». À partir de là, tous les fantasmes sont permis pour la postérité. Enzo Ferrari aurait orchestré et piloté Dragoni pour déstabiliser Surtees, soupçonné de passer des informations sur les Ferrari à son ami Éric Broadley chez Lola. Personnellement, je trouve la ficelle du complot un peu grosse, même si chez Ferrari tout est possible.

John Surtees, va vaincre, au dernier G.P de la saison à Mexico sur sa Cooper Maserati. Cette victoire vient après celle de Spa (sur Ferrari), une 2$^e$ place en Allemagne et une 3$^e$ au États-Unis, lui offrant avec regret une 2$^e$ place au championnat du Monde derrière Jack Brabham.

Contrairement à Ferrari, il va pouvoir se consoler, en gagnant le premier championnat CAN AM. « Big John », remporte la moitié des courses à Riverside le 30 octobre, à Saint Jovite le 9 novembre et à Las Vegas le 13 novembre, sur une Lola T70.

Chez Ford après le Mans, on ne se déconnecte pas totalement de la course. Suite à la déclaration du patron d'offrir une revanche à Ferrari, il faut préparer la saison 1967. La presse anglaise s'est faite largement l'écho de la victoire dans la Sarthe. Elle insiste, sur le mérite d'Eric Broadley et de John Wyer (*chauvinisme oblige*), dans la conception de la GT 40 de base, pour offrir le succès à La MK2. Si sur le fond, il y'a une part de vérité c'est minimiser, le travail de la Shelby Company, avec en tête P. Remington et Ken Miles, qui sont partis d'un modèle mal dégrossi.

Henri Ford, goutte les tabloïds britanniques au premier degré et exige désormais de son équipe une victoire 100% américaine. La solution existe, en partant du modèle « J », conçu chez Kar Kraft et vu aux essais préliminaires du Mans. Un deuxième châssis a été construit depuis avril, sur celui-ci, « la pince de homard » à l'avant a été supprimée et le capot arrière a été redessiné, adouci avec des prises d'air mieux profilées.

Le mercredi 17 août 1966, l'équipe Shelby se met en place, pour une série de tests sur le circuit de Riverside, avec Ken Miles au volant de la « J2 ». Pour une cause inconnue, la voiture part en tonneaux en bout de ligne droite, en abordant la courbe N°9. Ken éjecté, décède sur le coup, et la voiture détruite s'embrase. La faute de pilotage à cet endroit, parait hautement improbable, surtout lorsque l'on connaît, l'expérience et le métier de Miles sur ce type de machine. La défaillance mécanique, semble plus que probable. Un crash test sera fait sur la « J1 » par la suite, pour essayer de déterminer, les causes de l'accident, sans conclusion notoire.

La mort de Ken Miles, provoque un émoi particulier, bien au-delà de la Shelby Company. Extrêmement populaire aux Etats-Unis, reconnu jusqu'en Europe, ce metteur au point hors pair, avait acquis la sympathie de tous. Carroll Shelby, particulièrement touché, avouera plus tard, qu'il s'en voudra toute sa vie, de ne pas avoir su imposer à Léo Beebe et au reste du staff, la victoire de son pilote fétiche au Mans en 1966

Une année pleine de succès pour Shelby avec des victoires à Daytona, Sebring et au Mans, gâchée par une perte irréparable. Sur le plan commercial, 150 AC Cobra 427, sont sorties de production ainsi que 1365 Mustang GT 350 Shelby. Le loueur Hertz, va commander une série spéciale, noire avec deux bandes or, qui sera produite à mille exemplaires entre 1966 et 1967.

Chapitre 19

# LE MATCH RETOUR

Phil Remington, se remet donc au travail pour exploiter la « J », sans son vieux partenaire de route Ken Miles. Suite à l'accident de Riverside, tous les organes sont renforcés et l'habitacle est désormais protégé par une cage en acier. Toutes ces dispositions, ont pour conséquence d'alourdir le modèle original de 150kg. La « J » se transforme en MK4, avec un poids équivalent à la MK2 (1200kg). Remington, a également retravaillé tout l'arrière de la « J » pour une meilleure visibilité. Une vitre de custom, est rajoutée sur le capot moteur, permettant de supprimer le rétroviseur périscope. La version définitive apparaît en mars.

À la Scuderia, Franco Lini, succède à Eugenio Dragoni. Enzo Ferrari, choisit ce journaliste de formation, pour son sens des relations publiques. Son prédécesseur, ayant réussi, entre autres, à se « faire détester » par la presse. Le travail de reconquête de l'opinion publique pour Lini, est donc considérable. Sur le plan technique, Mauro Foghieri améliore la P3, avec des voies élargies, de nouvelles jantes en aluminium de chez Campagnolo. La nouvelle P4 est légèrement plus volumineuse en longueur et largeur. Un nouveau moteur à 3 soupapes par cylindre, dérivé de celui de la F1, fait passer la puissance de 420 à 450 chevaux.

La victoire de Ford l'an dernier doit autant à son travail, qu'à l'impréparation de Ferrari, il est vrai trop souvent perturbé par les syndicats italiens. La leçon est retenue par Maranello, qui contrairement au deux années précédentes, ne snobe plus les épreuves préparatoires de Daytona et Sebring.

Le 4 Février 1967, la Scuderia est parfaitement prête pour les 24 heures de Daytona. L'usine présente une nouvelle « berlinetta » 330 P4 pour Parkes-Scarfiotti, ainsi qu'un spider 330 P3/P4, pour Bandini et Chris Amon, dernière « prise de guerre » de chez Ford. Le NART fait naturellement partie de l'organisation, avec une 412P pour Rodriguez-Guichet, version client des P3 reconditionnées en P4 et une 365 P2 pour Schlesser-Gregory. Une seconde 412P, est au service de l'écurie Francorchamps pour Mairesse-Beurlys. La J 3 n'étant pas encore au point, Ford a tout de même l'avantage du nombre avec trois MK2 exploitées par Shelby, pour McLaren-Bianchi, Bucknum-Gardner et Foyt-Gurney. Trois autres, sont sous la coupe d'Holman-Moody, pour Donohue-Revson, Andretti-Ginther et Hulme-Ruby.

L'anglais John Wyer, a enfin les moyens de ses ambitions, avec l'apport financier du pétrolier GULF. Les couleurs de ses voitures Ciel et Orange, vont faire le tour du monde pendant 10 ans. Sa GT40 est confiée à Ickx-Thompson. Chaparral fait également dans la nouveauté avec la 2F. Une version fermée de la 2E Can-Am, surmontée d'un immense aileron réglable, avec un support reposant sur l'essieu arrière et qui va bientôt faire école. Phil Hill et Mike Spence se partagent son volant, pendant qu'une 2D plus classique, est aux mains de Johnson et Jennings. Shelby fait un retour en force en Grand Tourisme, avec pas moins de six Mustang 350 GT R, engagées par des indépendants.

Gurney, est encore une fois le plus rapide, en bouclant le tour de 6,132 km en 1'55"1, talonnée par la 2F de P. Hill à 26/100 et les Ferrari de Rodriguez à 3/10 et d'Amon à 5/10. Le rapport poids puissance, 1200 kg, 500 chevaux pour Ford, 980kg 450 chevaux pour Ferrari, fait de moins en moins la différence entre les deux adversaires.

Comme d'habitude à Daytona, le départ est donné lancé derrière pace car. Au démarrage la Chaparral 2F de Phil Hill, fait tout de suite la différence sur la Ferrari d'Amon et la MK2 de Gurney. « L'Oiseau blanc » va tenir la tête 3 heures durant, avant qu'une sortie de route dans le bac à graviers ne mette fin à sa course. Suspension endommagée, elle abandonne. Il semble que la pression de l'aileron sur l'essieu ait causé, à la longue, une détérioration de la suspension arrière. La Ford d'Andretti mène la chasse pendant 17 tours avant, qu'une bande de roulement d'un pneu ne s'arrache. Buckmun-Gardner s'arrête au 23$^e$ tour, les mécanos tentent une réparation sur la transmission. La Ford MK2 de MacLaren stoppe au bout de 57 tours, son moteur chauffe, elle repart très attardée.

À 20 heures, les Ferrari jusque-là en retrait entrent en action. Gurney 2$^e$ est pris entre le marteau Amon et l'enclume Rodriguez. Des problèmes mineurs, batterie et embrayage, oblige la MK2 à repasser par les stands. Au crépuscule, les Ferrari occupent les trois premières places de la course Bandini-Amon, devant Parkes-Scarfiotti et Rodriguez Guichet, pendant que Gurney-Foyt ont rétrogradé au 5$^e$ rang. Dans la nuit nous assistons à une cascade d'abandons des MK2. Donohue-Revson sur problème de boîte, puis Bucknum-Gartner sur rupture de transmission, Andretti-Ginther et Hulme-Ruby tous victimes de leurs boîtes de vitesses, nous entrons pour Ford dans le scénario catastrophe. Dans le même temps Gurney-Foyt font changer leur transmission. Tombé dans le fond du classement, Dan Gurney fait le forcing, remonte à la 5$^e$ place à 10 heures du matin, puis son moteur casse.

Midi, il reste 4 heures de course, les positions sont désormais bien établies et ne vont plus bouger. Comme à la parade, les trois Ferrari bouclent leur dernier tour roues dans roues. Bandini-Amon, l'emportent devant Parkes-Scarfiotti à 3 tours et Rodriguez-Guichet retardés 20' sur la fin, 3$^e$ à 29 tours. La Porsche d'Hermann-Siffert, 4$^e$, remporte la catégorie Proto 2 litres et la Ford GT 40 d'Ickx-Thompson 6$^e$, la catégorie Sport. L'unique MK2 encore en course de MacLaren-Bianchi, finit 7$^e$ à 73 tours, agonisante, avec une transmission bien malade et un joint de culasse hors d'usage.

Pour Franco Lini, première course en qualité de directeur sportif,cette première victoire, est un succès. Léo Beebe passé Directeur Général de Lincoln Mercury, cède sa place à Jacques Passino, pour une entrée en matière plus que difficile. Entre rupture de boîte et de transmission, le cauchemar d'il y a 3 ans, aux débuts de la GT 40, redevient d'actualité. Il reste moins de deux mois pour préparer Sebring.

Le 4 mars, Phil Remington a transformé la J 3 en véritable MK 4 et les performances réalisées ce jour-là sur la piste de Kingman, sont enfin supérieures à celles de la MK2, contrairement aux tests de décembre à Daytona. Dans sa version définitive, le nez est abaissé et rallongé de 5cm.

Shelby, peut aligner une voiture neuve J 4, pour les 12 heures de Sebring du 1er avril 1967. McLaren et Andretti vont la piloter. Suite à la déroute de Daytona, Ford limite son engagement à une seule MK2, pour Floyd-Ruby. Les quatre GT40 sont des privées, dont celle de John Wyer pour Thompson-Lowther. Ferrari, satisfait de sa performance de Daytona, fait pratiquement une impasse totale, l'usine est absente et le NART, se contente d'une 206 S pour Crawford-Kolb, parmi trois autres modèles du même type. Seule la 330 P2/P3 de Piper-Attwood, semble capable de rivaliser avec la marque de Détroit. La véritable opposition, vient des Chaparral, la 2F pour Spence-Hall et la 2D pour Johnson-Jennings.

Sans surprise, les quatre favoris prennent les meilleurs temps des essais. La MK4 jaune réalise 2'48", devant la 2F (2'50"6), la MK2 « dark blue » (2'53") et la 2D (2'53"8). Derrière, les écarts sont plus conséquents, avec la GT 40 de Thompson 5e (2'56") et la Ferrari de Piper 6e (2'57"2). À noter que la MK2 est une version « B », les améliorations portent sur le freinage, avec des disques en béryllium plus épais (*matériau avec un point de fusion très élevé, interdit depuis quelques années pour ce type d'utilisation, en raison de sa grande toxicité*) et sur le moteur équipé de deux carburateurs Holley, avec le retour d'une culasse en fonte, jugée plus solide, la puissance frise maintenant les 530 chevaux. Une assistance toute particulière est accordée à la transmission.

La course va se résumer à un duel Ford Chaparral. À 11 heures, dans un départ type Le Mans, Mike Spence s'élance pour courir vers la 2F, pendant que Mario Andretti fait de même pour la MK4. Mais la Chaparral ne va démarrer qu'au bout de 30". Pendant ce temps, « super Mario » trace sa route et boucle le premier tour devant la MK2 de Ruby. À la fin de la première heure Spence est revenu en 4e position, derrière les deux Ford et la 2D de Jennings.

Peu avant les 14 heures la Ferrari de Piper-Attwood, qui se bat pour la 5e place abandonne sur rupture de boîte de vitesses. Spence-Hall, prennent la tête après 3 heures de course et la bagarre avec Andretti-Mc Laren, atteint son paroxysme. Le record du tour, va être battu pas moins de vingt fois, pour être fixé définitivement par Mike Spence en 2'48"6. La 2D de Johnson-Jennings, se tient en 4e position, mais doit renoncer vers 20 heures, à la suite d'un problème électrique. Le suspens retombe peu après, quand la transmission de la 2F lâche, laissant la victoire à la Ford d'Andretti-McLaren.

Dernière émotion, à 30 minutes de l'arrivée quand la MK2 Floyd-Ruby, confortablement installée à seconde place, tourne au ralenti, moteur à bout de souffle. Elle parvient à conserver son rang, pour quelques dizaines de mètres, en terminant à 12 tours d'Andretti-McLaren. La Porsche 906 de Scooter Patrick-Gerhard Mitter 3e, finit sur ses talons et gagne la catégorie Proto 2 litres. La Ford GT40 de Maglioli-Vacarella 5e, remporte la catégorie Sport.

Malgré la quasi inexistence des Ferrari, Ford a dû se justifier, la parole des vainqueurs en dit long : « Nous avons engagé, une sacrée bataille avec la Chaparral, pendant un certain temps. Que serait-il arrivé s'ils n'avaient pas eu de problèmes ? Tout ce que je peux vous dire, c'est que notre MK4 est fantastique. J'ai eu la chance d'être impliqué dans sa mise au point depuis le début, je pense que nous sommes prêts pour « Le Mans » au mois de juin prochain et que ça va être un événement incroyable ! » *(Mario Andretti).*

Le Mans, en attendant juin, c'est aussi avril pour les essais préliminaires. Le 8 et 9 avril 1967, le rendez-vous sarthois, donne l'occasion de découvrir des machines que l'on n'a pas eu l'occasion de rencontrer sur les deux premières étapes américaines.

Ainsi la « Mirage », nouvelle version « lightweight » de la Ford GT 40, née d'un projet de Len Bailey, retravaillé par John Horsman pour John Wyer Automotive, fait sa première apparition. Le cockpit, plus étroit que sur la GT40 est mieux profilé, deux prises d'air Naca, *(Le National Advisory Committee for Aeronautics (NACA) - traduisible par « Comité consultatif national pour l'aéronautique » en français est l'agence fédérale américaine chargée de la recherche dans le domaine de l'aéronautique entre 1915 et 1958)* figurent sur les ailes avant, pour refroidir des freins ventilés de gros diamètre. La poupe se veut plus fine et plus élégante. Le Moteur est un 5,3 litres, pour un poids total de 1060 kg, soit environ 40 kg de moins, que « sa sœur aînée ». Lola répond également présent, avec une T70 mark 3, version fermée du modèle original, propulsée par un moteur Aston Martin de 5 litres, pour le Team Surtees ! Shelby American compare la MK4 J4 avec une MK 2B, toujours dans la comparaison Ferrari aligne un spider 330 P4, avec le coupé P4 vainqueur à Daytona.

Il est toujours difficile, d'analyser les performances des uns et des autres, dans la mesure où chacun travaille de son côté sur des sujets différents, de plus avec une météo variable, entre avril et juin. Une certitude, après ce week-end d'avril particulièrement frais, chacun n'est pas fâché de rentrer chez lui. Néanmoins, la Scuderia marque des points en réalisant de loin les meilleurs chronos.

Lorenzo Bandini sur le spider fait 3'25"5 devant Chris Amon sur le coupé en 3'26"4. Sans faire de comparaison avec l'an dernier où la météo était très mauvaise, le temps de Bandini est de 5" inférieur à la pôle de la MK2 de Gurney, du mois de juin dernier. Cela prouve les progrès considérables, réalisés par Foghieri et la Scudéria entre les modèles P3 et P4.

De son côté John Surtees (Lola T70), peut se satisfaire de son $3^e$ chrono en 3'31"9. Chez Ford la MK2B en 3'32"6, fait mieux avec Mark Donohue *(alias « Baby Face »)*, que la MK4, pilotée par Bruce McLaren (3'36"1).

À partir de là, on peut se poser la question, malgré « une réduction de la traînée » *(résistance au vent)*, la MK4 est-elle plus efficace que la MK 2B ? Pour l'instant il n'y a pas de réponse définitive. Deux petits « ailerons de requins » fixés en bout de capot moteur, sont testés par McLaren, pour une meilleure stabilité à grande vitesse. Sans succès significatif, la solution ne sera pas retenue par la suite. La déformation de la carrosserie à pleine charge dans les Hunaudières, pose également quelques soucis.

John Wyer « l'homme à la triste figure », peut se fendre d'un léger sourire, sa Mirage pilotée par Richard Attwood, $5^e$ temps en 3'38"20, tourne 12" plus vite que la meilleure GT 40, conduite par Herbet Muller. Il peut confirmer son engagement pour sa première course, les 1000 km de Monza, du 25 avril prochain.

Absente au Mans, la Chaparral 2F de Phil Hill-Spence, fait preuve de toute sa vélocité, en établissant la pôle position (2'53"8). Trois coupés Ferrari se tiennent en embuscade derrière, les deux 330 P4 d'usine de Bandini-Amon à 3/10 et de Parkes-Scarfiotti à 7/10. La 412P du NART avec Rodriguez-Guichet, complète le trio à 7"de la 2F. Nous voyons ensuite deux Mirage en $5^e$ et $6^e$ position, prouvant si nécessaire leur supériorité sur toutes les GT40. La meilleure d'entre elle, de l'écurie Ford France (Ligier-Schlesser), ne figure qu'en $6^e$ ligne avec le $11^e$ temps. Comme l'an dernier aucune MK2 et MK4, ne sont engagée, la seule priorité de Ford étant les 24 heures du Mans.

Mike Spence, va faire le show devant toutes les Ferrari, pendant une heure, avant que la transmission de « l'Oiseau blanc » ne cède une nouvelle fois.

En dehors de la 412P de Guichet-Rodriguez, éliminée à mi-course sur une sortie de route, les autres Ferrari vont faire un sans-faute. Bandini-Amon l'emportent avec moins de 3' d'avance sur Parkes-Scarfiotti. La Porsche 910 de Rindt-Mitter 3e à 4 tours remporte la catégorie Proto 2 litres, pendant que la 412P de l'écurie Filipinetti avec Vacarella-Muller prend la 4e place.

Les Mirage, sont victimes de maladies de jeunesse, Ickx-Rees renoncent au bout de 14 tours sur un problème d'allumage et Piper-Thompson se contentent de la 9e place à 8 tours. La GT40 de Ligier-Schlesser, par contre, 6e, remporte la catégorie Sport.

Dire qu'il pleut tout le temps en Bretagne, provient d'une légende, par contre dire qu'il flotte dans les Ardennes, n'en n'est pas une ! Le dimanche 1e mai, baigne sous une pluie intense, pour les 1000 km de Spa. Les entrants, sont un peu moins nombreux que la semaine précédente à Monza, néanmoins la plupart des montures présentes en Italie sont bien là. Le samedi, sur piste encore sèche, la Chaparral 2F, et cela devient une habitude, réalise le meilleur temps des essais (3'35''6 pour Phil Hill). Le jeune Jacky Ickx, sur la Mirage avec un moteur Ford 351 de 5,7 litres de 470 chevaux, devant son public, ne s'en laisse pas conter et finit à 3''4. Derrière viennent les deux premières Ferrari, la 330P de Parkes à 1/10 de Ickx et la 412P de l'écurie Francorchamps pilotée par Willy Mairesse (3'44''). La première Lola T70 équipée d'un moteur Chevrolet de 5,9 litres, réalise le 5e temps avec Paul Hawkins (3'46''9).

Avec le plafond nuageux bas et la pluie, la plupart des voitures vont faire la course phares allumés. Ickx surprend tous ses adversaires d'entrée, en attaquant le raidillon de « l'eau rouge » devant la Ferrari de Mairesse, celle de Parkes et la Chaparral de Phil Hill. 7e temps des essais la Ferrari 412 P de Dick Attwood, a du mal à s'élancer avec une pompe à essence qui se désamorce. Au 7e tour, David Piper va à la faute sur la 2e Mirage et sort de la piste. Les positions restent stables jusqu'au 20e tour où la Mirage compte 16'' d'avance sur Mairesse qui entre au stand pour son premier ravitaillement.

Beurlys lui succède alors qu'Ickx est le dernier à ravitailler. Contrairement aux différents équipages, il décide de doubler son relais. Habitué aux conditions de la piste, par rapport aux autres pilotes, il continue de prendre le large. Derrière, la Chaparral, ne se montre pas si mal sous la pluie et Spence se tient en seconde position, en battant le record du tour (4'03"5). Malheureusement, l'aventure s'arrête encore pour « l'oiseau texan », avec un problème de transmission et de boîte.

Après avoir repris le volant Mairesse fait tout pour combler son retard. Le fougueux Willy pousse un peu trop et va à la faute au virage des carrières. Jacky Ickx, bien secondé par Thompson, s'assure une première victoire internationale et laisse la Porsche 910 de Siffert-Hermann, vainqueur en Proto 2 litres, 2e à 1'15". La Ferrari d'Attwood-Bianchi après ses problèmes au départ, prend une bonne 3e place à 1'40". La Lola d'Hawkins-Epstein termine 4e à un tour, devant la Ferrari de Parkes-Scarfiotti. La 9e place de la GT40 de Salmon-Oliver, permet à Ford de remporter la catégorie Sport.

Le championnat de formule 1 reprend véritablement à Monaco le 7 mai. Le 2 janvier en ouverture de saison, le G.P d'Afrique du Sud, n'est que le prolongement de la saison précédente. Pedro Rodriguez (Cooper Maserati) s'adjuge une victoire heureuse sur le local John Love (Cooper Climax), pendant que John Surtees passé chez Honda, s'adjoint la 3e place. À ce stade de la saison, les nouveautés en principauté sont encore rares. Richie Ginther, venu rejoindre Gurney chez Eagle, rate sa qualification et décide d'arrêter sa carrière. Le jeune français Johnny Servoz-Gavin au contraire, réussit à se qualifier en 6e ligne, au volant d'une petite Matra de F2. Jack Brabham qui étrenne une nouvelle version du V8 Repco réalise le meilleur temps devant la Ferrari de Bandini. Son coéquipier Denis Hulme part de la 2e ligne avec Surtees à ses côtés.

Au baisser du drapeau par Louis Chiron, Bandini prend la tête de la meute, devant Brabham, Hulme, et Stewart. Le moteur de Brabham explose à la chicane du port, vomissant son huile. À la fin du premier tour, Bandini mène devant Hulme, Stewart, Surtees et Gurney.

La Ferrari de Bandini, glisse à la chicane sur l'huile répandue, Hulme, Stewart et Surtees en profitent pour le doubler, l'ordre reste identique à la fin de la 2$^e$ boucle. Les deux voitures de tête réussissent à faire un petit écart, devant le duo Surtees, Bandini. La BRM de Stewart, presse de plus en plus la Brabham de Hulme. À la fin du 6$^e$ tour, l'écossais trouve l'ouverture au gazomètre et prend quelques secondes au néo-zélandais, qui le bouchonnait depuis le départ. Les positions restent inchangées jusqu'au 15 tours, où Stewart ralentit avant de se garer le long du port, boite cassée.

Hulme possède alors 7'' d'avance sur Bandini, 12''sur Surtees, pendant que McLaren devient 4$^e$. Au 33$^e$ tour, tiers de la course. Surtees renonce sur rupture de moteur. Devant, l'écart entre Hulme et Bandini fluctue entre 9''et 15''en fonction des voitures doublées. Au 71$^e$ tour McLaren est retardé au stand par un problème de batterie, la Ferrari d'Amon devient 3$^e$. Puis le drame survient au 82$^e$ tour, quand Bandini perd le contrôle à la chicane, la voiture percute le rail se retourne et s'enflamme. Lorenzo 31 ans, est extrait de la voiture avec difficulté, il décède 3 jours plus tard de ses brûlures, à l'hôpital Princesse Grâce de Monaco. Le coup est rude pour la Scuderia, alors que Denis Hulme, remporte son 1$^{er}$ G.P.

La Targa Florio, réservée aux petites cylindrées agiles de par son parcours va connaître un visiteur inattendu le 14 mai. Jim Hall ne doute de rien en transformant « son oiseau courant » avec son moteur de 7 litres, en éléphant dans un magasin de porcelaine. La Chaparral, est bien au départ avec son vice-président Hap Sharp, en équipage avec Phil Hill. Ferrari continue de mixer « gros cubes », avec deux 412P pour son ténor sicilien Nino Vaccarella, appuyé par Lodovico Scarfiotti et pour Muller-Guichet, avec deux petites 206, ainsi qu'une Dino 246. Ford se contente de la délégation Ford France, avec deux GT40 pour Ligier-Schlesser et Greder-Giorgi. Porsche, attire tous les regards, avec six 910 d'usine, épaulées par une 911 S pour le journaliste Bernard Cahier et le triple champion Olympique de Ski, Jean Claude Killy.

« Nino le sicilien » part comme d'habitude pour faire un festival. Il boucle le premier tour de 72 km en tête, avec une facilité déconcertante réalisant 37'31"8. Puis dans la 2ᵉ boucle au village de Collesano, il fait une des rares erreurs de sa carrière, en négociant trop vite « un gauche en épingle à cheveux ». La P4, dérape et vient percuter de l'avant droit un mur. Pneu déchiré et suspension détruite, Nino contemple le désastre, devant la foule de ses supporters désemparés. Aucune personne ne songera à voler *(sport national en Sicile),* une pièce de sa Ferrari. « On ne touche pas à la voiture de Nino ! » Pas plus heureux, la Porsche de Mitter est aussi accidentée dans ce deuxième tour. Je ne vous garantis pas, dans ce cas, qu'aucune pièce n'ait été dérobée.

Littéralement avalée par la Ferrari de Vacarella, partie derrière dans la première boucle, la Chaparral bien drivée par Hill et Sharp réussit à se maintenir en 4ᵉ position, juste avant le dernier tour. Une crevaison sur le circuit s'avère fatale. En pleine nature, impossible de soulever le véhicule d'une tonne avec le modeste cric embarqué à bord. Certes les pilotes peuvent avoir quelques regrets, mais la transmission automatique était déjà bien malade. Porsche s'offre les 3 premières places, avec dans l'ordre, Hawkins-Stommelen, devant Cella-Biscaldi et Elford - Neerpasch. La Dino Ferrari 206 de Williams-Venturi finit 4ᵉ, juste devant la GT40 de « Titi » Greder et de J. M. Giorgi, remportant au passage la Classe Sport.

À deux semaines des 24 heures du Mans, les principaux favoris, Ferrari et Ford, préfèrent ne pas prendre de risques, en engageant pléthore de matériel aux 1000 km du Nurburgring du 28 mai 1967. Ainsi Ford qui n'a plus aligné de Proto 7 litres, depuis les essais d'avril, se satisfait essentiellement des deux GT40 Ford France de Schlesser-Ligier et Greder-Giorgi, deux autres modèles privés les accompagnent. Ferrari lui emboîte le pas avec une Dino 206 pour Klass-Scarfiotti qui ne va participer qu'aux essais (moteur cassé) et une autre de la Scuderia Filipinetti, tout aussi absente, après que Guichet soit sorti de la route et ait maîtrisé un début d'incendie.

Chaparral, par contre est là pour défendre son titre et Spence fait le meilleur temps avec la 2F, en 8'31"9. Présentes pour donner la réplique, la Lola T70 de Surtees, 2ᵉ chrono en 8'39"6, et les Mirage de John Wyer de 5,7 litres équipées de nouvelles culasses Gurney-Weslake. Malheureusement, la première s'élimine d'elle-même à la suite de l'accident de Thompson et la seconde d'Ickx-Attwood, se contente d'un modeste 9'00"4, pour une 9ᵉ place sur la grille. De leurs côtés les Porsche 910 occupent la 3ᵉ place avec Siffert-Hermann (8'41"4), la 4ᵉ avec Stommelen-Ahrens (8'44"6), la 5ᵉ avec Mitter-Bianchi, la 6ᵉ avec Neerpasch-Elford et ainsi de suite jusqu'au 8ᵉ rang. « Kurze, Porsche ist zurück » ! *(Bref, Porsche est de retour !)*

Le départ type Le Mans, est un peu chaotique. Phil Hill se débat avec le harnais de sa Chaparral, pendant que le démarreur de la Lola de Surtees reste muet, et que Icks sur la Mirage rencontre le même problème. Les trois voitures finissent par s'engager au milieu des petites cylindrées. Du coup les Porsche s'en donnent à cœur joie, Siffert ouvre la route, devant Stommelen, Mitter, Neerpach et Hawkins. À la fin du 1ᵉʳ tour Phil Hill rétablit l'équilibre en étant 3ᵉ, sur les talons de Stommelen, Surtees pointe au 8ᵉ rang et Ickx au 13ᵉ.

À la fin du 4ᵉ passage Siffert est toujours devant avec Phil Hill en 2ᵉ position. Surtees et Ickx sont remontés aux 6 et 8ᵉ place. Mal panneauté par son stand, Phil est toujours 2ᵉ à 8"du leader au 7ᵉ tour, alors qu'il pense être en tête. La Lola de Surtees, abandonne sur une rupture de triangle de suspension arrière. Après 9 tours, la Chaparral s'installe aux commandes, devant les Porsche de Siffert, Muller et Stommelen. Jacky Ickx 7ᵉ, ne reprend rien sur les voitures de tête. À l'heure du premier ravitaillement, la Chaparral ne repart pas, boîte auto est H.S.

Au premier quart de la course, nous assistons à une procession de Porsche. Siffert, le leader a beau renoncer sur un problème de transmission, quatre Porsche avec Stommelen pour porte drapeau occupent les quatre premières places. La Mirage, un moment 3ᵉ avant qu'Attwood ne reprenne le volant, glisse en 5ᵉ position après le ravitaillement.

À mi-parcours, Stommelen-Arhens sont retardés par leur pompe à injection. La Mirage ravitaille plus tard et se retrouve un court instant en 2$^e$ position, derrière Neerpasch-Elford. Au 29$^e$ tour, Attwood arrête la Mirage sur le circuit, avec 2 pneus crevés par des silex.

Avec l'abandon de Stommelen-Arhens au 31$^e$ passage pour un problème de soupapes, les Porsche de la 2$^e$ partie du classement peuvent concourir pour la victoire. Udo Schütz- Joe Buzzetta s'imposent d'un souffle devant Paul Hawkins-Gerhard Koch et Neerpasch-Arhens 3$^e$ à 4'20''. La Porsche de Mitter-Bianchi, retardée pour un problème de batterie finit 4$^e$ à un tour devant l'Alfa 33 de De Adamich-Galli 5$^e$.

Chapitre 20

# LA COURSE DU SIÈCLE

Le « squad » Ford débarque dans la Sarthe le 5 juin, avec près de 120 personnes. La liste comprend 14 pilotes, 19 membres de Shelby American, 27 de chez Holman-Moody, 23 chronométreurs et 35 employés de Ford Michigan. Toute l'Amérique semble concernée, Charlie Agapiou, mobilisé sous les drapeaux, obtient une permission exceptionnelle de 6 jours, pour rejoindre le staff. Comme l'an dernier, les locaux de l'agence Peugeot du centre-ville, servent de point de ralliement et de préparation aux voitures.

Max Kelly, a la responsabilité pour Shelby Company de la Ford MK4 J5 jaune N°2, pilotée par McLaren-Donohue avec pour mécanos Gordon Chance et Mark Popov. John Collins est chef d'équipe de la MK4 J6 N°1 rouge de Gurney-Foyt, secondé par Phil Henny et Mike Donovan. Enfin, la MK2 B N°57 bleu ciel de Bucknum-Hawkins, se voit doter pour l'assistance de Rond Buttler ainsi que des mécaniciens Steve Shuttack et Grev Hesketh. Toutes ces équipes reçoivent le renfort de Charlie Agapiou, Garry Koike, Denis Gragg, Steele Theckleson et Bill Eaton employés à différentes tâches chez Shelby : département moteur, carrosserie, peinture etc… Le tout sous la houlette de l'incontournable Phil Remington, d'Al Dowd pour le management administratif et Carroll Smith pour le management sportif.

Chez Holman et Moody deux MK4 J7 N°3 Bordeaux pour Andretti-Bianchi et J8 N°4 Marine pour Ruby-Hulme sont également confortées par une MK2 B N°5 couleur Or, pour Gardner-McCluskey. Ce dernier n'est pas un pilote d'endurance, mais un spécialiste de Nascar, suppléant le forfait de Ritchie Ginther, en retraite anticipée. Une dernière MK 2B N°16 couleur Blanche parements bleus de Ford France, revient à Schlesser-Ligier.

Les MK4, ont subi un certain nombre de modifications depuis les essais d'avril. Ainsi les 2 prises d'air placées à l'avant de chaque côté du radiateur, pour refroidir les freins, ont disparu au profit de deux prises Naca sur le capot. Mais surtout l'ouverture du capot moteur a été inversée d'avant en arrière, à la demande d'Holman et Moody pour faciliter le travail des mécanos. Disposition, qui aura des conséquences pendant la course.

Pour en finir avec Ford, deux GT 40, une de l'écurie Filipinetti pour Maglioli-Casoni N°18 et une de John Wyer N°62 pour Salmon-Redman vont se frotter aux Mirage de Piper-Thompson N°14 et d'Ickx-Muir N°15. Leurs moteurs 5,7 litres, particulièrement peu fiables aux essais seront remplacés par des 5,1 litres pour la course. Enfin, en catégorie GT, une Ford Mustang 350 R N°17 participe à la fête, engagée et pilotée par le belge Claude Dubois, accompagné de son compatriote Chris Tuerlinckx.

Le rêve américain continue avec deux Chaparral 2 F. Les « oiseaux aux grandes ailes » sont conduits, par Hill-Spence N°7 et Jennings-Johnson N°8. Les deux associés Jim Hall et Hap Sharp, s'occupent chacun d'une voiture, avec Sandy Hall comme chronométreuse.

Côté européen en dehors de Porsche, qui va jouer encore « les annexes » cette année, indice de performance, énergétique et classements par catégories, Ferrari se sent moins seul, avec les deux Lola Aston Martin de 5 litres. John Surtees, sur la N°11 fait équipe avec David Hobbs, pendant que Chris Irwin et le sud-africain Pete de Klerk sont partenaires sur la N°12.

La Scuderia ne se présente pas « en victime » cette fois, preuve en est huit protos sont accompagnés d'une seule 275 GTB, sans aucune Dino 206. L'usine a mis tous ses moyens humains et financiers dans un spider 330 P4 N°20 pour Amon-Vacarella et deux coupés du même type N°21 pour Scarfiotti-Parkes et Klass-Sutcliffe. Elle peut compter sur ses partenaires habituels de Maranello Concessionnaires avec une 412P N°23 pour Attwood-Courage, une autre de l'écurie Filipinetti N°24 pour Guichet-Müller et une dernière 330 P4 N°26 de l'Équipe Nationale Belge, pour Mairesse-Beurlys. Le NART, clôt les engagements avec « l'éléphant blanc » N°26 365 P2 de Pearson-Ricardo Rodriguez *(aucun lien de parenté avec Pedro et son frère Ricardo décédé en 1962)* et une 412 P N°25 pour Pedro Rodriguez-Baghetti.

Ford, entame des essais libres le mardi en fin de matinée. Andretti, rentre au stand après quelques tours, avec le pare-brise de sa MK4 fissuré. Un incident banal pense-t-on, dû probablement à la projection d'un caillou. Bien qu'il n'y ait aucune trace, le diagnostic penche plutôt pour une mauvaise installation de la vitre à la pause. Trois pare- brise sont en stock, parmi les tonnes de pièces de rechange, entreposées dans les deux camions de matériel. Il n'y a aucune raison de s'inquiéter. Une heure plus tard, Dennis Hulme rencontre le même phénomène et le staff technique se penche sur le problème. Ils en déduisent que la distorsion provoquée par le flux d'air sur la carrosserie à 350 Km/h dans les Hunaudières, ne permet pas au pare-brise de résister. La rupture de pièce ne va pas tarder.

Chacun se mobilise, Phil Remington « la bricole », confectionne un cadre dans l'habitacle pour renforcer et éviter les torsions. Un Boeing 707 est affrété au départ des États-Unis en direction d'Orly, pour transporter sept nouveaux pare-brise en première classe, avec deux techniciens accompagnateurs. Quand on aime on ne compte pas ! Le nouveau matériel est installé dans la journée de vendredi. Jeudi soir, Bruce McLaren tourne avec le seul vitrage encore valide. De nuit, il réalise un « chrono décoiffant » 3'24"4 (236,082 km/h de moyenne), soufflant la pôle position à la Chaparral de Phil Hill (3'24"7).

Lors de la séance du vendredi, les autres Ford enfoncent le clou. Andretti prend le 3ᵉ temps 3'25"3, devant Hulme 3'25"5, suivent les deux MK2B de Bucknum 3'25"8 et de Gardner 3'26"4. Il faut remonter au 7ᵉ rang pour retrouver la première Ferrari de Parkes 3'28"9, devant celle de Pedro Rodriguez 3'29"4. Souvenons-nous qu'aux essais d'avril, le regretté Lorenzo Bandini avait réalisé 3'25"6, devant Chris Amon en 3'26"4. L'explication, tient au fait que Ferrari « a dégonflé ses moteurs », pour pouvoir tenir la distance.

10 juin, 450.000 personnes se pressent dans l'enceinte des 24 heures, pour suivre « le combat des géants ». Ferrari a plutôt les faveurs du public, mais la côte d'amour des Chaparral ne cesse de monter. À 16 heures, la MK 2B de Bucknum, s'élance la première, derrière embrayent dans l'ordre la 412P blanche de Pedro Rodriguez, la Mirage de Piper et la MK 2B de Schlesser. 9ᵉ sur la grille la MK 4 de Gurney, pointe déjà 5ᵉ, Au premier tour la MK 2B de Franck Gardner passe 2ᵉ avant d'établir le premier record du tour au 3ᵉ passage (3'27"9). Les premiers ennuis surviennent. Denis Hulme sur la MK 4 N°4, s'arrête au 3ᵉ tour avec un accélérateur coincé. Reparti rapidement, il descend le record du tour. Puis Bucknum qui vient de céder la seconde place à Gurney s'arrête au 5ᵉ passage, pour faire changer une roue, dont les plombs d'équilibrage ont dû être éjectés dans les Hunaudières. Piper passe par son stand pour faire refixer son capot. Puis au 9ᵉ tour, Andretti rentre une pierre a endommagé son pare-brise. Rien à voir avec le problème des essais, Bianchi repart sur la MK 3 N°3, avant de le faire changer un peu plus tard, pendant son premier ravitaillement.

À la fin de la première heure, Bucknum sur la 57, mène toujours avec 8" d'avance sur la N°1 de Gurney. La N°2 de McLaren passe en 3ᵉ position devant la Chaparral de Phil Hill. Les Ferrari d'Amon et de Pedro Rodriguez sont 5 et 6ᵉ, on sent que la Scuderia, joue la carte de l'endurance avant celle de la vitesse. La Lola N°11 de Surtees ouvre la liste des abandons avec un piston crevé.

18 heures, Bucknum est le premier à ravitailler, il a bouclé 18 tours en tête. Ronnie, se plaint de sa commande de boîte, il double son relais, mais s'arrête rapidement une canalisation d'eau s'est rompue. Après une longue réparation, Hawkins reprend le volant en 42ᵉ position.

Au ravitaillement de la GT 40 N°62 de Salmon, un commissaire préposé au plombage, referme malencontreusement mal le bouchon de carburant. La Ford s'embrase dans les Hunaudières. Mike Salmon, ouvre sa portière et saute de la voiture à Mulsanne, pendant que celle-ci finit sa course dans le banc de sable. Le pilote, s'en tire avec quelques brûlures superficielles.

Gurney, devient leader devant la Chaparral de Hill et la MK4 d'Andretti passe en 3ᵉ position, après avoir fixé le record du Tour à 3'23"6. McLaren, retardé pour refaire fixer une attache de capot pointe 4ᵉ, devant le train rouge des Ferrari de Parkes 5ᵉ, Mairesse 6ᵉ, et Amon 7ᵉ.

Durant l'heure suivante, trois abandons importants se succèdent. Ricardo Rodriguez ensable « l'éléphant blanc à Mulsanne, Jacky Ickx sur la Mirage N°15, après un changement de durit, le moteur chauffe toujours, et le joint de culasse cède. Enfin la 2ᵉ Lola T70, se retire sur rupture moteur. Toujours 2ᵉ, Phil Hill, passe à 1'10" de la Ford de Gurney.

Remontée à la 18ᵉ place, la deuxième Mirage N°14 de Piper-Thompson rejoint « le cimetière » peu avant 21 heures. Comme pour la 15, une surchauffe entraîne une casse moteur. Le début de soirée est plutôt calme, fidèle à leur tableau de marche, les Ferrari continuent de perdre du temps sur les Ford. 22 heures, terme du premier quart de course, Gurney-Floyd mènent devant l'autre MK4 de McLaren-Donohue et la Chaparral de Spence-P.Hill 3ᵉ. Les Ferrari de Parkes-Scarfiotti et Amon-Vacarella, 4ᵉ et 5ᵉ sont déjà à 2 tours. La MK4 d'Andretti-Bianchi 6ᵉ, a perdu 3 places en raison d'un problème de commande de boîte. La Ferrari 412 P N°22 de Guichet-Muller, 11ᵉ après 5 heures de course, puis retardée par une fuite d'huile abandonne à 23 heures. Dans le même temps Chris Amon, Ferrari N°20, éclate un pneu dans les Hunaudières, un début d'incendie se déclenche alors qu'il rentre au stand.

Tombée à la 13ᵉ place, la meilleure Ferrari, finit par abandonner une heure plus tard. Peu avant 23 heures, Lloyd Ruby MK4 N°4, sort de la piste au Tertre Rouge, après avoir tiré tout droit précédemment à Mulsane. Minuit, c'est terminé également pour la GT 40 N°18 de Maglioni-Casoni, sur rupture de joint de culasse. La Chaparral N°8 de Jennings-Johnson qui se tenait volontairement en retrait, est éliminée pour un problème mécanique peu avant 2 heures du Matin.

Après 10 heures de course, les positions sont les suivantes : 1ᵉʳ Gurney-Foyt, 2ᵉ McLaren-Donohue, 3ᵉ Andretti-Bianchi, tous sur Ford MK4. Parkes-Scarfiotti (Ferrari P4), ont désormais le feu vert de Franco Lipi pour mener la chasse, mais 3 tours restent à combler. Tout en sagesse, nous retrouvons la MK2 B de Schlesser-Ligier 5ᵉ, elle devance la Chaparral de Hill-Spence, qui a reculé à la 6ᵉ place. 2h30, la Ferrari du NART de P. Rodriguez-Baghetti, brillante en début de course, 6ᵉ après la première heure, traîne sa misère depuis. Le moteur faiblissant, finit par s'éteindre, piston crevé, elle occupait la 13ᵉ place.

3h30 du matin, malgré le forcing de Parkes-Scarfiotti, la Ferrari est toujours 4ᵉ derrière les trois Ford. Mario Andretti ravitaille et effectue un changement de plaquettes. 3h45, il repart, oubliant probablement de roder ses freins *(après examen, les plaquettes ont été montées l'envers)*, il bloque ses roues dans les esses du Tertre Rouge, en tapant violemment les fascines. « Titi » Greder arrive derrière sur sa GT 40, évite de peu la collision avec la MK4, gisant au milieu de la piste, alors que Roger Mc Cluskey par en tête à queue, et touche aussi, par l'arrière, les fascines. Schlesser sur la MK2 N°6, tente un gymkhana désespéré, entre les deux épaves mais sans succès, et dans un dernier tête à queue, heurte les protections. Il faut vite extraire Andretti de son habitacle. Mc Cluskey et Schlesser s'y emploient. Son harnais a été arraché par le choc, mais la cellule conducteur reste intacte, une preuve incontestable des progrès réalisés au niveau de la sécurité, dans la transformation de la « J » en MK4. Mario, s'en tire avec trois côtes cassées et de multiples contusions.

Au stade de la mi-course, avec trois Ford en moins, la physionomie change. D'autant que la MK 4 de McLaren-Donohue multiplie les arrêts pour des changements de plaquettes, ou un réglage de pédale d'embrayage. Au total c'est 30' de perdu, elle tombe en 6ᵉ position, à 9 tours de leurs partenaires Gurney-Foyt, toujours leaders. L'espoir renaît dans le camp Ferrari. Parkes-Scarfiotti sont 2ᵉ à 5 tours, ralentis un moment par des problèmes de freinage, devant la Chaparral et les deux autres 330 P4 de Mairesse-Beurlys et Klass-Sutcliffe 5ᵉ.

L'aube commence à pointer, quand les premiers problèmes de transmission touchent la Chaparral qui perd 5 places. Rupture de joint de culasse, c'est terminé pour la dernière GT40 de Dumay-Greder encore en course. Moins d'une heure, après la 412P d'Attwood-Courage, 8ᵉ à 15 tours, rend les armes piston crevé.

10 heures du matin, nous sommes au trois-quarts de la course il est temps de refaire un point. 3 abandons majeurs viennent de se produire. La Chaparral tombée en 17ᵉ position, la dernière Ford MK2 B d'Hawkins-Bucknum, remontée 6ᵉ, moteur cassé à la hauteur d'Arnage et la 330 P4 de Klass-Sutcliffe 4ᵉ, sur rupture de pompe à injection. Les deux dernières Ford MK4 encore en course, encadrent les deux dernières 330 P4, aux quatre premières places.

À midi, McLaren-Donohue, ne sont pas au bout de leurs émotions. Le néo-zélandais perd son capot moteur dans les Hunaudières. Le règlement imposant qu'une voiture doit terminer avec ses éléments de carrosserie, Bruce doit aller rechercher la pièce. Le flux d'air a provoqué l'arrachement. De retour au stand, Phil Remington se penche sur le problème. Il le « joue à l'ancienne », en demandant aux mécanos de fournir leurs ceintures de pantalons, afin de confectionner des sangles. Carroll Shelby offre même la sienne « en croco » ! Il fait ensuite entourer la coque d'un ruban adhésif gris, en prenant soin de calfeutrer les possibles prises d'air. La voiture repart 48' plus tard, tout en conservant sa 4ᵉ place.

Dans le même temps, Parkes donne tout ce qu'il peut pour rattraper la Ford de tête, revenant dans le sillage de la MK4, mais avec 5 tours de retard. L'anglais, décide alors de se coller dans les échappements de Gurney en faisant des appels de phare. Il veut forcer l'américain à augmenter la cadence. Dan n'est pas né de la dernière pluie, il ralentit volontairement pour obliger la Ferrari à le doubler. Parkes continue son manège, ralentit et continue ses appels de phares. On ne fait pas très longtemps ce genre de plaisanterie à Dan Gurney, qui calmement se gare dans les Hunaudières. La Ferrari fait de même, mais au bout d'une dizaine de secondes, Parkes n'a plus le choix, il repart à fond la caisse.

À moins de 4 heures de l'arrivée, Gurney avec la bénédiction des stands décide de lever le pied et de jouer la prudence. La Ferrari reprend 10'' au tour à la Ford, néanmoins à ce rythme, il reste 2 tours de marge à la MK4. 14 heures dernier relais, Scarfiotti relaie Parkes, la Ferrari a tendance à chauffer. Même ballet chez Ford où Gurney cède le volant à A.J Foyt. Dans le stand par prudence, Remington fait mettre du ruban adhésif sur la coque, comme il l'a fait sur la N°2.

16 heures, la délivrance arrive, Anthony Joseph Foyt passe sous le drapeau à damiers. C'est l'édition de toutes les démesures, avec Dan Gurney sur la Ford MK4 N°1, ils ont bouclé 5232, 90 km en 24 heures à 218,038 km/h de moyenne. Perdant magnifique, la Ferrari N°21 de Parkes-Scarfiotti termine 2ᵉ à 4 tours, devant l'autre 330 P4 N°24 de Mairesse-Beurlys 3ᵉ à 11 tours. Après bien des malheurs, la MK4 N°2 de MacLaren-Donohue est soulagée de conserver sa 4ᵉ place à 27 tours, soit un tour de mieux que la Porsche 907 de Siffert-Hermann classée 5ᵉ. Les trois premières voitures ont brisé le mur des 5000 km. La Ford N°2, malgré tous ses avatars, bat également l'ancien record avec 4844,14km, datant de l'année précédente (Amon-McLaren 4843,03km). Sur le podium, Henry Ford rayonne au côté de ses pilotes. Dan Gurney, en profite pour inaugurer une tradition, qui perdure encore aujourd'hui en éclaboussant la foule de son magnum de Champagne.

À l'heure des bilans, « les spécialistes » auront beau dire que Ford a battu Ferrari à grands coups de millions de dollars, oui certainement, mais pas seulement. Il suffit de regarder les éditions 1966 et 1967 et de comparer les résultats d'Holman-Moody par rapport à la Shelby Company, pour s'apercevoir que sans une super organisation et un savoir-faire technique, rien n'est possible. Carroll Shelby a su s'entourer de trois personnages clefs, Al Dowd pour l'organisation, Carroll Smith pour la partie sportive et l'incontournable Phil Remington pour la partie mécanique.

La fête finie, objectif atteint pour Henry Ford, les investissements pharaoniques sont désormais terminés. Dearborn réduit drastiquement, ses budgets pour 1968, les consacrant sur le plan sportif à sa filiale anglaise Ford Cosworth et à Alan Mann. En conséquence dès le mois de juillet 1967, Carroll Shelby se voit contraint de réduire la voilure. Son contrat le lie à Ford sur le plan commercial encore pour deux ans minimum. Sur le plan sportif, il doit faire face avec ses propres dollars.

Le programme « King Cobra II » ou « Cougar Cobra », un spider conçu par Len Terry *(ancien de chez Lotus et concepteur des Eagle)* destiné à la CAN-AM, va vite tourner au cauchemar. Les premiers essais ont lieu début août, sur le circuit de Riverside. La voiture est motorisée par un Ford 351 V8 de 6 litres. Jerry Titus, se penche sur le développement du proto. Les résultats sont catastrophiques, rien ne fonctionne, ni la suspension, ni le moteur qui chauffe. Engagée lors les deux dernières épreuves de CAN-AM le 29 octobre à Riverside et à Las Vegas le 11 décembre, l'expérience tourne court. 13$^e$ temps des essais à Riverside, Titus ne dépasse pas le 3$^e$ tour, victime de sa pompe à essence. À Las Vegas, la voiture ne prend même pas le départ, pour un bris de suspension aux essais. Le dossier « Cougar Cobra » se referme de lui-même.

Shelby American a d'autres chats à fouetter. Le bail des deux hangars du 6501 West Imperia Hwy de Los Angeles, expire fin septembre 1967. Les locaux deviennent surdimensionnés pour la nouvelle activité de la Company, en conséquence Carroll Shelby décide un nouveau déménagement à Détroit dans le Michigan.

Carroll y voit au moins deux avantages, une mesure d'économie et une rationalisation par rapport aux usines Ford. D'autant que l'exploitation de l'AC Cobra 427 se termine, en raison de nouvelles normes de sécurité sur les émissions de gaz. La Shelby Américan Company, éclate en trois nouvelles sociétés : Shelby Automobile chargée de la fabrication des Mustang GT 350 et GT 500, avec un avant relookées pour 1968. Shelby Parts la holding et Shelby Racing pour la partie course, déménagent à Torrance, située à une dizaine de kilomètres dans la périphérie de Los Angeles, dans une ancienne fabrique de peinture.

Le secteur compétition pour 1968 se décline sur trois axes, uniquement sur le territoire américain. La Trans-Am pour les Ford Mustang, une McLaren MK VI B en remplacement de la Cougar Cobra, pour la CAN-AM. Un accord voit le jour avec Toyota, pour faire participer la marque dans le championnat SCCA, en engageant leur coupé 2000 GT. Pour un certain nombre de collaborateurs, c'est la fin de l'aventure. Les frères Charlie et Kerry Agapiou, Gordon Chance vont former leur propre atelier de compétition le « Canadian Racing Motor ». Mike Donovan va rejoindre l'A.A.R de Dan Gurney, et Jills Garcia, après avoir travaillé pour l'aventure Cinémobile début 68, destinée à la promotion des victoires de Ford, va s'orienter vers le cinéma, comme assistant réalisateur de la série télévisé « Magnum ! »

Le 25 juin 1967, le retour des 12 heures de Reims, dont c'est la dernière édition n'apporte pas la même saveur que les éditions précédentes. L'épreuve, n'entre pas dans le cadre du championnat, d'où le désintérêt des écuries d'usines. Ainsi les « gros protos » de plus de 5 litres, ne sont qu'au nombre de six, dont quatre Lola T70 Chevrolet. L'ex Ford MK2 B bleu ciel de l'écurie Shelby, présente au Mans avec Hawkins-Bucknum, fait « sa tournée d'adieu » engagée par Ford France pour Ligier-Schlesser. Enfin, David Piper est toujours là pour représenter Ferrari dans une P2 verte, qu'il partage avec Jo Siffert. L'opposition se joue avec cinq Ford GT 40 privées et deux Ferrari 250 LM, dont celle de l'écurie Piper pour Attwood-Lucien Bianchi.

Pour une fois, les Lola occupent le devant de la scène aux essais. Hawkins-Epstein, réalise le meilleur temps (2'07"9) devant Surtees-Hobbs à 5/10 et Hulme-Gardner à 1"8. La MK2 B de Schlesser-Ligier, se contente du 4$^e$ temps à 2"8.

Minuit, Toto Roche libère les 34 voitures. Les Lola confirment d'entrée, Hawkins boucle le premier tour en tête devant Surtees et Hulme. Schlesser s'arrête au 2$^e$ passage, pour faire régler sa pédale d'accélérateur. Il passe 30' au stand et repart avec 4 tours de retard. Après une heure de course, Hawkins mène avec 45"d'avance sur Surtees et 54" sur Hulme. Lucien Bianchi sur la 250 LM 4$^e$ est déjà à 2 tours. Une demi-heure plus tard, la MK2B de Schlesser a repris un tour et pointe au 5$^e$ rang. Hawkins déchaîné, continue de faire l'écart, il bat le record du tour au 62$^e$ passage (2'10"5) et compte 2 tours d'avance sur Surtees et Hulme.

3h30 du matin, les deux Lola de tête abandonnent coup sur coup, Hawkins boîte bloquée et Surtees sur rupture de vilebrequin. Hulme-Gardner sont les nouveaux leaders, avec 2 tours d'avance sur Attwood-Bianchi et Schlesser-Ligier classés 3$^e$. Peu avant la mi-course, la Lola de tête dégage une fumée de mauvais augure, la poulie de vilebrequin est cassée. Le temps de la réparation, la Lola repart avec 8 tours de retard.

6h00, la MK2 de Schlesser-Ligier, s'installe désormais confortablement en tête avec 2 tours d'avance sur la Ferrari d'Attwood-Bianchi et 3 sur celle de Siffet-Piper. Une heure plus tard Attwood-Bianchi renonce pour un problème de différentiel. Rien ne va pouvoir entraver la victoire de Schlesser-Ligier, même pas un pneu éclaté sous la courbe Dunlop. Siffert-Piper conservent la 2$^e$ place à 7 tours malgré un trou dans le carter. La Porsche de Buchet-Hermann complète le podium à 12 tours. Pour la Ford MK2 B, l'adieu à la compétition se veut radieux.

Il reste une manche de championnat, les 6 heures de Brands Hatch, le 30 juillet. Après son échec du Mans, Ferrari ne peut pas, laisser échapper le titre et reste sous la menace de Porche, dont les victoires de la marque à la Targa et au Nurburgring, en annoncent d'autres.

Pour la Scuderia, pas question de confier son destin à des écuries satellites. Trois 330 P4 sont mobilisées, pour Scarfiotti-Sutcliffe, Hawkins-Williams et Amon-Stewart, avec une 412P de Maranello Concessionnaires, pour Piper-Attwood. Les grands moyens sont employés, après le décès de Lorenzo Bandini, Ferrari est privé de Mike Parkes, blessé au G.P de Belgique, en conséquence, la débauche de Paul Hawkins et de Jacky Stewart devient un nécessité. Ford, se désintéresse du championnat et les cinq GT40 engagées ne le sont qu'à titre individuel. Porsche à l'avantage du nombre avec quatre 910 d'usine, une 907 « longue queue » pour Hermann-Neerpasch et trois 906 privées. Peut-on croire dans la fiabilité de la Mirage Rodriguez-Thompson et dans les deux Lola-Chevrolet T70 de Hulme-Brabham et Surtees-Hobbs ? Concernant la Chaparral de Phil Hill-Spence, la question ne semble même pas se poser !

Sur le tourniquet toboggan anglais la « 2F », laisse même échapper la pôle position, elle ne prend que le 3e temps (1'37''4). Les deux Lola de Hulme et de Surtees réalisent le même chrono (1'36''6) seulement départagées aux millièmes de secondes. Puis derrière, nous retrouvons les trois 330 P4, avec dans l'ordre Scarfiotti, Hawkins et Stewart qui s'accoutume vite à sa nouvelle monture. Les meilleures Porche de Rindt et de Siffert prennent les 7 et 8e temps, devant la Mirage de Pedro Rodriguez.

Le ciel est gris, quand les 36 voitures s'élancent à midi. Surtees se montre le plus vif, entraînant derrière lui la Ferrari d'Hawkins, puis celle de Scarfiotti et la Chaparral de Spence. Hulme loupe son départ et pointe en 5e position à la fin du premier passage. Quand on parle de la fiabilité des Lola, Surtees rentre déjà au stand au 2e tour, avec un problème de bobine provoquant des coupures intermittentes d'allumage. Hawkins se retrouve aux commandes devant Spence et Hulme. Paul Hawkins tient le devant un bon quart d'heure, avant de se faire déborder d'abord par Hulme, puis Spence et enfin Scarfiotti. Le circuit relativement court de 4,265km, fait que les voitures de tête doublent rapidement les attardés dans des dépassements audacieux, qui occupent la totalité de la piste.

Un premier accident survient au 10ᵉ tour, quand Lucas sort sa GT40 à Paddock Bend. La première demi-heure écoulée, c'est au tour de Hulme de faire changer un culbuteur. Au même moment la Porsche de G. Hill abandonne avec un problème de soupapes. À la fin de la première heure, s'en suit le ballet des ravitaillements avec les changements de pilotes. Le stand Chaparral, se montre le plus habile Phil Hill, repart devant les Ferrari de Stewart et Scarfiotti, ainsi que la Porsche de Siffert.

13h30, la Chaparral mène devant la Mirage qui effectue un beau retour. Siffert passe 3ᵉ, alors qu'Amon-Stewart sont retardés par un changement de roues. Au début de la 2ᵉ heure, la Chaparral repasse par son stand victime d'une crevaison. À cet instant de la course, Amon reprend le commandement. Les abandons sont rares, à mi-parcours, la Chaparral reprend la tête, devant la Ferrari de Stewart et la Porsche de McLaren. Les deux voitures de tête, échangent régulièrement leurs places. Vers 16 heures Paul Hawkins rentre au stand une touchette à Clearways Bend, lui a fait perdre son capot moteur. 16 heures 45, nouveau changement de pneus pour la Chaparral qui garde les commandes.

Il reste une heure quinze de course, les acteurs qui attentent que « l'Oiseau blanc » se brise les ailes, vont en être pour leurs frais. La Mirage renonce à la suite d'un accident de Thompson au 87ᵉ tour. 18" d'écart sépare Spence-P. Hill, d'Amon-Stewart, le final va être grandiose. Phil assure le dernier relais devant Chris, mais la Porsche de Siffert-McLaren 3ᵉ à moins de deux tours, peut arracher le titre de championne du monde, si elle finit devant la Ferrari. Cette dernière doit encore ravitailler, en conséquence les trois voitures de tête sont à la limites de leurs capacités.

Finalement les positions restent figées. 1ᵉʳᵉ la Chaparral de Spence-Hill qui a bouclé 211 tours à 149km197 de moyenne, 2ᵉ la Ferrari d'Amon-Stewart à 58", 3ᵉ la Porsche de Siffet-McLaren à 2 tours. Ferrari arrache le titre de champion du Monde des constructeurs avec deux points d'avance sur Porsche. Pour Jim Hall, c'est une issue en apothéose, qui marque la fin des « monstres sacrées ».

Toujours plus vite, toujours trop vite, la CSI décide encore une fois de revoir son règlement pour des raisons de sécurité. La décision est entérinée en août 1967, pour être applicable au 1$^{er}$ janvier 1968. La limitation des Prototypes au niveau de la cylindrée passe à 3 000 cm3 et à 5 000 cm3 pour les Sport construits à 50 exemplaires.

Cette décision prise dans la précipitation, prend de court les constructeurs. Nous ne reverrons plus les Ford de 7 litres, les Ferrari 330 P3 ou P4 et les Chaparral dans les courses d'endurance, mais seulement dans des musées.

Au milieu des perdants, certains sont certes gagnants. Les tenants du moteur 3 litres, Porsche prépare sa nouvelle 908, les constructeurs français qui renaissent avec Alpine et son V8 Renault Gordini, ou encore Matra avec son V12. Au milieu, « la Scuderia éternelle », toujours prête à rebondir, au gré des changements de la FIA, le véritable maillon faible de Ferrari ne serait-ce pas Enzo lui-même ? Toujours aussi boulimique, le maître de Maranello, après la Formule 1 et l'Endurance, veut ferrailler en même temps, en Formule 2 et en Can-Am !

Chapitre 21

# VERS UN PASSAGE SANS FERRARI

La nouvelle réglementation, crée un véritable déséquilibre entre les voitures de 3 litres, dite du « Groupe 6 », développant 300 à 320 chevaux, et les 5 litres du « Groupe 4 », qui en compte allègrement une centaine de plus. Compte tenu, du laps de temps d'à peine 6 mois, entre le décret et son application pour la première épreuve du championnat, aucun constructeur n'est véritablement prêt.

Enzo Ferrari, passe par une de « ses bouderies », dont il a le secret, sauf que cette fois, les déclarations laissent la place aux actes. Les voitures de son usine, ne prendront pas le départ des 10 épreuves au programme du Championnat Mondial d'endurance 1968. Sans Ferrari ni Ford, ni Chaparral, le championnat ne court- il pas vers sa belle mort ?

Qui pour contrer Porsche ? Les constructeurs français comme Alpine ou Matra sont encore en phase découverte, Alfa Roméo, paraît bien tendre, place aux indépendants, propriétaires de « quelques vieilleries » du Groupe 4. Le retour des Ford GT40, ou des Ferrari 250 LM « la maudite », avec leurs structures vieilles de 4 ans, redeviennent d'actualité auprès des Lola T70.

Les 24 heures de Daytona Beach des 3 et 4 février 1968, ne ressemblent ainsi en rien à l'édition précédente. Un homme sait quel parti il peut tirer de cette situation, il s'appelle John Wyer ! Personne ne connaît mieux que lui la Ford GT 40, la transformation qu'il va opérer dans ses ateliers de Slough avec le financement de Gulf, va bien au-delà du simple lifting. La « Mirage », devenue elle aussi obsolète, se voit remise en configuration GT 40. Un châssis plus léger, une coque allégée, permettent de redonner au modèle un sacré coup de jeune. Même si les modifications à l'œil nu, ne paraissent pas évidentes, elles sont bien réelles. Le capot moteur, réceptionne de nouvelles prises d'air, pour une meilleure aération, les ailes arrière, sont gonflées pour recevoir des roues de 15 pouces, afin d'améliorer la tenue de route. La cylindrée naturellement réduite, retrouve le moteur Ford 289, de 4,7 litres, mais coiffé d'une nouvelle culasse Gurney-Welslake en aluminium, jugée performante et fiable. Le tout pour un poids d'à peine 1000 kg, soit une centaine de moins que le modèle de base.

Deux modèles, sont opérationnels pour les essais, pour Ickx-Redman et Hawkins-Hobbs. À côté des « semi-nouveautés », nous en trouvons une vraie, qui ne manque pas de charme. Ray Heppenstall, a travaillé trois ans auparavant sur la Rover BRM à turbine, depuis il cherche à exploiter le filon pour son propre compte. Il contacte Howmet Corporation, une société spécialisée dans les turbines pour l'aérospatiale. Heppenstall, réussit à les convaincre d'une forme de sponsoring, pour créer sa propre voiture. Un joli coupé, de fort belle facture, né sous le crayon de Bob McKee. L'habitacle s'ouvre avec des « portes papillon », facilitant l'accès conducteur. Pour des raisons pratiques, la voiture reprend un pare-brise de Porsche 906. La turbine à gaz, vient de chez Tedelyne Continental Motors, un modèle conçu à l'origine pour un hélicoptère. Sa masse n'est que de 77 kg et elle développe 350 chevaux. Le véhicule a un poids total à vide de seulement 685kg. Après de savants calculs comparatifs avec un moteur à pistons, la FIA accepte de l'homologuer dans « le Groupe 6 » de 3 litres. Thompson et Lawter, vont se partager son volant.

Porsche fournit naturellement le gros du plateau avec quatre 907/8 2,2 litres « longue queue » d'usine, soutenues par une 907/6 de l'écurie Tartaruga pour Steinmann et Spoerry. Que serait Ferrari sans le NART ? David Piper et Masten Gregory se partagent une 250LM, pendant qu'une 206 S avec Pedro Rodriguez et Charlie Kolb, devra batailler ferme pour une victoire en 2 litres, contre trois Alfa 33/2 d'usine. Enfin Shelby revenu chez « les petits » aligne deux Mustang 500 GT R, pour contrer quatre Chevrolet Camaro, dont une de l'écurie Penske, pour Donohue-Johnson.

Les « Wyer's boys » dominent les essais, avec un Jacky Ickx supersonique qui boucle un tour en 1'54"91. Il partage la première ligne avec Paul Hawkins en 1'57"0. En deuxième ligne, nous retrouvons les 907 avec un Mitter qui fait mieux que se défendre (1'57"31), et Siffert (1'58"40). Deux autres Porsche cohabitent en 3e ligne, pendant que la Howmet de Thompson 7e temps est au côté de la Ferrari de Piper 8e chrono. Dans la catégorie « Trans-Am », la Camaro de Donohue, prend un avantage psychologique, en tournant 72/100 plus vite que la Mustang Shelby de Jerry Titus.

Derrière le « pace car », dès le départ, les deux GT40 impriment le rythme, avec Jacky Ickx entraînant Paul Hawkins. La passe d'arme avec les Porsche ne dure pas plus de 4 tours, la puissance des Ford faisant la différence. Pourtant Hawkins s'arrête rapidement pour faire remettre un fil de bougie, perdant un tour au passage. Ickx précède les trois 907 de Siffert, Mitter et Elford, alors que la Hownet 5e, s'arrête la première pour ravitailler. La voiture à turbine abandonne peu après, en heurtant au 34e tour le mur de protection.

Le plus intéressant ne concerne pas la tête, mais l'empoignade que se livre la Mustang de Titus-Bucknum et la Camaro de Donohue-Johnson. La physionomie change dans la 3e heure, quand Ickx-Redman, renoncent pour un problème de boîte de vitesses. Entre temps, Hawkins-Hobbs ont comblé leur retard et même devant « le train blanc des Porsche ». Mitter-Stommelen et Siffert-Hermann sont 2e et 3e à un tour.

18h40, un violent carambolage mêle la Porsche de Mitter à la suite de l'éclatement d'un pneu, la Ferrari de Gregory, l'Alfa 33 de L. Bianchi et la Porsche de Spoerry. Les quatre voitures sont éliminées, heureusement sans dommage corporel pour les pilotes. Le duel entre la Mustang Shelby et la Camaro Penske permet aux deux machines, de se hisser dans les 10 premières à 21 heures. À la nuit tombée, la Ford de tête possède 3 tours d'avance sur ses principaux adversaires.

3 h du matin à la mi-course, la Ford d'Hawkins-Hobbs vient de perdre le commandement au profit de la Porsche de Siffert-Hermann. La GT40 souffre de problèmes de freins. 3 heures plus tard, elle abandonne avec une fuite au réservoir de carburant, la procession des Porsche peut commencer. Le faible public, pas plus de 35.000 personnes, se passionne pour le duel en Trans-Am, entre Mustang et Camaro. Les voitures ne se lâchent pas depuis le début de soirée, jusqu'au petit matin où Donohue-Johnson abandonnent, avec une culasse fêlée.

La victoire promise à Siffert-Hermann, va finalement leur échapper, vers midi quand le câble d'accélérateur casse. Après 22' de réparation, ils repartent pour une 2ᵉ place, à 5 tours de leurs coéquipiers Elford-Neerpasch, vainqueurs. La 907 de Buzzetta-Schlesser complète le triomphe de Porsche avec une 3ᵉ place. L'excellente 4ᵉ place de Titus-Bucknum permet à Shelby de remporter la Trans-Am, alors que l'Alfa 33 de Schutz-Vaccarella, gagne la catégorie Proto 2 litres.

Disputés plus 6 semaines après, les 12 heures de Sebring du 23 mars, n'apportent aucune nouveauté à l'exception d'une Alpine A211, extrapolation du modèle précédent, mais équipée du moteur V8 Renault Gordini de 3 litres. La nouveauté, se verra affublée du surnom « de Grand-Mère », à la sortie de l'A220. Sinon, le sifflement mélodieux de la turbine de la Howmet TX, tranche toujours au milieu du bruit assourdissant des moteurs atmosphériques. Toujours fidèles naturellement, les deux Ford GT40 Gulf, les quatre Porsche 907 d'usine, déjà vues à Daytona, mais nous assistons au retour de trois Lola T 70 privées. Fait exceptionnel, une seule Ferrari 250 LM de l'écurie Raceco, s'inscrit.

La Porsche 907 2,2 L. de Siffert, crée une petite surprise aux essais en réalisant le meilleur temps, une seconde pleine de mieux que la Ford 5 L. de Jacky Ickx. Les six premiers chronos se tiennent en 2 secondes. La Howmet est 3$^e$ à 3/10 d'Ickx, puis figure la Lola de Scooter Patrick devant les 907 de Mitter et d'Elford. L'Alpine de Mauro Bianchi-Grandsire, parait bien poussive avec le 12$^e$ temps à 11" de la pôle.

Avec 25.000 spectateurs, on ne peut pas dire que l'endurance enthousiasme le public américain. Dans un départ type le Mans Siffert se montre le plus vif, devant la GT 40 d'Hawkins, la 907 de Scarfiotti et la Lola de De Udy. La Ford d'Ickx et la Lola de Bonnier démarrent avec un temps de retard. À la fin de la première boucle, Siffert compte déjà 6" d'avance sur la meute des autres Porsche. Au 3$^e$ tour la Lola de Scooter Patrick s'intercale à la 2$^e$ place entre Siffert et Elford. Les premiers changements commencent au 7$^e$ passage quand les Porsche de Mitter et de Scarfiotti, sont retardées par une crevaison pour le premier et un problème d'allumage, pour le second.

Fin de la première heure, la Howmet disparaît du groupe de tête pour un problème de câble d'accélérateur. Scooter Patrick (Lola) mène le train devant Siffert, Hawkins, Ickx et Elford, pendant que l'Alpine occupe une honnête 7$^e$ place. Puis vient l'heure des premiers ravitaillements avec un jeu de chaises musicales dans le classement. Plus fâcheux, une fois le plein fait, l'Alpine refuse de repartir en panne de démarreur. L'"heure suivante, voit les problèmes se concrétiser pour Ickx-Redman avec une transmission fatiguée et pour Patrick-Jordan, le leader, la dégradation de la suspension. Au quart de la course, Siffert-Hermann mène devant la GT40 d'Hawkins-Hobbs à un tour et Elford-Neerpasch 3$^e$ à 2 tours. La bagarre est très indécise en Trans Am entre la Camaro de Donohue-Fisher 4$^e$ et la Mustang Shelby de Titus-Bucknum 5$^e$ à 5 tours.

La Ford Gulf d'Hawkins perd tout espoir quand engluée dans le trafic, elle part en tête à queue et défonce son flanc gauche. La réparation de la carrosserie et de la calandre, la retarde de 4 tours et lui fait perdre sa deuxième place.

Après 7 heures de course la Howmet abandonne en panne de transmission. Hawkins-Hobbs revenus à la 2$^e$ place doivent renoncer, un triangle de suspension faussé dans l'accident a fini par casser. La fin de course est encore une fois animée par la lutte entre la Camaro de Donohue-Fisher et la Mustang de Titus-Bucknum. Alors que Jerry Titus semble arriver à ses fins, il doit ravitailler à 2 tours de la fin au bord de la panne sèche. La Mustang finit finalement 5$^e$ derrière la Camaro de Donohue-Fisher 3$^e$ et celle de Welsh-Johnson. Les Porsche 907 de Siffert-Hermann et Elford-Neerpasch s'accaparent les deux premières places.

Le retour en Europe, donne lieu à une situation pour le moins embarrassante. Les essais préliminaires d'avril, programmés les 6 et 7 avril, tombent en même temps que les 6 heures de Brands Hatch. En conséquence, il faut s'appeler John Wyer ou Jacky Ickx pour être capable de se partager entre le circuit sarthois et « le petit Nürbugring ».

Stuttgart profite de sa grosse structure, pour envoyer au Mans, une 907 2,2 litres « longue queue » pour Rolf Stommelen et sa toute nouvelle Porsche 908 3 litres, pour son pilote d'essai Herbert Linge. Dernière nouveauté, deux Alpine A220 V8 Renault Gordini T 62, vont passer par les mains de 8 pilotes. Jo Bonnier se partage également en deux sur une Lola T70. Ickx ne fait naturellement que la séance du 6 avril, qu'il boucle de main de maître en 3'35"4, sur la GT40 Gulf. Stommelen reste sur un 3'44"1, pendant que Mauro Bianchi fait des débuts intéressants sur l'A220 en 3'49"4. Linge se contente de travailler sur les réglages de la 908, sans chercher une performance chronométrique.

Une des deux GT 40 Gulf est présente au Mans du coup il n'en reste qu'une à Brands Hatch pour Ickx-Redman qui réalise le 5$^e$ temps des essais à 1"2 de la Porsche 907 de Siffert. Paul Hawkins ne reste pas à pied, il court sur sa propre GT40, sans culasse Gurney-Weslake, qu'il partage avec David Hobbs. L'attraction du jour s'appelle Ford P68 Cosworth elle est pilotée par McLaren-Spence et réalise le 2$^e$ chrono à 8/10 de Siffert et devant les 907 de Mitter et Elford.

Alan Mann abandonne provisoirement l'endurance en 1967, pour se consacrer à la Can-Am. Il engage la « Honker II » un magnifique spider sponsorisé en partie par l'acteur Paul Newman. Particulièrement élégant et bien profilé dans une superbe coque parme métallisé ; la voiture manque de mise au point. Avec Mario Andretti comme pilote, elle se contente d'une 8e place à Brigehampton. La base étant saine, la machine évolue en coupé, sous le crayon de Len Bailey, pour devenir Ford P68. Alan Mann réussit à obtenir quelques milliers de Livres, de la part de Ford Grande-Bretagne pour la mettre en chantier. De plus le Ford Cosworth de 3 litres, commence à connaître une certain succès en F1 avec Lotus et McLaren, une extrapolation en endurance devient possible. La voiture, ne pèse que 680 kg à vide, pour une puissance frisant les 400 chevaux.

Avec l'abandon des couleurs nationales, les grilles de départ sont de plus en plus colorées. Ainsi le rouge et or d'Alan Man cohabite, avec le ciel et orange de Gulf, ou le blanc de Porsche. Comble d'ironie, les deux seules Ferrari 250 LM engagées, sont marine et blanc pour celle de Vestey-Pike et… vert british pour Rodriguez-Pierpoint (écurie Piper).

Au départ, McLaren s'ébroue en premier, pour peu de temps, il est avalé par Mitter, Siffert et Elford, qui virent les premiers dans Paddock. Derrière les trois Porsche. Jacky Ickx aborde les Druids en 4e position suivi par la Howmet de Thompson. La voiture à turbine, désavantagée par une consommation excessive, va devoir s'arrêter plus souvent. McLaren réagit rapidement et la Ford pointe à la 4e place dès le 5e tour, à 4'' du trio de Porsche. La Howmet termine sa course dans les fascines de Druids au 7e tour. À la 10e boucle, McLaren passe en 2e position derrière Siffert., Ickx est alors 5e derrière Elford et Mitter.

Le dépassement des attardés, rendent la tache compliquée aux pilotes. McLaren, se montre particulièrement adroit, en soufflant la première place de Siffert dans le 16e tour. La Porsche de Mitter rétrograde avec des problèmes de freins. Après une heure de course Siffert est de nouveau en tête devant Elford et McLaren.

Le néo-zélandais ne lâche rien et un jeu de chassé-croisé, s'engage entre la Ford et les deux Porsche, derrière la GT40 de Jacky Ickx pointe à 41", Mitter 4$^e$, est désormais à un tour et s'arrête pour un changement de plaquettes. Après 1h 30 de course, l'épreuve se joue dans les stands avec les ravitaillements. McLaren, repart avec le plein et un jeu de plaquettes neuves, en 3' à peine. La dextérité des mécanos ne se voit pas récompensée. Bruce, se range dans le gazon 15' plus tard à Bottom Bend, sur rupture de transmission.

Après 2 heures de course, Ickx-Redman occupent la tête, ils ne vont plus la quitter. Les Porsche sont trop consommatrices de plaquettes de freins pour pouvoir inquiéter la Ford GT 40 Gulf. Scarfiotti équipier de Mitter a beau s'employer dans la dernière demi-heure, la 907 termine 2$^e$ à 23". Elford-Neerpasch sont 3$^e$ à 2 tours, devant la GT40 d'Hawkins-Hobbs 4$^e$, et la Ferrari 250 LM vieillissante de Rodriguez-Pierpoint 5$^e$.

« *Que c'est triste Monza, sans le rouge Scuderia* ! » Aurait pu chanter Charles Aznavour, mais le Commendatore fredonne plutôt « *mon désamour, mes emmerdes* » ! Absent en endurance, Ferrari se débat en F1 avec Jacky Ickx et Chris Amon comme pilotes. Jacky va apporter la seule victoire de la saison à Rouen grâce à sa virtuosité sous la pluie et Chris devra se contenter d'une 2$^e$ place au G.P de Grande Bretagne. Jo Dassin promet « L'Amérique », mais pas pour Enzo. Entre recyclage de la P4, et sortie de la nouvelle 612, la Can-Am finit l'année en fiasco.

Pour en revenir à Monza, la 4$^e$ édition des 1000 km se déroule le 25 avril. Alpine fait son entrée officielle avec deux 3 litres. Une A220, pour Bianchi-Grandsire et Depailler-De Cortanze se contentent de « la Grand-Mère ». En l'absence de la Ford P68 et de la Howmet, la course se réduit à une explication entre les six Ford GT40 dont les deux Gulf et les trois Porsche d'usine, une 907 pour Stommelen-Neerpasch et deux nouvelles 908 3 litres, pour Siffert-Hermann et Scarfiotti-Mitter. Sur un circuit rapide comme celui de Monza, Porsche réduit avec ses 908 son handicap de puissance par rapport aux Ford.

Ickx avec son partenaire Redman, s'adjuge la pôle en 2'57" devant Jo Siffert à 2"3. L'autre GT40 Gulf d'Hawkins-Hobbs, descend également sous les 3' (2'59"7), devant la 908 de Scarfiotti-Mitter. Les Alpine souffrent d'un manque de puissance de leur moteur de 310 chevaux. L'A220 décroche le 8ᵉ chrono en 3'09"6 et l'A211 le 9ᵉ.

Monza, sans Ferrari ou presque, les tifosi restent à la maison. 20.000 spectateurs à peine garnissent l'autodrome. Les quatre meilleurs pilotes se pressent au départ. Siffert ouvre la voie à la fin de la première boucle, devant Ickx, Scarfiotti et Hawkins. David Piper 5ᵉ a troqué sa Ferrari 250 LM, contre une GT 40 qu'il partage avec Salmon. Au 3ᵉ tour, Ickx prend la tête, pendant que Mauro Bianchi s'arrête à son stand. L'Alpine va multiplier les « pit-stops, » pour finalement ne pas être classée, pour distance insuffisante. Les voitures de tête, profitent de l'aspiration pour permuter régulièrement leurs positions.

La physionomie change au 20ᵉ passage quand Siffert doit réparer une fuite d'huile de sa boîte de vitesses. Il va repartir pour une symbolique 19ᵉ place. Scarfiotti le rejoint peu après, avec un problème de câble d'accélérateur et d'alimentation. Visiblement les 908, manquent de mise au point. Une voie royale s'ouvre pour les GT 40. À la fin de la deuxième heure, Ickx possède un tour d'avance sur son coéquipier Hawkins classé 2ᵉ. Coup de théâtre, au 28ᵉ tour Jacky passe par les stands, pour une rupture de collecteur d'échappement. La réparation dure 24 minutes.

Hawkins-Hobbs sont aux commandes, devant l'autre GT40 de Piper-Salmon. La 907 de Stommelen-Neerpasch est la seule à représenter encore un danger pour les Ford. L'abandon de Piper sur rupture de canalisation d'huile au 35ᵉ tour, relance un peu le suspens. À mi-course la Ford possède 2'30" d'avance sur la Porsche, la surprise vient de l'Alpine A211, régulière depuis le début qui pointe à 3ᵉ place à un tour. À partir du 70ᵉ tour la Ford qui compte désormais un tour d'avance sur la Porsche et deux sur l'Alpine lève le pied. La 907 reprend deux secondes au tour, il en reste trente.

Malgré les efforts de Stommelen-Neerpasch, Hawkins-Hobbs, conservent 1'52" d'avance sous le drapeau à damiers. Le jeune équipage Depailler-De Cortanze 3ᵉ à 3 tours, donne à Alpine sa plus belle performance dans une épreuve de championnat d'endurance.

Le calendrier du mois de mai 68, est particulièrement chargé avec la Targa le 5, les 1000 km du Nurbugring le 19 et ceux de Spa le 26. L'actualité en France, se focalise avec les manifestations estudiantines, qui découlent sur une grève générale. L'ACO, prend la décision de décaler les 24 heures du mois de Juin à la fin Septembre.

En l'absence de Ferrari, un brin de nostalgie flotte sur la Targa Florio, avec la présence d'Alfa Roméo pour un retour aux sources. La firme turinoise convainc, le maître de ces lieux, Nino Vaccarella, de prendre le volant d'une de ses Alfa T33/2, 2,5 litres. Sans les gros protos de toutes marques, la victoire ne peut se jouer qu'entre la marque italienne et Porsche. Dans le premier des 10 tours, Lodovico Scarfiotti (Porsche 907) se montre le plus efficace en bouclant les 72 km en 37'07", devant l'Alfa de Nino 2ᵉ à 22". Derrière la 907 de Vic Elford semble avoir perdu toute chance, elle perd une roue, avant d'éclater à l'avant droit sur un rocher. « Sans se démonter, mais tout en démontant et en remontant », l'anglais récupère sa roue intacte et change l'autre pour repartir, avec un retard de 18 minutes.

Au 2ᵉ passage, Scarfiotti porte son avance à 28" sur Vaccarella, puis Nino fait le forcing et réduit à 20"son écart sur la Porsche dans la 3ᵉ boucle. Au ravitaillement, il cède le volant à Udo Schütz, pendant que Mitter, récupère celui de Lodovico. Schütz, ne va pas faire plus de 14 km avant de sortir l'Alfa de la route. Elford, déchaîné et n'ayant plus rien à perdre, établit le record du tour en 36'02"et remonte à la 7ᵉ place. Maglioli le relaye sur le même rythme. À mi-parcours, Scarfiotti-Mitter compte 3' d'avance sur l'Alfa 33 de Galli-Giunti et 9" de plus sur celle de Casoni-Bianchi. La deuxième 907 d'Hermann-Neerpasch est alors 4ᵉ. Tout est remis en cause, quand Mitter doit s'arrêter, avec un problème de perte de puissance, dû à la rupture de son collecteur d'échappement.

Scarfiotti finit par repartir mais au ralenti. Les deux alfa mènent pendant qu'Elford-Maglioli sont maintenant 4$^e$ à 2'30'' des leaders à 3 tours de la fin. Elford majestueux, comble le handicap pour passer aux commandes dans la 9$^e$ boucle. Il l'emporte bien secondé par Maglioli, avec 1'43'' d'avance sur l'Alfa de Giunti-Galli et 9'8'' sur celle de Bianchi-Casoni.

Porsche mène désormais 3 victoires à 2 sur Ford, en abordant les 1000 km du Nurburgring. Alpine malgré la France à l'arrêt, tout en déjouant les piquets de grève, aligne une A 220 et une A 211, en travaillant de nuit en catimini. La Ford P68 Alan Man prépare sa deuxième sortie, au milieu de ses aînées GT40, qui sont au nombre de sept dont les deux de John Wyer. Ce n'est rien à côtés de 25 Porsche, de tous types en commençant par des 911 GT, puis la série des 906, 907, 910, pour finir avec les deux 908 3 litres. La Howmet absente, nous ne retrouvons qu'une Lola T70 aux couleurs suédoises.

Chris Irwin, qui devait faire équipe avec P. Rodriguez, sur la 2$^e$ P68, décolle à Flugplatz pendant les essais. Il s'en tire avec une fracture du crâne et plusieurs jours de coma, qui mettent un terme à sa carrière. Puis Henri Grandsire fait un 180° avec l'Alpine A220. La voiture en manque d'appui, se retourne sous l'effet de souffle. Henri n'a que des blessures très superficielles. Une Porsche 907 2,2 litres domine les autres concurrents. Hermann-Stommelen réalisent 8'32''8 devant la GT40 d'Ickx-Hawkins 8'37''4. Les 908 déçoivent Mitter a le 3$^e$ temps, mais 7''3 de la pole. C'est pire pour Siffert-Elford, victimes de leur pompe à injection, qui ne décrochent que le 27$^e$ chrono. La deuxième P68, s'en tire honorablement, avec le 5$^e$ temps derrière l'Alfa de Schütz-Bianchi.

Comme souvent sur le « Ring », la longueur de la boucle nord de près de 23 km, donne lieu à des variations météorologiques. Cette édition du 19 mai 1968 n'échappe pas à la tradition, où averse et grésil se mêlent aux rares éclaircies, donnant au circuit de nombreux pièges. Au baisser du drapeau, les Porsche de Mitter et d'Hermann, prennent les choses en mains devant l'Alfa d'Udo Schutz. Siffert commence déjà sa remontée, de sa 27$^e$ position sur la grille, il est deuxième à la fin de la première boucle.

Les Ford Gulf sont aussi mal parties. Jacky Ickx passe 8ᵉ à 28''. Après 2 tours, quatre Porsche sont aux avant-postes, suivent à 20'' Schütz et Ickx. Malgré toute sa dextérité Jacky doit s'employer pour contenir les 908. Siffert est devant Mitter, mais ce dernier perd bientôt le contrôle, au 4ᵉ tour. Il repart seulement pour 2 petits tours, le châssis de la 908, a été faussé dans sa sortie de route. Après 10 passages, le classement est le suivant : Siffert mène avec 40'' d'avance sur Ickx talonné par Hermann.

Le ravitaillement se déroule pendant le 16ᵉ tour. Hawkins relaie Ickx, la rapidité du stand Ford, permet de réduire l'écart à 20'' avec Siffert-Elford. Paul Hawkins, se montre peu à l'aise et l'écart s'accentue de nouveau. Hermann-Stommelen passe 2ᵉ à 39'' des leaders, pendant qu'Hawkins 3ᵉ accuse un retard de 4'34'' à mi-course. Jacky Ickx, reprend le volant mais désormais l'écart est fait, Siffert-Elford l'emportent devant Hermann-Stommelen à 3'01'' et Ickx Hawkins 3ᵉ à 3'51''.

Le 26 mai les 1000 km de Spa, se retrouvent en concurrence avec le G.P de Monaco. Le forfait de Ferrari en principauté, laisse libre J. Ickx pour conduire en Belgique. Grande première pour Matra, qui dévoile sa 630B, équipée d'un V12 maison de 390 chevaux. Marcos Mantis, de son côté présente un Proto futuriste, avec une cellule de conduite tout en verre. La voiture est équipée d'un V8 Repco de 3 litres dérivé de celui des Brabham de F1. Ford Gulf et Porsche présentent leurs machines habituelles.

La Ford P68 de Gardner-Hahne, confirme son excellent profilage en se montrant largement plus rapide aux essais. 3'36''3, contre 3'40''3 pour Ickx et 3'43''7 pour Mairesse, sur une GT40 de l'écurie Francorchamps. Les 908 d'Elford-Neerpasch et d'Hermann-Stommelen occupent la deuxième ligne. Côté français, la Matra de Pescarolo-Mieusset, 7ᵉ temps fait mieux que l'Alpine A 211 de Bianchi-Grandsire, 17ᵉ chrono.

Les Ardennes, baignent sous leur climat habituel d'un mois de mai, avec bruine et plafond nuageux bas, nécessitant de rouler phares allumés. La pluie ruisselle, au pied du raidillon de l'Eau Rouge. Les organisateurs autorisent un tour de reconnaissance aux pilotes, à leurs demandes, avant le départ.

Jacky Ickx, prend 100 m d'avance au sommet du raidillon sur la P68 de Gardner, puis suivent dans l'ordre, la Porsche d'Elford, la GT 40 d'Hawkins, Mitter (907) et Hermann (908). Mairesse, a noyé son moteur au départ, alors que le Cosworth de Gardner, n'aime pas l'humidité et toussote.

Au bout de 14 km, Ickx compte déjà 38''d'avance sur Elford et 42''sur Mitter. La GT 40 de Readburn, se loupe au freinage de l'Eau Rouge et verse dans le fossé. La Matra et la Ford P68 sont déjà sous bâche pour des avaries électriques et de démarreur.

Jacky, sans forcer outre mesure, continue d'accroître son avance. Au 20$^e$ tour, il compte plus de 4' sur Mitter, Herrmann et Hawkins sont déjà à 1 tour. 2 tours plus tard Salmon sort sa GT40 à l'Eau Rouge et la Marcos renonce avec un habitacle transformé en baignoire. Les ravitaillements s'organisent à partir du 26$^e$ tour, Redman succède à Ickx sans changement notoire. Au 36$^e$ tour Neerpasch, coéquipier d'Elford sort de la piste à Masta. Le pilote allemand, est transporté à l'hôpital de Verviers, avec une commotion cérébrale et plusieurs fractures. Puis Willy Mairesse dans la 45$^e$ boucle, effectue une de ses nombreuses sorties de route, qui émaillent toute sa carrière. La voiture, est détruite à Blanchimont et le Belge, s'en tire avec un bras cassé.

Plus rien ne change, Ickx-Redman, l'emportent avec un tour d'avance sur Mitter-Schlesser et deux sur Hermann-Stommelen. La Ford Gulf d'Hawkins-Hobbs, 4$^e$ à 4 tours, fut pénalisée par des problèmes d'essuie-glace et de freins, pendant une grande partie de l'épreuve. À 3 courses de la fin du championnat, Ford doit absolument empêcher Porsche de remporter de nouvelles épreuves pour s'assurer le titre.

La compétition repasse par les États-Unis, le 14 juillet, pour les 6 Heures de Watkins-Glenn sur un circuit court de 3km800, plus adapté à l'accueil des F1, qu'à celui des Sport Prototype. Howmet, « l'intermittent du spectacle » est de retour avec deux TX, pour Heppenstall-Thompson et Dibley-Tullius.

Porsche, fait un effort particulier, en présentant quatre 908 d'usine opposées à trois Ford GT 40, dont les deux Gulf de John Wyer Automobile.

Le plateau est faible en qualité et quantité, avec seulement 28 voitures au départ. Alignées à deux par ligne, La Porsche de Siffert en 1'10"2, fait 6/10 de mieux que la Ford d'Ickx. Derrière, nous retrouvons les deux 908 de Scooter Patrick et d'Hermann, la 4$^e$ Porsche de Follmer partage la 3$^e$ ligne avec la Lola T70 de Bonnier. Enfin en 4$^e$ ligne se présente la deuxième Ford Gulf d'Hawkins, devant la Howmet de Thompson.

La chaleur pesante fait fuir les New-yorkais, plus amateurs de « courses à l'américaine ». Dans un départ lancé derrière « pace car », Jo Siffert s'empare de la tête devant Jacky Ickx et Scooter Patrick. L'avantage de Porsche est gommé en moins de 15', Ickx passe en tête au 13$^e$ tour. Georges Follmer, renonce peu après à la suite d'un surrégime moteur.

Fin de la première heure Siffert déborde Ickx, en établissant un nouveau record du tour (1'11"8), mais Jacky réagit rapidement. Puis peu avant la deuxième heure, la Porsche de Siffert s'arrête avec un roulement de roue grippé, la réparation coûte 21'. Scooter Patrick, le mieux « placé des porschistes », passe également par les stands victime de la chaleur et de déshydratation. Attwood qui lui succède au volant quitte la piste, et son bouchon de carter est arraché. 15' sont passées au stand pour colmater la brèche, puis c'est un roulement qui met fin à sa course.

Les deux Ford Gulf de Ickx-Bianchi et d'Hawkins-Hobbs, mènent la danse. La Howmet de Heppstall-Thompson occupe la 3$^e$ place, devant la Lola de Bonnier-Parsons 4$^e$. Seul changement significatif dans la deuxième partie de la course, la Lola retardée par un problème de boîte, va terminer finalement à la 10$^e$ place. « La paire de Gulf » finit dans le même tour, la Howmet conserve sa troisième place à 19 tours, devant un duo de Porsche 906 2 litres, qui sauvent l'honneur de Stuttgart.

La 9$^e$ épreuve, dite d'endurance tient un peu de la farce. D'abord parce qu'elle se dispute sur 500 km, ensuite le circuit de Zelweg, conçu sur un ancien aérodrome long de 3 km200, ne présente aucun intérêt.

Les deux longues lignes droites, sont simplement entrecoupées, d'une courbe rapide et de deux virages en épingle à cheveux. Qualifiée par la CIS pour le championnat, de « G.P d'Autriche », un certain nombre de concurrents, ne court même pas en équipage compte tenu de la longueur insuffisante de la course. Difficile de parler de préparation à 24 heures, d'une course dont la durée ne dépasse pas 3 heures. John Wyer, dont l'objectif reste la course mancelle, plus que le championnat, ne s'y trompe pas et reste à la maison. Résultat, 19 voitures se présentent aux essais. En l'absence de Gulf, Paul Hawkins sera seul présent au volant de sa GT40 personnelle. Peu de contradiction pour les 4 Porsche 908 d'usine, dont trois font les meilleurs temps des essais, si ce n'est l'Alpine A 220 de Mauro Bianchi 4ᵉ temps, devant la Lola T70 de Jo Bonnier.

En ce dimanche 25 août, le temps est incertain, néanmoins la pluie ne va pas s'inviter. Une fois n'est pas coutume l'Alpine de Bianchi, se positionne devant au baisser du drapeau. Joie de courte durée pour le camp Français, à la fin de la première boucle trois Porsche sont devant, avec dans l'ordre Vic Elford, Hans Herrmann et Jo Siffert, pendant que Jo Bonnier mène la chasse. Les Porsche n'ont visiblement pas de consigne de course, Elford et Siffert par deux fois, battent le record du tour (1'04"82). A la fin du 5ᵉ tour, le Suisse s'installe en tête, pour ne plus la quitter jusqu'au drapeau à damiers.

Vic Elford son adversaire le plus direct, est retardé dès le 9ᵉ passage, par un problème d'alimentation. Neerpash-Lins (Porsche) subissent le même sort. Derrière les deux 908 de Siffert et Herrmann, la Lola de Bonnier et l'Alpine de Bianchi, sont en concurrence pour la 3ᵉ place. La voiture bleue se retire au 27ᵉ tour, sur une rupture de canalisation d'huile due aux vibrations de son moteur.

Au tiers de la course Siffert possède 10"d'avance sur Herrmann, suivent la Lola de Bonnier et la GT40 d'Hawkins, tous les autres sont à un tour et plus. Bonnier perd sa 3ᵉ place avant la mi-course, à la suite d'une fuite au réservoir d'essence de la Lola. Plus rien ne bouge, Siffert l'emporte avec 13" d'avance sur l'autre 908 d'Herrmann-Ahrens, Hawkins sur sa GT40 finit 3ᵉ à 5 tours.

En voulant proposer 10 épreuves pour faire parité à la F1, la FIA et sa commission sportive se sont fourvoyées. Des épreuves comme celles de Daytona ou Zelweg, n'avaient pas leur place dans le calendrier. Un Championnat Sport prototype terne, qui succède à une saison 1967 d'exception, il ne reste plus que les 24 heures du Mans pour redorer le blason de l'endurance.

Chacun s'interroge, suite aux grèves du printemps, la date inédite du 28 et 29 septembre 1968, va elle modifier la donne ? Première énigme les concurrents, vont devoir courir 12 heures dans la nuit, au lieu des 7 traditionnelles du mois de juin. L'ombre de Ferrari plane, pour une couronne mondiale qui se joue entre Ford et Porsche. Stuttgart la désire plus que Dearborn, qui ne vit plus que la course par procuration à Slough, faute de troisième larron, malheur au vaincu ! Une victoire aux 24 heures du Mans, en la circonstance, compenserait largement un titre de champion du monde d'endurance.

## Chapitre 22

# L'ÉPILOGUE DE L'AGE D'OR

Par précaution, l'ACO va avancer d'une heure le départ de cette 36e édition. La plupart des pilotes, découvrent le nouveau tracé, inauguré lors des essais préliminaires d'Avril. « La chicane Ford » mise en place en amont des tribunes, permet de réduire la vitesse devant les stands.

La plupart des grands acteurs de la saison répondent présent, seul regret Alan Mann n'engage pas sa Ford P68, dont on attendait monts et merveilles dans les Hunaudières. Pour parler de la mythique ligne droite, Porsche, a choisi pour ses quatre 908, des « longues queues » à capot arrière retravaillé avec aileron et volets aérodynamiques commandés par le débattement des suspensions. Conséquence, les voitures sont alourdies de 25 à 30kg. Trois 907 de 2,2 litres, d'écuries privées sont en soutien mais sans ces modifications. Deux Howmet sont aussi de la partie avec une lunette de custom modifiée, pour répondre aux exigences de l'ACO. Côté français, Alpine se mobilise pour présenter quatre A 220, alors que Matra se contente d'une seule 630B confiée à l'attelage Pescarolo-Servoz Gavin.

Les Sport 5 litres tournent autour des GT 40 et des T70, pour concurrencer les protos de 3 litres. Les Ford sont au nombre de cinq. Une de l'écurie Francorchamps pour Mairesse-Dubois, une privée pour Salmon-Liddell, toutes deux équipées d'un 4,7 litres (289) et trois pour J.W Engineering, qui bénéficient de la toute dernière version d'un 4,9 litres doté d'un nouveau vilebrequin, pour 420 chevaux. Les deux Lola peuvent-elles jouer un rôle ? Au niveau de la puissance avec 450 chevaux certainement, au niveau de la fiabilité c'est autre chose. Ne pas oublier les quatre Ferrari 250 LM, un peu vieillottes certes, mais rafraîchies pour deux d'entre elles, avec des passages de roues élargis, et équipées de jantes Campagnolo en alliage.

Les deux séances officielles d'essais, sont programmées le mercredi et le jeudi. Lors de la première séance Servoz Gavin crée la surprise en réalisant le 2ᵉ temps de la journée (3'41'''8) derrière l'intouchable Siffert. La Matra ne pourra améliorer sa performance le lendemain, les Porsche cumulant les trois meilleurs temps, Jo Siffert abaissant le sien à 3'35''8. John Wyer, privé de Jacky Ickx qui s'est cassé la jambe aux G.P du Canada, a engagé Pedro Rodriguez qui fait équipe avec Lucien Bianchi. La Ford décroche le 4ᵉ temps en 3'39''8, devant l'autre Gulf d'Hawkins-Hobbs et la Matra 6ᵉ. La meilleure Alpine de Mauro Bianchi-Depailler pointe 9ᵉ, alors que l'Howmet de Thompson, n'est que 20ᵉ.

Le samedi à 15 heures, Giovanni Agnelli, patron de la FIAT abaisse le drapeau tricolore. Toutes les montures sont chaussées en pneus pluie, pour faire face au crachin. Les quatre Porsche 908 filent devant suivies de l'Alpine de M. Bianchi, de la GT40 de Mairesse et de l'Alfa de Vaccarella. Servoz 5ᵉ, recule rapidement avec un problème d'essuie-glace. Willy Mairesse, toujours aussi imprévisible, ne s'est pas sanglé et a mal fermé sa portière. En voulant la refermer à l'entrée de Mulsanne, il perd le contrôle de la Ford, qui se disloque dans les arbres. Willy souffre de blessures physiques superficielles, mais ses séquelles mentales vont être plus que profondes. Comme pour un boxeur trop souvent K.O, c'est le combat de trop. Il met fin à ses jours à 40 ans, le 2 septembre 1969, seul chez lui à Ostende.

Au 3$^e$ tour, Siffert mène le train des Porche alors que la piste sèche, les 3 Ford Gulf sont groupées derrière les quatre 908. La Matra tombée à la dernière place après son passage par les stands, pointe 24$^e$ au 6$^e$ passage. Au 13$^e$ tour, Brian Muir ensable La Ford Gulf N°11 à Mulsanne. Après 3 heures d'effort il parvient à la dégager. L'embrayage trop sollicité par des démarrages infructueux, précipite son abandon à 20 heures.

Après une heure de course, Siffert-Hermann mène avec 19" d'avance sur Mitter-Elford, 34"sur Stommelen-Neerpasch et 2'9"sur Buzzetta Patrick. L'Alpine de Guichet-Jabouille 5$^e$, rend déjà un tour. Après la sortie de Muir, les Ford Gulf jouent la prudence. Rodriguez passe en 10$^e$ position et Hawkins en 17$^e$. Le bal des ravitaillements donne des indications sur la consommation. Les GT 40, couvrent 300 km pendant que les Porsche en font 340 et les Alpine 380. La Matra, « joue les piliers de bar » en s'arrêtant toutes les 50', pour couvrir 220 km environ.

18 heures, alors que le jour commence à décliner sous un ciel couvert, Siffert-Hermann sont toujours leaders, après avoir couvert 46 tours. Buzetta-Patrick occupent la 2$^e$ place, devant les Ford-Gulf de Rodriguez-L.Bianchi 3$^e$ et d'Hawkins-Hobbs 4$^e$. Les « bleus » se défendent bien, l'Alpine de M.Bianchi-Depailler est 6$^e$, juste devant la Matra 7$^e$. Puis viennent les premiers abandons sérieux, la Lola d'Axelsson, tombe en panne d'essence. Puis Siffert-Hermann qui avaient deux tours d'avance, cèdent dans un premier temps la première place, avant de tomber en panne de transmission, à 18h50 à Mulsanne. Mitter-Elford, prennent le relais devant Buzetta-Patrick. Néanmoins les deux 908 prolongent leurs ravitaillements, les moteurs chauffent et les alternateurs donnent des signes de faiblesse.

20 heures, Hawkins-Hobbs prennent le commandement, devant L.Bianchi-Rodriguez, les 908 sont encore 3$^e$ et 4$^e$ à un tour, mais pour peu de temps. Servoz-Pescarolo 5$^e$ à 2 tours font une course formidable devant l'Alpine de M.Bianchi-Depailler 6$^e$. L'A220 de Grandsire, jamais dans le coup depuis le départ, sort de la route à Mulsanne. Les Howmet sont aussi hors-jeu, l'une sur sortie de route, l'autre pour un roulement.

À 21 heures, suite aux ravitaillements, la Porsche de Buzetta prend brièvement la tête avec 5" d'avance sur la Ford de Rodriguez. Celle d'Hawkins-Hobbs reste clouée au stand depuis 15', avec un problème d'embrayage. Une heure plus tard, Mitter-Elford ont abandonné et Buzzetta-Patrick suivent le même chemin, les deux pour panne d'alternateur. Au tiers de la distance, la Ford de Bianchi-Rodriguez, mène devant la Matra à 3 tours, la Porsche 907 de Spoery-Steinemann à 4 tours et l'autre 907 de Soler Roig-Lins 4$^e$ à 5 tours.

La bruine du départ se transforme en pluie torrentielle vers une heure du matin. Les voitures passent toutes par les stands pour changer de pneumatiques. La Matra a toujours des soucis d'essuie-glace Johnny Servoz, repasse le volant à Henri Pescarolo, qui fend la nuit sans se poser de question. 3 heures, nous atteignons la mi-course, Soler Roig-Lins, abandonne sur rupture de soupapes. La Ford Gulf mène avec 4 tours d'avance sur la Matra, l'Alfa de Giunti-Galli, tient la 3$^e$ place à 7 tours, talonnée par la 908 de Stommelen-Neerpasch et la 907 de Spoery-Steinemann. L'Alpine de Bianchi-Depailler, passe 6$^e$ à 8 tours.

8 heures du matin, la pluie a cessé, l'Alfa sur le mouillé a repris la 2$^e$ place à la Matra qui est à 20"de l'italienne. Les deux voitures, sont à 6 tours de la Ford de tête. La dernière 908, retardée par un problème de ventilateur, s'est fait souffler la 3$^e$ place par la 907 des Suisses qui tournent à 7 tours. L'Alpine conserve sa 6$^e$ place, mais avec 14 tours de retard. Servoz donne du spectacle, en choisissant de doubler l'Alfa devant les tribunes, le public en liesse se lève d'un seul homme.

Vers 10 heures du matin, la meilleure des Alpine passe par son stand, avec un disque de frein fendu et des problèmes d'embrayage. Au moment de repartir, il faut changer le démarreur, 30' de perdu. Mauro Bianchi s'élance le couteau entre les dents, mais oublie de pomper, pour roder les plaquettes en arrivant au Tertre Rouge. L'A220, percute les fascines et réservoir percé, s'embrase instantanément. Mauro, parvient à se dégager au bout d'une centaine de secondes, avec des brûlures très sérieuses à la face et aux mains.

12h20, un pneu de la Matra éclate dans les Hunaudières, les débris de gomme arrachent l'aile arrière droite et provoquent un court-circuit de la batterie. L'annonce de l'abandon de la voiture bleue, provoque un « ho » de déception au milieu du public, la 2$^e$ place semblait promise à Johnny et Henri. 15 heures, la Ford GT 40 de Rodriguez-L.Bianchi passe la ligne d'arrivée sans être inquiétée, devant la surprenante 907 des suisses Spoery-Steineman à 5 tours, et la 908 d'usine de Neerpasch-Stommelen 3$^e$ à 6 tours. Suivent derrière, trois Alfa Roméo, devant la 250 LM de Piper-Attwood 6$^e$ et la première Alpine de De Cortanze-Vinatier 7$^e$.

1969, fin des « sixteen », fin d'une période que l'on aimerait prolonger par une explication Ford Wyer, Porsche et Ferrari pour assaisonner la sauce. La compétition s'éloigne de plus en plus de la Shelby Company, qui va fermer définitivement son département course en 1971. Les départs s'enchaînent. Les mécanos Ron Butler, Steele Therkleson, Dennis Ercek, le spécialiste en peinture, et Carroll Smith le directeur d'équipe, qui va faire un passage comme consultant … chez Ferrari, dans les années 70, avant de se lancer dans l'écriture. « Prépare to win » (*préparation à la victoire*), va connaître un grand succès. Carroll Shelby revend ses parts de l'All American Cars à Dan Gurney fin 1970. Phil Remington, retrouve sans problème de l'embauche chez Dan en 1971, pour préparer les Eagle en Indy Cars. Al Dowd par contre, s'associe avec Carroll en 1972, pour fonder la Shelby Dowd Industries, spécialisée dans les roues de motos en alliage léger. En 1990, Al se retire à 65 ans sur son yacht, qui mouille dans le port de Friday Harbor.

1990, c'est aussi l'année, où Carroll subit une transplantation cardiaque à 67 ans. Puis, lassé de toutes les pseudo-copies d'AC Cobra qui traînent sur le marché, il remonte un atelier à Las Vegas en 1995, pour refaire des Cobra 289 ou 427, à l'identique, en aluminium et des modèles modernisés en fibre de verre et carbone. Des versions new-look, des Mustang GT 350 et GT 500, vont suivre. En 1996, il subit une nouvelle transplantation de rein cette fois, avec son fils Michael pour donneur. Carroll s'éteint le 10 mai 2012, à 89 ans dans son Texas natal à Dallas.

À Maranello, Franco Lippi ne sera resté qu'un an comme directeur sportif. Franco Gozzi lui succède depuis une saison. Gozzi, 36 ans est un proche de l'Ingegnere, il fait partie des murs de la scuderia depuis 1960 en qualité d'attaché de presse, chargé des relations extérieures. Enzo à 71 ans, sent bien un changement d'époque. Fini le temps des artisans, place à celui des industriels. Déjà actionnaire, la FIAT devient propriétaire de Ferrari. L'accord, se conclut entre Gianni Agnelli et le Commendatore le 21 juin 1969. Les deux hommes tombent d'accord sur la somme de 11 millions de dollars, Ferrari gardant le contrôle du département compétition. Enzo pense à sa succession, et intègre discrètement son fils illégitime Piero Lardi, 25 ans, à l'usine. La discrétion est de rigueur, dans la mesure où Laura Ferrari « persécute le bâtard », au quatre coins de l'usine. Piero, épouse Floriana Nalin, qui lui donne Antonella pour descendance. Laura décède en 1978 à 80 ans après 55 ans de vie commune et mouvementée avec Enzo.

Il peut commencer une nouvelle vie, en y intégrant toute sa seconde famille. Lardi, devenu Piero Lardi Ferrari, prend la direction générale de l'entreprise. Enzo, garde parfois ses vieux réflexes tyranniques et un conflit voit le jour au début des années 80, sur le choix des ingénieurs et des techniciens en F1 par Piero. Le vieil homme décline, des problèmes rénaux douloureux, perturbent sa fin de vie. Le 14 août 1988, il part dans un dernier sommeil, à Modène où tout avait commencé 90 ans plus tôt.

Comme tous les ans les 24 heures de Daytona, ne sont que le prolongement de l'année précédente. Les 1$^{er}$ et 2 février 1969 n'échappent pas à la règle. La Scuderia n'est pas encore prête pour son retour et Porsche peaufine sa nouvelle 917, qui va être dévoilée le 12 mars, au salon de Genève. La firme de Stuttgart, profite d'un abaissement du nombre de véhicules obligatoire en catégorie Sport, qui passe de 50 à 25, pour monter en puissance dans le Groupe 4 de 5 litres. La nouvelle menace, risque de faire prendre un coup de vieux, aux Ford GT40 et autre Lola T70.

Nous allons donc vers le refrain bien connu, un duel entre les Porsche 908 et les Ford Gulf, qui peut encore croire, dans un arbitrage des Lola ? Pas beaucoup d'évolution non plus dans les équipages. Chez JW, Ickx est associé à Oliver, Hobbs à Hailwood. Attwood par contre passe chez Porsche avec Buzzetta comme équipier. Siffert-Hermann et Elford-Redman, sont bien sûr en tête d'affiche. Les essais, démontrent que les Porsche, ont désormais dépassé les Ford en vitesse pure. Les quatre 908, réalisent, la pôle pour Elford et les 3$^e$ (Siffert), 4$^e$ (Stommelen) et 6$^e$ temps (Attwood). Les Ford 8$^e$ et 9$^e$ temps, se font même griller la politesse par les Lola Penske de Donohue-Parsons (2$^e$) et la « suédoise » de Bonnier-Norinder (5$^e$).

La première heure de course, confirme la tendance Elford mène devant quatre autres 908. Ickx occupe la 6$^e$, pendant que les Lola en consommation excessive s'arrêtent toutes les 40'. Dans la 2$^e$ heure, Siffert-Hermann et Elford-Redman ont un tour d'avance sur les 3 autres Porche, et deux sur Donohue-Parsons, qui précèdent les deux Ford Gulf. Puis « la sorcière aux dents vertes », jette un sort sur la firme de Stuttgart. Schütz-Mitter sont ralentis par des problèmes de pneumatiques, Redman s'asphyxie par les gaz provoqués par la rupture de son collecteur d'échappement. Le même phénomène, se produit sur la 908 de Kurt Ahrens, et Mitter qui perd connaissance, puis doit être transporté à l'hôpital sous oxygène.

À minuit et demi, Attwood, abandonne sur rupture d'arbre à cames. Nous approchons de la mi-course, la Porsche de tête d'Elford-Redman, casse son moteur, puis 15' plus tard, celle qui lui succède de Siffert-Hermann, casse son arbre à cames. Résultat, la Ford d'Hobbs-Hailwood, mène avec un tour d'avance sur celle d'Ickx-Oliver. La course semble pliée, la Lola de Patrick-Jordan 3$^e$, navigue à 22 tours et celle Donohue-Parsons 4$^e$ à 37 tours. Les Ford par prudence lèvent le pied, néanmoins alors que l'aube pointe à l'horizon, Hailwood rentre au stand, avec une vapeur d'eau qui s'échappe du moteur. Le joint de culasse est touché, il va repartir, mais pour peu de temps.

Ça chauffe aussi dans la GT 40 d'Ickx-Oliver, qui stoppe définitivement à 7 h30, suspension cassée, provoquant sortie de route et début d'incendie. Incroyable, la Lola de Donohue-Parsons, qui a perdu 40 tours la veille en début de soirée, se retrouve en tête et ne va plus la quitter. À 4 heures de l'arrivée la Pontiac Firebird de Titus-Ward, une Trans-Am se positionne 2$^e$. Le duo américain, va devoir céder cette place à la Lola de Motschenbacher-Leslie en fin de course, mais le podium reste un exploit.

Après ce scénario inattendu, avec le retour de la Scuderia le 22 mars pour les 12 heures de Sebring, nous entrons de plain-pied dans la saison. Ferrari, aligne un spider 3 litres 312 P, dérivé étroitement du modèle Can-Am 612 P, en plus petit. Le rapport poids/puissance, 680 kg pour 420 ch. ne manque pas d'intérêt, tout comme l'équipage constitué d'Amon et de Mario Andretti. Les deux Ford Wyer, ont coiffé de nouvelles culasses Gurney-Eagle, portant la puissance à 440 ch. Chez Porsche, si la 917 n'est pas encore prête, la firme présente néanmoins 5 nouvelles 908 « barquettes », destinées à remplacer la version fermée. Le poids s'en trouve réduit de 50kg (630kg pour 360 chevaux).

La Ferrari démontre tout son potentiel d'entrée, en décrochant la pôle position (2'40"1). La Lola Chevrolet de Donohue-Buckum lui rend 8/10 et la meilleure des Porsche de Mitter-Schütz 3$^e$, y laisse 1"6. Les Ford GT40 avec les 12 et 13$^e$ temps, à plus de 7", ont définitivement renoncé à la carte de la vitesse, pour jouer celle de l'endurance.

11 heures, règne sur la Floride une douceur printanière et, une fois n'est pas coutume, le starter fait un faux départ. Les pilotes, s'élancent donc une seconde fois en courant vers leurs machines. Sans doute perturbé, Chris Amon loupe son lancement et la Ferrari ne pointe que 8$^e$, à la fin de la première boucle. La Porsche de Siffert entraîne celles Mitter, Elford, et Herrmann. La Lola de Donohue passe 5$^e$ et la Ford d'Hobbs 10$^e$. Après 5 tours, Siffert et Elford sont roues dans roues, puis à 20", nous avons, dans l'ordre, Donohue, Herrmann et Amon. Au passage suivant Vic Elford, bat le record du tour (2'43"19).

Le premier abandon sérieux, celui de la Lola de Scooter Patrick, se produit après 30', pour surchauffe moteur. Les Alfa, ne sont pas à la fête. La T33 de Nani Galli a perdu une roue au 2$^e$ tour, celle de De Adamich 6$^e$, abandonne en même temps que la Lola et celle Bianchi 7$^e$, deux tours plus tard, toujours pour des problèmes de surchauffe.

Après une heure de course, les positions sont les suivantes : Siffert-Redman, puis à 12"Elford-Attwood, Mitter-Schütz à 18"et Amon-Andretti 4$^e$ à 55", talonnés par la Lola de Donohue-Bucknum. Les Ford sont 8 et 9$^e$ à un tour. Elford, s'arrête peu après, la carrosserie plastique du spider se déforme et craque. Il perd 40' pour réparer. Puis, vient l'heure du premier ravitaillement après 29 passages. La Lola Penske de Donohue, en profite pour prendre la tête pendant 10 tours. La Ferrari, occupe alors la 2$^e$ place devant les Porsche. La GT 40 d'Hobbs-Hailwood, rentre au stand après 3 heures de course. Elle passe 30' au paddock avant de repartir et d'abandonner, suspension cassée.

Après les collecteurs d'échappement à Daytona, un « nouveau virus » frappe les Porsche, avec les carrosseries qui se déchirent. Redman-Siffert, qui avaient repris les commandes, perdent 8' et doivent laisser passer la Lola du « team Penske » et la Ferrari. Donohue-Bucknum profitent peu de leur avantage, et perdent la tête au 74$^e$ tour, avec un problème de boîte. Il faut remonter deux ans en arrière, pour voir une Ferrari en tête en endurance. Le plaisir dure 20 tours, devant la Porsche de Mitter-Schutz. La Lola de « Baby Face » 3$^e$, renonce dans la 96$^e$ boucle, pendant le 2$^e$ ravitaillement, un tube du châssis soutenant la suspension a cédé.

À mi-course, la situation devient : Mitter-Schutz, mène devant la Ferrari dans le même tour, sont 3$^e$ et 4$^e$, les Porsche Stommelen-Buzzetta et Siffert-Redman à 4 tours, Ickx-Oliver passent 5$^e$ à 5tours. Schutz, qui vient de relayer Mitter, est retardé par un problème de suspension. Amon-Andretti, sont ainsi confortablement installés au commandement. Dans l'heure suivante, un incident peu banal frappe la Ferrari. Une Chevron perd son capot moteur et des morceaux de plastique viennent obstruer, le radiateur de la 312P.

Le moteur d'Amon chauffe. Après avoir dégagé les morceaux et refait un appoint d'eau, Chris repart avec une minute de retard sur la 908 de Mitter-Schutz. Un début d'incendie, vite maîtrisé au ravitaillement, retarde un peu plus la Ferrari, qui tombe à la 3$^e$ place. La GT40, 4$^e$ à 4 tours, sort de la route accélérateur bloqué. Il faut rafistoler la carrosserie et changer le capot avant, Jacky Ickx, reprend la piste avec 7 t. de retard.

La meilleure des deux 908, prolonge son ravitaillement, du coup Stommelen-Buzzetta deviennent leader devant la Ferrari. À 19h30, la Porsche de tête casse son châssis, et repart attardée. Il reste 3 heures de course, La Ferrari, possède 3 tours d'avance sur la Ford GT40 et 6 sur la Lola de Motschenbacher-Leslie, classée 3$^e$. L'avance d'Amon-Andretti, fond rapidement, le moteur a perdu de sa puissance et le radiateur manque d'étanchéité. À 20' de la fin Ickx occupe les commandes avec 2' d'avance sur la Ferrari, quand il est obligé de repasser par les stands pour une crevaison. La 312P est exsangue et se contente de conserver la seconde place. Stommelen-Buzzetta, finissent 3$^e$ à 4 tours, alors que la Lola tombe à la 6$^e$ place.

Depuis 3 ans, les 6 heures de Brands Hatch, font la transition entre les épreuves américaines et la saison européenne. En dehors de l'épreuve mancelle, ce sont des courses limitées à 1000 km, avec de la stratégie et des qualités différentes, où la vitesse prend le pas sur l'endurance. John Wyer ne s'y trompe pas, et fait débuter au côté de la GT40 d'Hobbs-Hailwood, la Mirage M2 avec un V12 BRM, entrevu l'an dernier en essais, pour Ickx-Oliver. Alan Mann, fait son retour avec sa Ford P68 et une P69, version ouverte de la précédente, équipée de deux ailes géantes haubanées, façon Chaparral. Chris Amon, fait équipe cette fois avec Rodriguez sur la Ferrari 312P, aux côtés de sept Lola T70 privées. Après ses échecs de Daytona et Sebring, Porsche persiste avec quatre 908 spider, dont les coques et les systèmes d'attaches au châssis, ont été renforcés. La Ferrari marque de son empreinte le début des essais. Elle se fait néanmoins souffler la pôle, dans la deuxième séance, par la Porsche de Siffert, Jo Bonnier (Lola Chevrolet), complète la première ligne. Peu convaincante, la Ford P69, déclare forfait pour la course.

« Deutschland Uber Ales » en ce 13 avril, les Porsche 908 s'offrent un triplé à l'arrivée. La Ferrari, n'a tenu tête qu'un court instant. Trop gourmande en carburant, elle doit se contenter de la 4e place à 4 tours. John Wyer, ne doit son salut qu'à « la vieille GT 40 », 5e à 20 tours. La Mirage BRM est visiblement « mal née » et n'a jamais rien démontré.

John Wyer l'a bien compris, il ne l'engage pas à Monza pour les 1000 km du 25 avril. En terre italienne, Porsche continue sur sa lancée, en présence d'Enzo Ferrari. Le Commendatore, peut admirer la 312P d'Amon en pôle, mais la course est un autre jour. Trois « déchapages » dans l'épreuve, condamnent ses deux prototypes et au final, trois Porsche, figurent devant la GT 40 du German Racing de Joest-Kellenaers.

La Targa Florio du 4 mai généralement favorable à la firme allemande, n'échappe pas à la règle. Porsche revient de Sicile, avec un quintuplé des 908 spider. Stuttgart enfile les victoires comme d'autres enfilent des perles. Le grand public, découvre sa nouvelle 917, pour les 1000 km de Spa du 11 mai. La voiture, se veut proche du coupé 908, mais équipée d'un moteur 12 cylindres à plat de 4,5 litres, pour un poids de 900kg et une puissance de 520 ch. La 917 s'empare de la pôle (3'41"9), mais le staff technique l'estimant insuffisamment préparée, l'écarte pour la course. Porsche, préfère compter sur ses trois 908 « longue queue ». La meilleure d'entre elles, de Siffert-Redman, part en première ligue avec le 3e temps (3'48"6). John Wyer, effectue un come-back avec deux Mirage M2 BRM, celle de Jacky Ickx, fait le 2e Chrono (3'46"6). La Ferrari 312P part en 2e ligne, au côté de la Lola de Bonnier, mais à la surprise générale, la Lola Chevy d'Hawkins à le dernier mot (3'42"5).

Si l'opposition, semble faire de la résistance aux essais, Porsche garde le monopole de la course. Hawkins, cède la tête à la 908 de Siffert dès le 3e passage et celui-ci ne va plus la quitter avec son compère Redman jusqu'au drapeau à damiers. La Ferrari de Rodriguez-Piper, offre une belle opposition en terminant 2e à 3'32", puis derrière 3e et 4e deux autres 908. Les Mirage, montrent encore une fois leurs limites, Ickx a abandonné, la seconde d'Hobbs-Hailwood, finit 7e à 6 tours.

La Mirage « n'est qu'une illusion », John Wyer tente de remplacer le V12 BRM en adaptant le châssis, pour recevoir le V8 Ford Cosworth. Un essai grandeur nature se fait pour les 1000 km du Nürburgring du 1er juin. Il en faut un peu plus pour inquiéter Porsche, qui va prendre les 5 premières places avec sa tête la 908 spider de Siffert-Redman. La Ferrari 312 P d'Amon-Rodriguez, résiste jusqu'à la mi-course, avant de se retirer sur bris de suspension. Porsche, devient pour la première fois Champion du Monde d'endurance, il ne lui reste plus qu'à vaincre aux 24 heures du Mans, seule épreuve qui manque encore à son palmarès.

Pour y parvenir Stuttgart fait feu de tout bois ! L'usine met à la disposition de ses pilotes trois 917, dont deux à version longue (*Piper-Gardner, ont ouvert le palmarès du modèle, par une 8e place au Ring*) et trois 908 longues. Un spider 908 est engagé par l'écurie suisse « Hart Ski Racing », sans oublier trois 910 privées et six 911 G.T, pour un total de 16 machines ! Impressionnant par rapport au retour timide de la Scuderia. Après les débuts satisfaisants de sa 312 P spider en début de saison, Ferrari présente une version fermée pour Amon-Schetty et Rodriguez-Piper. L'appui du NART, est des plus raisonnable, avec une Dino, une 250 LM, et une Ferrari Daytona pour une lutte en G.T.

Reste Ford, pour un ultime combat avec les GT 40. Elles sont cinq au départ. Alan Mann ne persiste pas avec ses P68/P69 et revient à la « base » avec Gardner-Guthrie. John Wyer est absent et confie la direction de ses deux GT40 à David York. Lui aussi a compris qu'il était inutile d'engager les Mirage. Avec Ickx-Oliver et Hobbs-Haillwood, les équipages ne manquent pas d'allure. Peter Sadler engage sa propre GT40 qu'il partage avec Paul Vesley. Le German Racing, présente quelques garanties, avec une voiture qui a fini 4e à Monza et 6e au Nürburgring, confiée à un équipage bien rodé, Joest-Kelleners.

Le renouveau français va-t-il se concrétiser ? Pour une victoire peut-être pas, mais pour une place pourquoi pas ! Quatre Alpine A220 version 69, avec radiateur déplacé des flancs et quatre Matra 630/650, (*trois spiders et un coupé*), sont là pour apporter la contradiction.

Depuis les essais d'avril, l'ACO a renforcé la sécurité dans les Hunaudières, par une double rangée de glissières. Le 16 avril Henri Pescarolo, avec le nouveau proto Matra 640, en manque de stabilité, décolle et finit sa course dans un arbre, après avoir coupé un poteau télégraphique. Le système de rail de sécurité mis en place, doit réduire ce type de risque.

Le mercredi et le jeudi, sont consacrés aux essais. Sans surprise, les Porsche 917 longues, avec des pointes à plus de 360 km/h dans les Hunaudières, réalisent les deux meilleurs temps, 3'22"9 pour Stommelen et 3'25"1 pour Elford. Derrière figurent le spider 908 de Siffert (3'29"9) et le coupé 908 de Lins (3'32"6). Les deux Ferrari de Rodriguez et Amon sont 5 et 7e avec la 908 d'Herrmann intercalée au 6e rang. Puis l'unique Lola T70 de Bonnier-Gregory avec le 10e chrono fait bonne figure devant les deux Matra de Servoz et de Beltoise. Avec le 13e temps à plus de 14"de la pole, la première Ford GT 40 d'Ickx, passe presque pour une 2 CV !

Le Samedi 14 juin 1969, le départ est avancé à 14 heures, en raison du 2e tour de l'élection, présidentielle du lendemain. Moment historique, il s'agit du dernier départ type « Le Mans ». Pour des raisons de sécurité, la procédure a vécu, un certain nombre de pilotes ne bouclant pas leurs ceintures de sécurité au départ. Si la décision n'est pas encore prise, pour protester, Jacky Ickx, comme il l'a déjà fait à Sebring cette année, traverse la piste en marchant. Jacky, atteint à peine la poignée de sa portière, que déjà Stommelen engage la première. Il est suivi par la 917 d'Elford et le spider 908 de Jo Siffert. Le premier tour n'est pas encore bouclé que John Woolfe, alors 12e, sur la 917 « queue courte » qu'il a engagé à ses frais, empiète sur l'herbe à Maison Blanche. La voiture devenu incontrôlable, heurte de plein fouet les fascines et se disloque en s'embrasant réservoir plein. Le pilote, qui n'a pas pris soin de mettre sa ceinture est éjecté et tué sur le coup. John Woolfe « gentleman driver » de 37 ans, a épousé le 18 décembre dernier, Jane Burton, héritière de la fameuse griffe de vêtement londonien.

Sans être véritablement inexpérimenté Woolfe, découvrait le Mans, après avoir couru depuis 1957, sur Lola, Jaguar type E, où AC Cobra. Chris Amon, heurte le réservoir de la Porsche retombé sur la piste, mais fort heureusement, réussit à sortir de sa Ferrari en flammes. Deux voitures faisant partie des favorites éliminées d'entrée, la ronde continue. Stommelen toujours en tête, passe dans un épais écran de fumée noire à la hauteur de Maison Blanche. Dès le 3$^e$ tour il double le premier attardé et après 15' de course, cinq Porsche précèdent la Lola de Bonnier classée 6$^e$, devant la Porsche de Lins et les Matra de Servoz et de Galli.

Au début de la 2$^e$ heure, les leaders Stommelen-Ahrens s'arrêtent une première fois pour des problèmes de pneumatiques et une seconde pour une fuite au carter. 16 heures, le classement est le suivant : 1$^{er}$ le Spider 908 de Siffert-Redman, devant la 917 d'Elford-Attwood et la 908 d'Herrmann-Larousse. Puis deux autres 908 précèdent les Matra de Servoz-Müller et Beltoise-Courage, classées 6$^e$ et 7$^e$. Une heure plus tard, la Matra de Müller perd 15' pour changement d'un porte fusée de même que la Porsche de tête qui s'octroie 15' de retard, pour colmater une fuite d'huile à la boîte.

18 heures, la 917 d'Elford-Attwood, entraîne les deux 908 de Mitter-Schütz et d'Herrmann-Larousse. La première Matra de Beltoise-Courage, se tient 4$^e$ et la seconde de Galli-Windows 6$^e$. Les deux GT 40 JW, ne peuvent jouer que la carte de la régularité et pointent 7 et 8$^e$. La deuxième 312 P, alors 9$^e$, ruine les espoirs de Ferrari, privée de 5$^e$ rapport et victime d'une fuite d'huile, elle continue malgré tout. La GT 40 d'Alan Mann, se traînant depuis le début, avec des problèmes de transmission, renonce définitivement.

Peu avant 20 heures, Larousse rentre au stand avec un roulement grippé. La 908 perd 30' et est rétrogradée de la 2$^e$ à la 10$^e$ place, avec 7 tours de retard. La situation commence à se décanter. Au quart de la course, Elford-Attwood, possède un tour d'avance, sur Mitter-Schütz, la Matra de Beltoise-Courage 3$^e$ à 3 tours, tient parfaitement son rôle d'outsider.

4$^e$ la 908 de Lins-Kauhsen, possède deux tours d'avance sur la Matra de Guichet-Vacarella 5$^e$. Les Ford JW sont 7$^e$ et 9$^e$ à 6 tours.

En début de soirée Beltoise-Courage, cèdent leur 3$^e$ place en raison de problèmes de freins. À 22 heures, ils se retrouvent 6$^e$, derrière les deux GT 40 d'Hobbs-Hailwood et d'Ickx-Redman. Les 3 voitures sont à 7 tours des leaders. Minuit, la Ford de Sadler abandonne en panne d'alternateur. 2 heures du matin, terme de la mi-course, Elford-Attwood, comptent 4 tours d'avance sur Schütz-Mitter, 5 sur Kauhsen-Lins et 7 sur les Ford Ickx-Redman et Hobbs-Haillwood. Puis apparaissent les 3 Matra de la 6$^e$ à la 8$^e$ place, avec entre 8 et 9 t. de retard.

Globalement, même si beaucoup de machines ont été retardées, on note peu d'abandons. Les choses évoluent en milieu de nuit, avec le renoncement de deux Alpine A 220, complètement dépassées en vitesse et en fiabilité moteur. 3 heures du matin, dans le brouillard, la Matra de Servoz-Muller, qui multiplie les pépins, abandonne pour problème électrique, puis l'unique Lola de Bonnier-Gregory sur rupture moteur. Une heure plus tard, la 917 de Stommelen-Arhens, tombée dans les profondeurs du classement, se retrouve sous bâche, sans embrayage.

8 heures du matin, alors que la Ferrari 312 P vient de rejoindre le cimetière, 19 équipages sur 45 au départ restent en course. La 917 d'Elford-Attwood, contrôle la 908 de Lins-Kauhsen à 6 tours, la Ford d'Ickx-Oliver 3$^e$ pointe à 10 tours avec la 908 d'Hermann-Larousse, un tour derrière. La Hobbs-Hailwood est 4$^e$ à 12 tours, les écarts sont considérables, les 2 Matra 6$^e$ et 7$^e$, passent avec 14 tours de retard.

Rien n'est joué, le contrôle de la Porsche de tête n'est que relatif, elle perd 5'' au tour avec un embrayage qui faiblit. À moins de 3 heures de l'arrivée, tout bascule. 10h52 Kauhsen se range, sur le bas-côté dans les Hunaudières, boîte bloquée. Une minute plus tard Attwood passe une dernière fois par son stand sans en repartir. Inimaginable, Porsche 21 heures en tête, se retrouve sous la menace de Ford, en retrait depuis le départ ! Ickx-Oliver, possèdent 4' d'avance sur Herrmann-Larousse, nous repartons pour le final d'un Grand Prix !

Herrmann fait le forcing, la jonction, se fait au moment du ravitaillement à 11h25. Ickx repart devant, avec 8'' d'avance sur Larousse.

12h35, nouveau ravitaillement pour la GT40 et à 12h53 pour la 908. Herrmann file pratiquement dans les échappements d'Ickx. Pour gagner du temps, Porsche n'a pas effectué un dernier changement de plaquettes. L'allemand, voit son voyant de freins s'allumer. Il reste 30', les deux voitures sont séparées par moins de 2''. D'un côté Hans 40 ans, 13 participations aux 24 heures, de l'autre Jacky 24 ans, 3ᵉ participation.

La Porsche est plus rapide, mais handicapée par ses freins, elle ne peut lâcher la Ford, qui revient au contact dans les parties lentes. L'hélicoptère de la télévision, ne rate pas une miette, (pour la retransmission) du duel entre des deux voitures. Elles échangent sans cesse leur position, la foule se lève à chaque passage devant les tribunes.

Il faut bien en finir. Dernier tour, Ickx aborde la courbe Dunlop en tête, Herrmann déboîte et joue son va-tout dans les Hunaudières. Il ne réussit pas à prendre plus de 5m et Jacky le pique au freinage de Mulsanne. La Porsche, ne peut rien faire dans les esses d'Indianapolis, pas plus que dans le virage d'Arnage. Dernières émotions, Maison Blanche puis la chicane Ford, la dernière ligne droite est bien trop courte pour qu'Herrmann puisse passer. La Ford GT40, finit dans le bonheur, où elle avait commencé 5 ans plus tôt dans le malheur.

Pour Porsche, ce n'est que partie remise, une autre histoire commence, que j'aurais peut-être un jour la joie de vous conter.

FIN

# LISTE DES PRINCIPALES ABREVIATIONS

- A.A.R : All American Racer (*Société de Dan Gurney*)
- A.C.F : Automobile Club de France
- A.C.0 : Automobile Club de l'Ouest
- B.R.P : British Racing Partnershisp (*Ecurie d'Alfred Moss, père de Stirling*)
- B.R.M : British Racing Motor
- C.S.I : Commission Sportive Internationale
- F.A.V : Ford Advanced Vehicles (*Filiale anglaise de Ford*)
- F.I.A : Fédération Internationale Automobile
- J.W.A : John Wyer Automotive
- J.W.E : John Wyer Engeneering
- N.A.R.T : North American Racing Team (*Ecurie de Luigi Chinetti*)
- S.C.A.A : Sport Cars Club of America
- U.S.A.C : United States American Cars
- U.S.R.R.C : United States Road Racing Championship

# BIBLIOGRAPHIE

✓ **CARROLL SHELBY** des Cobra aux Ford du Mans (*Editions Marabout 1966*).

✓ **ENZO FERRARI** l'homme derrière la légende par Alain Van den Abeele (*Editions Luc Pire 2017*).

✓ **SHELBY COBRA** archives originales de Shelby American 1962-1965 par Dave Friedman (*Editions E.T.A.I 1995*).

✓ **APPELLE-MOI CARROLL !** par Phil Henny (*Editions du Palmier 2005*).

✓ **LUCKY** l'histoire de Camoradi et de Lucky Casner par Michel Bollée 1997.

✓ **FORD au MANS** par Francis Hurel (*Editions du Palmier 2003*).

✓ **FERRARI au MANS** par Dominique Pascal *(Editions E.P.A 1984)*.

✓ **FORD versus FERRARI** par Anthony Pritchard *(Haynes Publishing 2011)*.

✓ **SHELBY GT40** par Dave Friedman *(Motorbooks International Publishers 1995)*.

✓ **PORSCHE au MANS** par Dominique Pascal *(Editions E.P.A 1991)*.

✓ **ALPINE** par Dominique Pascal *(Editions E.P.A 1982)*.

✓ **CHAPARRAL** par Dave Friedman *(Motorbooks Classics 1998)*.

✓ **CAN-AM** par Peter Lyons *(Motorbooks Classics 1995)*.

✓ **ENDURANCE** 50ans d'Histoire volume 1 par Christian Moity 1953-1963 (*E.T.A.I 2004*).

✓ **ENDURANCE** 50ans d'Histoire volume 2 par Alain Bienvenu 1964-1981 (*E.T.A.I 2004*).

✓ **Les 24 HEURES du MANS 1923-1982** *(Automobile Club de l'Ouest 1983)*.

✓ **Le MANS 1949-59** par Quentin Spurring *(Haynes Publishing 2011)*.

✓ **Le MANS 1960-69** par Quentin Spurring *(Haynes Publishing 2010)*.

✓ **CHAMPIONNAT du MONDE 68** Sport Prototype-GT par Michel Hubin (*Marabout 1968*).

✓ **CHAMPIONNAT du MONDE 69** Sport Prototype-GT par Michel Hubin (*Marabout 1969*).

**100 ans de Sport Automobile Belge** par Jean Paul Delsaux

✓ **REIMS, Vitesse, Champagne et Passion** Dominique Dameron-Derauw, Cyrille et Jean Pierre Mélin (*Atelier Graphique Reims 1998*).

✓ **GRAND PRIX !** Volume 2 1966 to 1973 par Mike Lang *(Haynes Publishing 1982)*.

✓ **LES ANNEES CLARK** 1956-1965 par Gérard Crombac (*Editions E.T.A.I 2001*).

# REMERCIEMENTS

➤ Françoise Robin Guadagnini : analyse et correction du texte

➤ Kevin Guadagnini : maquette de couverture

# TABLE DES MATIERES

Chapitre 1 : Caroll Shelby « The Chicane Boye ».....................page 3

Chapitre 2 : Enzo Ferrari, naissance d'une légende..................page 11

Chapitre 3 : La montée en puissance....................................page 19

Chapitre 4 : Orgueil et vanité à Maranello............................page 29

Chapitre 5 : Quand Aston mate Ferrari................................. page 39

Chapitre 6 : David Brown plus fort que Ferrari.......................page 55

Chapitre 7 : Lucky Casner, l'aventure, c'est l'aventure..............page 73

Chapitre 8 : Carrol Shelby School.......................................page 91

Chapitre 9 : Transition sans Shelby.....................................page 99

Chapitre 10 : De l'AC Bristol à l'AC Cobra............................page 115

Chapitre 11 : Du rififi à Maranello......................................page 123

Chapitre 12 : Total Performance........................................page 139

Chapitre 13 : La Cobra crache son venin...............................page 154

Chapitre 14 : A l'Ouest du nouveau.....................................page 172

Chapitre 15 : La moitié du chemin reste à parcourir..................page 182

Chapitre 16 : Des dollars, des chevaux et l'annexe J.................page 201

Chapitre 17 : La marche en avant.......................................page 209

Chapitre 18 : Puissance et Gloire.......................................page 225

Chapitre 19 : Match retour...............................................page 241

Chapitre 20 : La course du siècle.......................................page 254

Chapitre 21 : Vers un passage sans Ferrari............................page 268

Chapitre 22 : Epilogue de l'âge d'or....................................page 284

Photos de couvertures : droits réservés